Couverture inférieure manquante

Jean Richepin

MARKA FILLE DE L'OURSE

ILLUSTRATIONS
DE
PIERRE MOREL

PARIS
E. DENTU, LIBRAIRE-ÉDITEUR
PALAIS-ROYAL ET PLACE VALOIS

MIARKA

LA FILLE A L'OURSE

Il a été tiré de cet ouvrage 50 exemplaires sur papier du Japon.

Publié avec l'autorisation de M. Maurice Dreyfous, éditeur, 13, Faubourg Montmartre, à qui appartient la propriété des œuvres complètes de Jean Richepin.

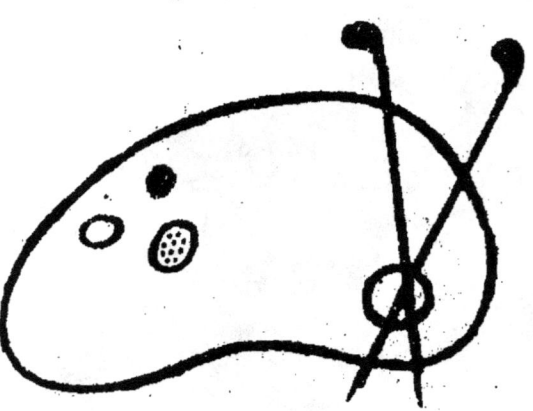

Typographie de couleur

JEAN RICHEPIN

Miarka

LA FILLE A L'OURSE

ILLUSTRATIONS DE PIERRE MOREL

PARIS
E. DENTU, ÉDITEUR
LIBRAIRE DE LA SOCIÉTÉ DES GENS DE LETTRES
3, PLACE DE VALOIS, 3

1888

LIVRE PREMIER

MIARKA NAIT

LIVRE PREMIER

MIARKA NAIT

I

Le village semblait dormir, désert et morne, sous le poids de cette après-midi d'août, sous cette flamboyante chaleur qui avait éparpillé tout le monde aux champs.

C'est qu'il faut profiter vite des belles journées, au pays de Thiérache, humide région de bois, de sources et de marécages, voisine de la Belgique et peu gâtée par le soleil. Un coup de vent soufflant du nord, une tournasse de pluie arrivant des Ardennes, et les buriots de blé ont bientôt fait de verser, la paille en l'air et le grain pourri dans la glèbe. Aussi, quand le ciel bleu permet de rentrer la moisson bien sèche, tout le monde quitte la ferme et s'égaille à la besogne. Les vieux, les jeunes, jusqu'aux infirmes et aux bancroches, tout le monde s'y met et personne n'est de trop. Il y a de la peine à prendre et des services à rendre pour quiconque est à peu près valide. Tandis que les hommes et les commères ahannent aux rudes labeurs, les petits et les marmiteux sont utiles pour les œuvres d'aide, étirer les liens des gerbes, râteler les javelles éparses, ramoyer les pames cassées par la corne des fourches, ou simplement émoucher les chevaux, dont le ventre frissonne et saigne à la piqûre des taons et dont l'œil est cerclé de bestioles vrombissantes.

Ces jours-là, il ne demeure au logis que les très vieilles gens, les impotents qui ne sauraient plus même aller jusqu'aux premières haies derrière les granges. Chacun chez soi, devant l'âtre toujours braisillant malgré l'été, ils chauffent silencieusement leurs maigres carcasses. Les anciens fumaillent à petits coups leurs petites pipes coiffées d'une calotte de cuivre. Les aïeules tricotent d'interminables bas.

Tous, à croppetons, les coudes aux genoux, les regards perdus dans les charbons rouges, l'haleine menue, le menton branlant, ils ruminent leurs souvenirs, et se revoient faisant la moisson, eux aussi, et regrettent le bon temps où ils prenaient à bras le corps les belles moyes de blé toutes brûlantes de soleil.

Ainsi, les vieux se remémorant à la muette leur jeunesse et les jeunes travaillant au loin dans les campagnes, le village dormait abandonné, avec ses fenêtres closes et ses portes ouvertes, sa rue vide, ses venelles désertes, et ses grandes cours où ne gloussaient pas même les poules, qui à cette heure vagabondent dans l'herbe des pâtures ou s'aponichent dans l'ombre des étables.

Toutefois, comme la respiration indique la vie pendant le sommeil, un murmure planait au-dessus du village endormi et non pas mort. Dans le confus crépitement des champs roussis, des maisons grésillées, des fumiers en fermentation, ce murmure filait une note plus claire. Deux bruits s'y mêlaient, continus et vibrants. L'un venait du bas-pays, où les vanniers, le long de la rivière au clapotis argentin, tressaient leurs dentelles d'osier en chantant sans fin leurs traînantes cantilènes. L'autre bourdonnait tout en haut de la côte, près de l'église et du cimetière, dans la maison d'école, où les tout petits enfants, laissés en garde au père Alliaume, glapissaient le *ba be bi bo bu* d'une voix aigrelette et monotone.

Ce murmure lui-même, vers les deux heures, peu à peu s'apaisa, s'éteignit, comme étouffé par la chaleur de plus en plus écrasante. Les murs de pisé s'effritaient en écailles recuites. Les briques s'allumaient pareilles à des braises écarlates. Les ardoises étincelaient comme des plaques de fer forgées à blanc. La rivière exhalait une brume de sueur. La route grise ardait ainsi que de la cendre. Et les vanniers cessèrent l'un après l'autre leurs chansons, et s'étendirent sur les tas d'osier frais. Et là-haut, dans la maison d'école, les enfants marmonnèrent de plus en plus bas leur alphabet, puis se turent enfin, et restèrent bouche bée, se faisant signe de ne point réveiller le père Alliaume, qui ronflait doucement, le dos appuyé au fond de sa chaire, le front emperlé d'une rosée en gouttelettes, et les yeux fermés sous ses larges besicles prêtes à glisser le long de son nez tout reluisant.

Alors rien ne palpita plus dans le village. La fumée elle-même, sortant de chaque toit, semblait dormir, tant elle était immobile. Elle montait toute droite dans l'air sans brise, en un mince petit filet qui se fondait insensiblement avec l'azur du ciel, un mince petit filet vague comme le regard et léger comme le souffle des pauvres vieux en train d'agoniser mélancoliquement devant les âtres solitaires.

II

Soudain, à la fenêtre de la maison d'école, une face apparut, avec une grimace camarde aplatie contre la vitre. Vers elle aussitôt tous les gamins tournèrent leurs frimousses, en susurrant du bout des lèvres :

— Gleude! Gleude!

Gleude! C'est ainsi qu'on appelait, suivant la prononciation du pays, un bizarre et malheureux être, nommé Claude Ecréveaux, dit l'Innocent, dit Niquedoule, dit ch'tiot blond, dit Bren-de-Judas.

Gleude était un grand garçon de douze ans déjà, mais qui avait gardé une figure de tout petit, et un esprit du même âge; tellement, qu'il n'avait jamais su apprendre seulement ses lettres, et que le curé se demandait encore avec inquiétude quand et comment on pourrait bien lui inculquer assez de catéchisme pour faire sa première communion. Il avait des prunelles bleuâtres, indécises, comme un nouveau-né qui s'étonne de la lumière. Ses cheveux hérissés, d'un jaune pâle, ressemblaient à des gleus de chaume. De là son surnom de ch'tiot blond (*ce petit blond*), surnom qu'on donne en Thiérache à tous les enfants jusque vers la sixième année, et qu'il devait, lui, conserver toujours. Quant au sobriquet de Bren-de-Judas, il venait des taches de rousseur dont sa peau blanche était toute grivelée, pareille à un maton de lait qu'on eût saupoudré d'une poignée de son. Vraiment innocent et niquedoule, du reste, une façon de simple, on n'en pouvait douter, à son air irrémédiablement niais, à ses regards ébahis, à ses grands gestes gauches, à sa bouche toujours vaguement ouverte et montrant les dents jusqu'aux gencives dans un sourire immobile.

Non pas qu'il fût un complet idiot, ni même une brute, comme il le semblait. Mais son intelligence lente s'était développée paresseusement, mal servie par une langue rebelle aux mots et surtout rétive aux phrases. Ses idées se formulaient avec peine, et ainsi demeuraient en lui, obscures et brouillées. Vivant, ou plutôt végétant, quasi solitaire, avec sa sœur contrefaite pour toute compagnie, dans une hutte sylvestre au creux d'un ravin boisé nommé le Fond-des-Roques, il avait poussé seulement en force, comme un animal dont la croissance physique n'est point embarrassée par une pensée trop active. Mais des sensations intenses, quoique ténébreuses, s'imprimaient tout de même, peu à peu, en la pulpe épaisse de sa cervelle. Il aimait fortement les plantes, les arbres, la rivière, les oiseaux, les nuages, avec une simplicité qui était ridicule pour la matoiserie des paysans. Il en éprouvait des joies vives et profondes, qu'il ne pouvait traduire; et, s'il conversait difficilement avec les hommes, il se rattrapait en familiarités sympathiques avec les bêtes et la nature.

Tout cela, d'ailleurs, confusément, sans que lui-même en prît conscience, surtout sans que personne pût s'en douter. Car, pour tout le monde, pour les rustres du pays plus finauds que délicats, pour le curé et le père Alliaume eux-mêmes, esprits nets mais étroits, il n'était que l'innocent, le simple incapable d'avoir seulement retenu son alphabet, le tardif enfant de douze ans à l'air de nourrisson effaré, le grand niquedoule au niais sourire, le pauvre Gleude dit ch'tiot blond.

Et c'était fête pour la marmaille, quand on rencontrait Gleude en train de rêvasser au revers d'une sente, d'écouter les fauvettes, de regarder l'eau qui coule, de humer la brise qui passe. Malgré sa vigueur, ou plutôt à cause d'elle, il était doux, et longtemps patient avant d'éclater en des colères de brute. On en faisait donc des gorges chaudes, le poursuivant de ricanements, de sobriquets, de refrains gouailleurs, de mauvaises niches, et parfois même de pierres.

Aussi le silence fut-il bientôt rompu, quand on aperçut à la fenêtre sa face écrasée et verdie par la vitre. Les susurrements, d'abord étouffés, se changèrent peu à peu en cris mal contenus qui éclatèrent enfin dans un hourvari d'interpellations :

— Eh ! Gleude ! Gleude !

— Bren-de-Judas !

Et tous les sobriquets pêle-mêle. Le père Alliaume,

essuyant son front, eut un soubresaut de tête qui fit choir ses besicles sur son pupitre. Au bruit, tous les gamins reprirent d'un ton plus haut que tout à l'heure le crécellant *ba be bi bo bu,* et Gleude ravi agrandit son sourire derrière le carreau qu'il mouillait de salive.

Cependant, les regards restant fixés vers la rue, le père Alliaume se leva pour voir ce qui distrayait la classe. A l'aspect de Gleude, il ouvrit brusquement la fenêtre, et lui cria, furieux :

— Veux-tu te sauver, mauvais garnement! Qu'est-ce que tu fais là?

Gleude avait bondi en arrière. Il était planté maintenant au milieu de la route, toujours souriant, et montrait du doigt le bas-pays, et s'efforçait de trouver des mots pour exprimer une idée qui balbutiait silencieusement au bord de ses lèvres.

— Quoi? quoi? Qu'est-ce que tu vas bredouiller encore? faisait le père Alliaume.

Et les goussepains, jusqu'aux tout petits mal d'aplomb sur leurs jambes torses, ayant quitté leurs places, étaient venus aussi à la fenêtre. Ils attendaient, prêts à s'esclaffer, s'en gaussant d'avance, la phrase boiteuse et informe qu'allait lâcher l'innocent.

Gleude cessa tout à coup de sourire, comme toujours quand il se concentrait pour parler. Puis montrant, à deux mains cette fois, le bas-pays, il s'exclama d'une voix rauque :

— La Vougne! la Vougne!

On ne s'esclaffa point pour le bafouer. Ce fut, au contraire, un éclat de joie, non à son dam, mais en son honneur. Une parole magique n'eût pas mieux fait. A ce nom, chacun de se ruer au dehors, qui par la porte, qui par la fenêtre, ceux-là enjambant les tables, ceux-ci bousculant le père Alliaume en personne. Il avait beau, le magister, en retenir quelques-uns par l'oreille, et tempêter, fût-ce en patois, pour se faire mieux entendre. On ne l'écouta guère. En un moment la classe fut vide, et tous les marmots couraient sur la côte au grand trotton.

Pieds nus, les pans de chemise flottant à la fente des culottes, la bande s'égrenait en file, comme un troupeau d'agneaux bondissant au soleil dans un tourbillon de poussière. Les plus grands faisaient la roue en dégringolant. Tous poussaient des cris aigus, accompagnés par les jappements des chiens réveillés. Devant les âtres solitaires, les vieillards désengourdis cessèrent un moment de fumailler leurs petites pipes et de tricoter leurs bas interminables. Et les vanniers du bas-pays, s'étirant sur leurs tas d'osier frais, virent passer la galopade folle qui clamait à tue-tête :

— La Vougne ! la Vougne ! V'là les merlifiches ! v'là les merligodgiers !

III

En patois de la Thiérache, on désigne sous le nom de merlifiches et merligodgiers les Bohémiens errants, chaudronniers en maisons roulantes, tondeurs de chevaux, diseurs de bonne aventure, marchands de remèdes à sortilèges, danseurs de corde et montreurs d'ours.

Nulle part, dans un rayon de cinquante lieues à la ronde, il n'en passe autant que par cette petite vallée des sources de l'Oise, sur la grand'route qui porte à ses flancs les deux villages d'Ohis et de Wimy. Pourquoi cette préférence? Qui le sait? Ces nomades ont, dans leurs courses vagabondes, une sorte de régularité, et sans doute quelques mystérieuses raisons analogues à celles qui guident les migrations des oiseaux voyageurs. Toujours est-i que le pays en est sillonné à certaines époques de *passage* et que parfois même, en des temps reculés, quelques-uns d'entre eux s'y sont établis à demeure, reniant leur amour de la fuite et leurs mœurs d'hirondelles.

Les vanniers d'Ohis et de Wimy ont tout l'air d'être les descendants de ces coureurs fixés. Ils en ont gardé les goûts de travail artistique, la passion des cantilènes, l'horreur de la culture, la peau basanée et le poil noir. Toutefois, depuis longtemps, ces bizarres colonisations ont cessé. Elles marquent seulement l'ancienneté de ce passage régulier

des Bohémiens, comme des alluvions le lit d'un fleuve.

Malgré leur origine probable, les vanniers, d'ailleurs, aussi bien que les paysans, détestent aujourd'hui ces merlifiches sans domicile planté dans la terre, ces aventureux et obscurs merligodgiers, à mine de malandrins, toujours prêts à filer après un mauvais coup possible, et qui passent pour jeteurs de sorts, empoisonneurs peut-être, et sûrement voleurs de poules.

Il n'en va pas ainsi des enfants. On a beau leur faire peur du merligodgier, ils l'adorent, curieux de sa voiture, de sa forge en plein vent, de son ours bateleur. Tout en se serrant les uns contre les autres pour l'aller voir, ils restent des journées entières devant ses besognes étranges, à le contempler quand il amalgame le soufre et l'étain dans sa petite casserole de fer noir; quand il cuisine ses médicaments concoctionnés au suc d'herbes inconnues; quant il manie les grands tarots bariolés d'images menaçantes et d'écritures ténébreuses; quand il danse enfin, clappant de la langue, le long bâton en travers sur les épaules, vis-à-vis de son ours qui se balance et grommelle en secouant l'anneau de son nez troué.

Et c'est pourquoi tous les morveux avaient laissé en plan l'école et le père Alliaume à l'appel de Gleude. Ils connaissaient la Vougne, dont la carriole avait sans doute été aperçue au loin, sur la grand'route, par l'innocent toujours occupé à baguenauder des yeux vers l'horizon.

La Vougne était une vieille Bohémienne, merlifiche et merligodgière, qui, par une singulière dérogation aux habitudes de sa race, ne quittait guère le pays depuis tantôt deux années. Elle ne s'y fixait pas non plus, à la façon des vanniers de jadis. Mais, comme attirée là par on ne

DANS L'EAU QUI COURT SANS BUT,

sait quel aimant secret, au lieu de passer pour ne plus revenir jamais, ainsi que font ses congénères, elle passait et repassait, oscillant entre l'Artois et les Ardennes, et toujours ramenée vers Ohis et vers Wimy, où plus de dix fois en ces deux ans on les avait vus, elle, son fils, la femme de son fils, et leurs deux ours Pouzzlo et Pouzzli.

De cette famille-là, les enfants n'avaient même plus peur, grâce à l'accoutumance, et grâce aussi à sa renommée meilleure que celle des autres. L'homme, un grand maigre, au sourire triste et malade, ne chassait point la marmaille et laissait parfois les plus hardis souffler son feu. La femme, très douce, n'avait pas le fixe regard et la lèvre mauvaise des merligodgières; et ses cheveux presque dorés auraient pu être ceux d'une fille d'ici. Quant à Pouzzli et à Pouzzlo, c'était un ménage d'ours tout à fait gentils, dressés à miracle, et se laissant passer sans trop gronder la main dans la fourrure. Seule, la vieille avait l'abord revêche, la parole aigre, même avec les siens, qu'elle menait durement, en cheffesse criarde et volontaire, gesticulant comme une possédée dans l'eau bénite et grognant plus que ses bêtes.

Mais qu'importait la vieille? C'est l'homme et la femme qu'on aimait, et Pouzzli et Pouzzlo, et le vieux bidet aux longs poils de bique; et, quant à la Vougne, on lui ferait des pieds de nez par derrière, quitte à se sauver quand elle vous regarderait en face, avec sa figure de chouette au bec crochu, sa bouche armée d'une défense comme une hure de ragot, et ses petits yeux vairons tout chargés de maléfices.

— La Vougne! les merligodgiers!

Toujours criant, toujours courant, les moutards avaient

descendu la côte, puis enfilé le pont, de plus en plus égrenés à la queue-leu-leu. Une fois là, comme le pays finissait, un peu de prudence paysanne les avait repris, et ils s'étaient arrêtés, rangés sur deux lignes, pour attendre l'arrivée des Bohémiens. Quelques vanniers, heureux d'une occasion de paresse, se joignaient à eux, une éclisse d'osier entre les dents. Quelques vieux avaient quitté le coin de l'âtre pour venir s'asseoir dehors, sur les bancs de pierre, au soleil. Les chiens, excités par le bruit, continuaient au fond des cours leur carillon de gueule. Et dans le village, tout à l'heure désert et morne, c'est la vie elle-même qui semblait revenir avec la voiture des merlifiches, qu'on ne voyait pas encore, à cause du bouquet de saules masquant le dernier tournant du chemin, mais dont on entendait déjà claquer le fouet, geindre l'essieu, et tintinnabuler les allègres grelots de cuivre.

IV

Ce fut une déception, quand la voiture apparut, débouchant du bouquet de saules. Il y eut dans la petite foule un grand ah! de désappointement.

D'ordinaire, la caravane de la Vougne se présentait avec un certain apparat, dans l'ordre suivant : en tête marchait l'homme, les deux mains ballantes aux deux bouts de son bâton qui lui barrait la nuque; et, de chaque côté de lui, piétinait un ours, relié par une courroie à la ceinture du maître; puis venait la femme, menant le bidet par la figure; enfin paraissait la Vougne elle-même, toujours vaguant à droite ou à gauche de la bagnole, avec son allure de chauve-souris zigzaguante, car elle s'arrêtait de-ci de-là pour cueillir, dans les haies et les fossés, des simples cachés à l'ombre, des poignées de fourrage échevelées aux branches, et souventefois les poules qui ne se garaient pas assez vite de ses mains crochues.

Cette fois, l'équipage n'avait plus la même ordonnance. Ni l'homme ni la femme n'étaient là. C'est la Vougne en personne qui menait le bidet par la bride, la Vougne plus revêche d'aspect, plus noire de regard, plus sinistre que jamais. Elle ne la tenait pas seulement, la misérable bête; elle la tirait plutôt, pesant sur ses barres baveuses, et se retournant de trois pas en trois pas pour la fouailler à grands coups. Quand alors le fouet allongeait sa mèche jusque sous la voiture, on voyait là-bas, entre les roues, sur la route blanche, se rouler une masse brune qui rognonnait de fureur et faisait à ses secousses sonner toutes les ferrailles du véhicule. Était-ce Pouzzlo? Était-ce Pouzzli? En tous cas, il n'y avait plus qu'un seul ours, et combien traité différemment de jadis, combien impitoyablement enchaîné derrière les sabots du cheval, où il avalait l'âcre poussière, les yeux ensablés, la gorge ardente, le nez déchiré aux soubresauts cahotants de l'anneau de fer!

Ah! l'on reconnaissait bien là cette mauvaise Vougne, si dure à tout le monde! Ce n'est pas la femme douce, aux cheveux dorés, qui eût ainsi tambouriné les flancs du bidet! Ce n'est pas l'homme, au sourire triste et malade, qui eût de la sorte martyrisé un pauvre ours comme un malfaiteur! Mais la Vougne, elle, ne semblait avoir cure de rien, sinon d'arriver au village le plus vite possible, quitte à crever le cheval et arracher le nez de l'ours. Et, frénétique, féroce, ses cheveux gris collés par la sueur à sa face jaune, elle se pendait au mors avec une telle volonté d'aller de l'avant, avec une telle rage, qu'elle avait l'air de traîner à bout de bras et le cheval et l'ours et la voiture.

Aussi, quand elle fut à la tête du pont, c'est par des cris indignés qu'on l'accueillit, lui souhaitant la malvenue qu'elle méritait.

— Hou! hou! la Vougne!
— Oh! la sans-cœur!
— C'est elle qui devrait être entre les roues!
— Fous-lui un coup de pied, Coco!
— Kss! kss! mords-la, Pouzzli!

Et les gamins n'étaient pas seuls à invectiver contre elle; mais les vanniers de même, et deux ou trois commères pareillement, lui crachaient à la face, l'occasion étant bonne, les vieilles rancunes accumulées par ses aigres paroles d'antan, et ses maléfices supposés, et ses larcins probables et la menace de ses vengeances futures.

La Vougne avait, d'habitude, la langue bien pendue et la gueule toujours prête aux ripostes. En son baragouin mi-partie français et étranger, elle savait tenir tête aux plus criards, et c'était même un plaisir qu'on se donnait aisément, de la mettre hors d'elle, pour la voir mouliner de ses grands bras d'aragne et pour l'entendre déblatérer avec son jargon volubile à l'accent burlesque et aux sonorités gutturales.

Mais il était dit que, cette fois, tout avait décidément changé. La Vougne ne regimba point sous les injures, ne se donna même pas la peine de grimacer pour épouvanter la marmaille, et ne lança seulement pas aux hommes et aux commères ce mauvais regard par lequel, racontait-on, elle empêchait les femmes d'enfanter et les mâles d'avoir bonne semence.

A travers les cris et les quolibets, elle fouetta de plus belle le cheval, qui, rafraîchi par le voisinage de l'eau, huma une grande bouffée de brise humide, et donna un coup de collier pour grimper la côte.

Il était à bout de forces, le malheureux. Ses jarrets raidis tremblaient. Son échine, arquée à chaque pas, semblait prête à se rompre comme un bois forcé. Sous ses longs poils de chèvre, trempés d'écume, ses côtes saillaient haletantes. Ses pieds buttaient, le faisant encenser de la tête jusqu'à baiser le terre. Ses sabots de derrière glissaient, en s'éraillant la corne dans les cailloux, dont il mitraillait l'ours, qui, aveuglé, se mouchait dans ses grosses pattes avec des grommellements asthmatiques. Et les gamins de rire aux éclats, doublement cruels, comme enfants et comme rustres. Seul, Gleude avait des larmes aux paupières, en voyant ainsi souffrir des bêtes.

Deux fois déjà le bidet s'était agenouillé et deux fois la Vougne l'avait relevé d'une bourrade sous les mandibules. Une troisième fois il s'abattit, et, pour le coup, des quatre pieds. Tout son corps suait, flambé de soleil. Ses yeux étaient grands ouverts, vitreux, effarés, la prunelle en l'air. Sa langue pendait entre ses dents jaunes. Deux filets de sang pâle coulèrent à ses naseaux.

La Vougne essaya encore de tirer sur la bride, puis lui donna deux coups de pieds dans le ventre. Mais la tête soulevée retomba

lourdement. Le ventre n'eut pas même un frisson de douleur, et ballotta, flasque, sous le coup. Et brusquement, la Vougne se jeta par terre à côté du bidet, lui prenant la crinière à pleins poings, lui soufflant à la bouche, l'embrassant, comme si elle lui demandait pardon. Elle parlait maintenant en sa langue étrangère, avec de mystérieuses et sanglotantes lamentations.

La Vougne pleurait.

Alors toutes les insultes et tous les cris de la bande paysanne éclatèrent en une tempête. Un petit ayant ramassé une pierre, ce fut comme un signal et l'on se mit à lapider la Vougne.

Soudain la vieille se redressa, formidable et superbe. Car ce n'était pas pour fuir les pierres. Au contraire, elle se jeta au-devant des coups, les bras tendus, la poitrine découverte, la face offerte comme une cible. Atteinte à l'épaule et au front, elle ne recula point. Elle tâchait seulement à garantir la voiture, dont la bâche de cuir résonnait sous la grêle de gravier. En même temps, farouche, la Vougne criait :

— Gueux! tas de gueux! Y a un mort, savez, y a un mort. Et un p'tiot ours! Et la femme qui va vêler! *Gargnato! Rachti!* Assez! assez! Gueux! tas de gueux! Y a un mort, vous entendez bien! Y a un mort! Ah! *vayou, zaccakel! Rachti!* Assez donc! Assez!

A ces paroles, et surtout à l'aspect de cette figure tragique, menaçante, horrible de douleur et d'indignation, les gamins lâchèrent pied, et se sauvèrent en s'éparpillant comme une volée de friquets. Gleude, plus brave, tint bon, se contentant d'opposer grimace à grimace. Avec lui, une demi-douzaine de grandes personnes, vanniers et commères, restèrent, toujours hostiles mais sans continuer la mitraillade, retenues par la curiosité. La Vougne vit le danger passé, et, tout à coup radoucie, plus lamentable que furieuse, elle leur dit :

— Tenez, les bonnes gens, venez plutôt regarder ça

Ah! malheur de nous, malheur de nous, pauvres Romanis! Venez voir! Ah! *Romani dé gaouchi!* Venez voir, venez!

Et, soulevant par devant la bâche de cuir, elle leur montra l'intérieur de la bagnole, sous laquelle Pouzzli, accroupie maintenant, geignait par plaintes sourdes en se balançant d'un mouvement tiquard et monotone.

Parmi les coffres, les ustensiles de chaudronnerie, les hardes, les paquets d'herbes médicinales, bousculés pêle-mêle au cahot suprême de la chute, dans l'ombre deux corps gisaient, piétinés par un pauvre petit ours enfantelet et vagissant d'angoisse. L'un des corps était celui de l'homme, qui s'allongeait, flasque, mort, sa face couleur de citron déjà verdie par la chaleur corruptrice. L'autre corps, vautré en travers, tordu par des souffrances interrompues en évanouissement, était celui de la femme, de la douce femme aux cheveux dorés. Sous la jupe crispée entre les mains, le ventre de la malheureuse bombait.

— Elle est grosse, elle va vêler, je vous dis! Et il est mort, lui, mon Tiarko, mon fils! Il est mort, répétait la Vougne en s'arrachant les cheveux et en se meurtrissant les joues.

Puis, prenant le petit ours par la peau du cou, elle le jeta à Pouzzli en lui disant :

— Tais-toi, Pouzzli, tais-toi, petite mère. Il n'a rien, ton enfant, à toi.

Les vanniers et les commères regardaient de loin, silencieux, n'osant approcher. Gleude contemplait stupidement, la bouche ouverte et un fil de bave au menton.

— Ah! malheur de nous! reprenait la Vougne. Mal-

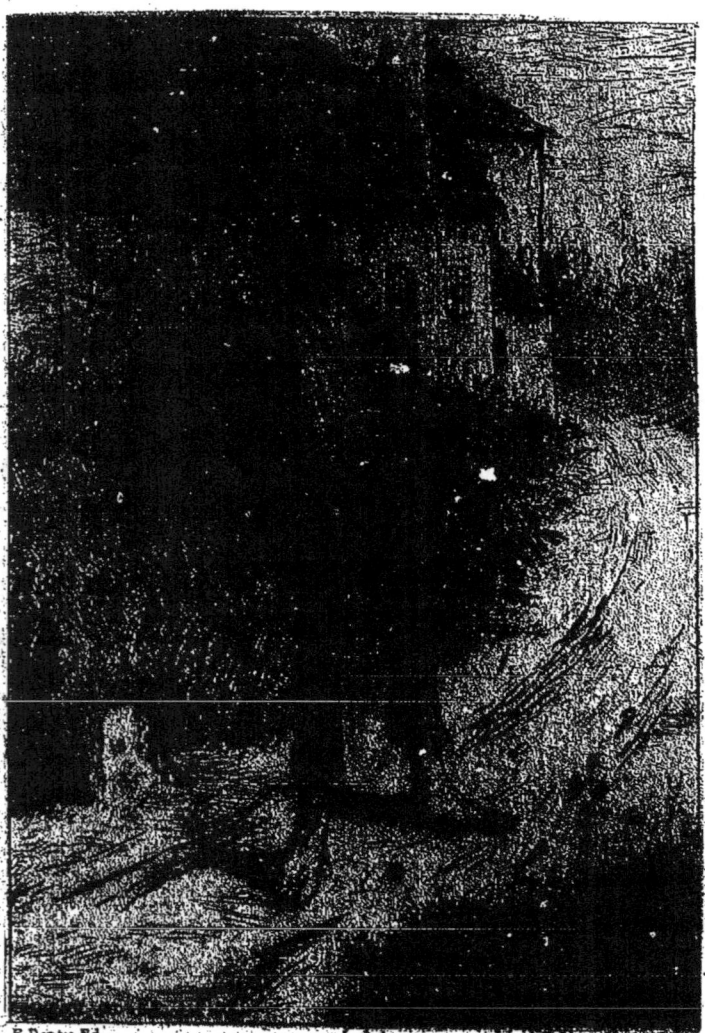

E. Dentu, Ed. Imp. A. Delâtre, Montmartre.

heur de nous, pauvre Romanis! Et le bidet aussi qui est mort! Et mon Tiarko! Ah! *Romani dé gaouchi!*

Et, dans l'ombre de la voiture, elle agita doucement le manche de son fouet et effleura presque la figure du cadavre, d'où s'envolèrent avec un bourdon sinistre des grappes saoules de mouches bleues.

V

Du haut de la côte, le père Alliaume avait vu l'arrivée de la Vougne, la chute du cheval, le bombardement, puis la fuite des galopins, et maintenant il se demandait ce que pouvait bien montrer la merligodgière aux curieux qui levaient de grands bras.

Lentement, comme il convenait à sa dignité de maître d'école, bedeau, arpenteur juré et greffier de la mairie, il descendit la route. Les quelques vieux et vieilles, assis devant les portes, lui disaient au passage :

— Savez-vous ce qu'il y a, monsieur Alliaume?

— Non pas, répondait-il. Un accident, sans doute, autant qu'on en peut juger à distance. D'ailleurs, ce n'est point par curiosité que j'y vais, mais par devoir.

Et, en chemin, il cogna aux carreaux de Forlet-Lefebvre, le garde champêtre, qui dormait toujours ferme l'après-midi.

— Allons, l'ancien, prenez votre plaque, lui dit-il; il y a un procès-verbal à dresser là-bas.

Mais, quand ils arrivèrent devant la voiture, ce fut une autre émotion. Au lieu d'un cheval abattu et d'une bagnole versée, il s'agissait de constater un décès et peut-être bientôt une naissance. Car la femme était revenue à elle, et commençait à se tordre et à gémir, en proie aux affres de la gésine.

— Allez vite chercher môssieu le maire, dit le père Alliaume au garde champêtre. Ou plutôt, non. J'y vais moi-même. Je lui expliquerai mieux de quoi il est question. Vous, veillez à ce qu'il ne se passe rien d'insolite. Tenez, faites détéler le cheval crevé, en attendant.

Puis, toujours sans se presser, il partit le long de la rivière, préparant *in petto* le discours circonstancié par lequel il mettrait au courant le maire, M. Cattion-Bourdille.

Cependant, les vanniers et le garde champêtre se mirent à défaire les harnais et à tirer le bidet des brancards. A chaque secousse, la Pouzzli grognait entre les roues et prenait son petit contre sa poitrine et retroussait ses babines pour montrer les dents, tandis que dans la voiture branlante la femme hurlait en s'agrippant aux courroies de la bâche.

La Vougne attendait, les bras croisés, et ne quittait pas des yeux le cadavre de son fils. On eût dit que cette contemplation l'absorbait toute, et l'empêchait de penser aux douleurs de la malheureuse. Par moments, même, quand ses regards quittaient le mort pour se porter sur la femme, ils s'y fixaient avec une expression dure et méchante, en un subit éclair de haine.

— Et le défunt, dit le garde champêtre, est-ce que nous le laisserons là-dedans?

— Oh! moi, je n'y touche pas, dit un des vanniers.

— Moi non plus.

— Ni moi non plus.

Ce fut dit unanimement, et non sans un dégoût mêlé d'horreur.

— Je ne veux pas non plus que vous y touchiez, interrompit la Vougne. Il est un Romané, lui, vous savez, et personne que moi ne le mettra en terre, mon Tiarko.

Quant à la femme, nul ne songea, parmi ces gens où il y avait des femmes et des mères pourtant, à lui offrir un meilleur lit pour ses couches prochaines, fût-ce un coin de grange, fût-ce un trou d'écurie. Seul, le garde champêtre, vieux soldat et partant moins rudement rustre que les autres, eut l'idée de dire :

— Si quelqu'un allait voir jusque chez le médecin de Wimy?

— Moi, veux bien, fit Gleude.

Mais on se récria autour d'eux sans pitié :

— C'est trop loin.

— Puis, Monsieur Grimont ne se dérangerait pas pour des merlifiches.

— Et qu'il aurait ben raison !

— Par une chaleur comme ça !

— Ces gens-là, c'est si mauvaise paye !

L'une des commères, plus sensible probablement, ou ayant besoin d'excuser sa dureté, dit à la Vougne :

— N'est-ce pas, la Vougne, que ce n'est pas la peine d'aller quérir le médecin ?

— Non, non, fit la vieille. N'y aille pas ! Connaissons pas ça, nous autres. Bon pour vous, de faire accoucher les femmes par des hommes. Laissez ! Je me charge de tout. Pas besoin de lui ni de vous, pour ces obres-là.

Gleude demeura donc ; satisfait, d'ailleurs, de pouvoir continuer à regarder. Le bidet, déharnaché, avait été traîné sur le bord de la route. On avait mis des cales aux roues. Forlet-Lefebvre alla même prendre dans une ferme un trépied de bois dont il soutint le fond de la voiture. Et ce fut tout. On avait fait assez, Dieu merci, pour ces mauvais bougres de merligodgiers.

Donc on s'écarta un peu, pour se mettre à l'ombre, sans cesser de regarder. Le spectacle n'étant plus dans sa nouveauté d'horreur, on en parlait à haute voix. D'aucuns même recommençaient à s'en gausser. Des enfants étaient revenus peu à peu, remis de leur effroi, et encouragés par la présence de ch'tiot blond. Ils rampaient sournoisement pour aguicher Pouzzli en lui jetant des poignées de poussière, ou bien se haussaient sur la pointe des pieds pour plonger du regard dans la bagnole.

La femme en couches poussa tout à coup un cri déchirant et soubresauta violemment des reins, à faire basculer la maison roulante, si les roues et le fond n'en eussent été solidement calés. Dans un mouvement convulsif, elle s'était cramponnée au cou du cadavre, et, s'efforçant à ce point d'appui, elle se cambrait douloureusement, la tête renversée, la gorge hoquetante, les genoux en l'air et le ventre tumultueux.

Alors, la Vougne se retourna vers le monde, avec sa

plus menaçante figure, et dit d'une voix forte et décidée :
— Que personne ne me dérange, hein ! Personne, savez, personne, sans ça !...

Puis elle grimpa dans la voiture et laissa retomber derrière elle la bâche de cuir. Les vanniers, les commères, les enfants surtout, le garde champêtre lui-même, ne se sentaient aucune envie de désobéir à la terrible vieille. Tous, muets, stupides, sans bouger, sans pouffeter, ils contemplaient cette voiture close, secouée par bonds frénétiques, pleine de plaintes sourdes coupées de cris aigus, et cette bâche sinistrement mystérieuse, pareille à un drap de catafalque, cette bâche dont le goudron fondant au soleil creusait peu à peu dans la poudre blanche comme un cercle magique de larmes noires.

VI

M. Cattion-Bourdille, le maire d'Ohis, était un ces originaux tels qu'on en rencontre encore dans quelques recoins de nos provinces. Madame Octavie elle-même, sa vieille gouvernante, qui l'adorait maternellement, disait parfois en parlant de lui :
— Le meilleur des hommes ! Mais voilà ! Il a sa marotte.

Riche à pouvoir mener beau train dans une grande ville, et même à pouvoir vivre en bourgeois aisé de Paris, il avait préféré habiter ce village et s'enfouir en pleine campagne. Et pourtant il n'était ni chasseur, ni enragé de sport, ni entiché d'agriculture, comme certains hobereaux du voisinage, de ses amis, passionnés pour l'élève des chevaux, les battues au renard, les charrues à vapeur et les métairies à l'anglaise.

Jeune encore, car il avait trente-cinq ans à peine, il restait garçon et manifestait hautement sa volonté de ne jamais égayer sa solitude d'un ménage. Et pourtant, ce n'était pas un misogyne, ni un débauché non plus. De temps à autre, quand des affaires l'appelaient à Saint-Quentin, à Amiens, à Douai, à Bruxelles surtout, il y faisait, comme il avait coutume de dire, *les sacrifices nécessaires*, et cela lui suffisait.

— J'ai coupé court à l'amour, proclamait-il, par l'hygiène.

D'affaires, il n'en avait guère non plus. Ce qu'il appelait ainsi, c'étaient des courses à la découverte de livres chez les libraires et dans les bibliothèques publiques.

Il lisait énormément, mais sur des sujets spéciaux, ou plutôt sur un sujet unique, qui constituait à vrai dire sa seule et absorbante passion, la passion à laquelle il avait sacrifié tout le reste. Sans trouver d'ailleurs que ce fût un grand sacrifice, car sa passion le rendait heureux.

Il s'occupait de réunir les documents d'un ouvrage à la fois philosophique et historique sur la Thiérache. Comment et pourquoi ce goût singulier et exclusif lui était venu, il n'en savait rien lui-même. En allant au fond de ses souvenirs, il se rappelait un vieil abbé, son professeur au séminaire de Laon, qui lui répétait souvent :

— Chaque province, chaque commune, devrait écrire sa vie. Les monographies locales, voilà la vraie science.

Plus tard, pendant ses années de Paris, où il avait

étudié le droit, il s'était épris d'un bel amour pour l'ethnographie.

Puis, très sincèrement, il était Thiérachois dans l'âme, et il s'en faisait gloire : Thiérachois d'abord, avant même de se sentir Français. Dans la capitale, au milieu des distractions et des folies de jeune homme, il avait toujours eu la nostalgie du village natal, le regret du clocher, le désir de revenir le plus tôt possible dans cette vallée patriarcale des sources de l'Oise, sous ce léger ciel mi-champenois, mi-flamand, au bord de cette rivière où les vanniers chantent dans les oseraies leurs mélancoliques et savoureuses cantilènes.

Et il avait découvert un beau jour ce qui l'y attirait si fort. Il en avait souri, n'y croyant pas, tant c'était bizarre. Ce qui l'y attirait, ce qui l'y avait si bien retenu depuis lors, c'était une sorte de manie ; c'était le projet, d'abord vague, puis précisé et bientôt dominateur, d'écrire la monographie de cette Thiérache inconnue.

Il s'y était donc mis, courageusement, tenacement, et avait trouvé à cette besogne de bénédictin une telle joie, qu'il n'imaginait pas s'en pouvoir rassasier jamais. En somme, il avait une âme de philosophe et de savant, et la chance voulait qu'il eût précisément rencontré pâture à ses appétits sur ce bout de terroir où il s'était donc calfeutré dans une étude qui lui donnait toutes les satisfactions souhaitées.

Bien des gens auraient trouvé son occupation ridicule. Mais lui, il s'y complaisait assez pour ne pas craindre même les plaisanteries, qu'on ne manquait pas d'en faire dans le voisinage. Membre de l'Académie de Vervins, il adressait plusieurs fois par an à l'obscure société des mémoires plus obscurs encore, touchant les mœurs, les légendes, le patois, les traditions de sa chère Thiérache; et son ambition suprême était de composer plus tard, à l'aide de ces mémoires remaniés, une vaste histoire de ce pays minuscule.

Une chose l'avait particulièrement frappé et séduit, dans cette histoire entrevue : c'est le passage fréquent et régulier des Bohémiens, et la trace que ce passage a laissée dans les colonies vannières d'Ohis et de Wimy. Là-dessus roulaient la plupart de ses mémoires, avec preuves à l'appui, recherches sur le patois et l'origine de ces nomades fixés, reconstitutions grammaticales par le moyen de refrains bizarres au sens oblitéré désormais, théories compliquées, aventureuses hypothèses.

Mais tout cela, il le sentait bien, demeurait confus, *dans le domaine vague du probable,* ainsi qu'il l'avouait lui-même. Pour raisonner en connaissance de cause, il eût fallu posséder la clef première du problème, c'est-à-dire la langue des Bohémiens. Or ces Bohémiens en font précisément un arcane, qu'ils refusent de laisser violer. C'est seulement quand ils sont entre eux, dans un campement au fond des bois, dans une solitude de champ perdu, qu'ils chantent leurs chansons des aïeux. Le reste du temps, ils entremêlent bien leurs discours de quelques mots originaux; mais leurs discours eux-mêmes sont en mauvais jargon patoisé, et les quelques mots bohémiens qu'ils lâchent, ils n'en disent jamais le sens exact. Le maire avait beau leur être doux et hospitalier : il n'en obtenait à cet égard pas plus que les paysans hargneux. Cette Vougne elle-même, qu'il connaissait et qu'il avait essayé d'apprivoiser à plusieurs reprises, elle lui avait toujours tenu la dragée haute quant aux renseignements, dont elle se montrait avare et jalouse comme d'un trésor.

Aussi, la première parole du maire, en réponse au père Alliaume, fut-elle une parole de savant égoïste :

— Ah! ah! fit-il, elle ne va donc plus pouvoir quitter le pays?

— C'est bien tant pis, monsieur le maire, dit le maître d'école.

— Eh! non, mon ami, riposta joyeusement le maire, c'est tant mieux. Et un enfant qui va naître, avec ça! Quelle chance! Quelle aubaine!

Puis, comme il était bon homme aussi, il ajouta :

— Les pauvres gens! Avez-vous fait porter la femme quelque part, au moins, dans une grange?

— Ma foi, non! Peut-être que le garde-champêtre... Mais je ne pense pas. Dame! vous comprenez, des merlifiches!

M. Cattion-Bourdille eut un sévère froncement de sourcils pour la dureté du maître d'école; puis, poussant la porte de l'écurie, il dit à son domestique :

— Arsène, pare un cheval, et viens vite nous rejoindre à la tête du pont. Comme ça, voyez-vous, monsieur Alliaume, nous pourrons amener ici la bagnole.

— Ici, monsieur le maire?

— Parfaitement. Je leur donnerai un coin dans mon écurie, moi, ou une place dans mon clos, comme elle voudra, la pauvre vieille. Tant pis si madame Octavie n'est pas contente!

Et, en s'en allant, d'un pas rapide qui faisait souffler le père Alliaume, le maire marmottait entre ses dents :

— Des merlifiches! des merlifiches! Vous croyez donc qu'on en a comme ça tous les jours sous la main, des merlifiches, des merlifiches obligés de se fixer quelque part. Quel beau sujet d'étude!

Le père Alliaume suivait, le nez baissé, l'air penaud, suffoqué par son asthme et aussi par la perspective du mémoire futur qu'il aurait à calligraphier là-dessus pour l'Académie de Vervins, que le diable emporte!

VII

De loin, ils aperçurent la Vougne qui était ressortie de la voiture et qui pérorait devant les vanniers et les commères.

— Allons, bon! fit M. Cattion-Bourdille, nous arrivons trop tard. Vous marchez comme une tortue, monsieur Alliaume. Ah! quel malheur!

Il pensait avec amertume aux curieux détails de mœurs qu'il n'eût pas manqué de noter s'il eût assisté à la naissance.

— Comment! ne put-il s'empêcher de dire en arrivant. Comment! c'est déjà fini, déjà!

— Non, non, monsieur le maire, répondit la Vougne. Pas encore commencé seulement. Une feignante, savez! Toujours la même en tout. Une malhabile-j'y-cours, donc!

Des gémissements s'étouffaient sous la bâche retombée.

— Geigne, geigne, va, cria la Vougne d'une voix aigre et en lançant à la voiture un geste de mépris. Tu n'as jamais su faire obre de rien. Pas plus pour vêler maintenant. C'est une douillasse, comprenez, une plaigne-le-mal. Et longue à tout, comme une flûte à dix-huit trous. Ah! *gargna! filochta!*

— Mais, interrompit le maire, monsieur Alliaume m'avait dit que les douleurs la prenaient quand il vous a quittés.

— Les petites seulement, répondit la vieille. Et ça crie déjà. Pour la poche d'eau, pas plus. Attends un peu, *gargna,* attends l'être, et tu verras. Et ça vous rend mon Tiarko amoureux, ça donc, et ça va au sailli, et ça geigne à présent. Fallait pas le faire, *filochta,* fille de chien!

— Mais alors, interrompit derechef le maire, si ce n'est pas fini, pourquoi attendre ici, en plein soleil, dans cette voiture où il y a un cadavre? Voici là, tout à côté, la grange des Meillot. Qu'on y porte cette pauvre femme!

Une main tremblante souleva le coin de la bâche, et la malheureuse apparut, assise, toute blême, la figure mouillée de larmes et de sueur, ses cheveux dénoués et flottants.

— Oh ! oui, monsieur le maire, oui, dit-elle. Ne me laissez pas accoucher là dedans, à côté de mon pauvre Tiarko. Ayez pitié de moi ! Ayez pitié ! Je me retiendrai jusqu'à ce qu'on m'ait portée ailleurs.

On s'approcha pour lui donner aide. Mais la Vougne, qui d'abord était restée stupéfaite de cette apparition et de cette prière, la Vougne écarta violemment le garde champêtre et M. le maire lui-même ; puis, se plantant en face de la femme, et lui secouant les poignets, elle lui cria presque bouche à bouche :

— Ah ! *gargna dé gargna !* fille de chien ! fille de malheur ! *lirougna !* traîtreuse ! tu veux donc nous jeter le mauvais sort jusqu'au bout ? Tu le veux, dis ! Ce n'est pas assez de tous les maux que tu nous as faits ! Pour toi, pour ta sale peau blanche, mon Tiarko a été *ragni*, chassé par ses frères, lui qui était chef. Et tu l'avais pris au cœur, avec ton poil jaune, ton poil de bête, fille de chien, fille d'étranger. Et pour toi, il a tout perdu. Et pour toi nous sommes restés en pays de chrétiens. Notre grande voiture de Romanis, on l'a gardée, et on nous a laissé seulement la *rubidal*, la bagnole noire des trépassés. Ah ! quels maux, depuis, à rouler là dedans avec toi pour mauvais sort ! Car c'est à cause de toi que tout a mal tourné depuis. Mon Tiarko malade, c'est à cause de toi, qui lui buvais le sang. Tu crois que je ne vous entendais pas, quand tu l'empêchais de dormir. Et notre Pouzzlo écrasé à Noirefontaine, c'est à cause de toi, qui ne l'aimais pas parce qu'il te grognait, te reconnaissant pour une fille d'étranger. Et notre bidet crevé, tout à l'heure, à cause de qui, *gargna ?* A cause de ton mauvais sort. Et voilà que tu es dégoûtée de Tiarko, maintenant qu'il est

SOLEIL QUI FLAMBES, SOLEIL D'OR ROUGE,

mort à cause de toi; et tu trouves qu'il pue, n'est-ce pas, lui, mon Tiarko, mon fils, le chef, si beau et si fort avant de t'avoir vue? Et tout cela n'est pas assez, donc? Ah! *filochta,* peau blanche, sang de chrétienne, tu veux accoucher sous un toit de maison, comme les tiens, comme ta mère maudite, comme ta gueuse de mère, au lieu de faire ton petit dans la voiture, comme j'ai fait mon Tiarko, moi! Mais non! mais non! *gargna!* L'enfant viendra ici, tu entends. Il viendra entre mes mains et au bord de la route, et en plein air, pour que je le trempe dans l'eau qui court, pour que je le montre au soleil qui flambe, pour que je le marque au *trispol* des bons Romanis, comme un bon Romané qu'il sera. Car il ne sera pas un *lirougno* ainsi que toi, fille de chien. Il sera un Romané ainsi que son père, ainsi que mon Tiarko. Car la terre a beau être impure, la graine était noble. Et c'est à moi cette graine, puisqu'elle vient de mon Tiarko, fait de mon sang et de ma moelle. Ah! treize fois, non, *gargna,* trois fois, et sept fois, et encore trois fois non, le *peguegno* ne verra pas l'air dans une maison d'étranger. Non, treize fois non! Quand tu devrais crever là, et lui aussi! *Iolto,* oui, lui aussi! Je l'aime mieux mort que fils de chien. Au moins il dormira avec son père, dans le passage des aïeux Romanis, et il sentira qu'il est dans la bonne terre où est resté un peu de la poussière de nos voitures. Assez de maux j'ai eus, pour ramener ici mon Tiarko, pour qu'il ne pourrisse pas trop loin des siens. Et le petit en profitera au moins, si le bidet en a perdu le souffle. Entends-tu tout cela que je te dis, bougresse de *ronchâ?* Entends-tu, que tu ne réponds rien! Mais qué cela te fait donc, à toi? Le sang des Romanis, t'en foutisses, hein! Te faut tes aises, la botte de paille, et de l'eau sucrée aussi, peut-être! Ah! n'aille plus les demander, sais-tu, ou je t'étrangle là, moi, de mes mains, à côté de mon Tiarko. C'est là que tu l'as tué d'amour. C'est là que tu lui rendras la vie en faisant l'enfant. Là, là, et non ailleurs, *gargna*; comprends-tu bien, là, là, dans la *rubidal!*

Et la Vougne repoussa cruellement la femme, qui alla retomber au fond de la voiture, la tête sur la poitrine du cadavre, les jupes retroussées jusqu'aux jarrets.

La malheureuse avait écouté toute cette longue et furieuse harangue, sans oser l'interrompre, autrement que par de sourdes plaintes. Et de même les assistants n'avaient eu le courage de rien dire, pétrifiés par le verbe haut, les insultes étranges et la colère cataractante de la vieille.

Tous, d'ailleurs, se modelaient sur M. le maire, qui demeurait immobile et silencieux. Lui, à plusieurs reprises, quand la Vougne secouait les poignets de l'autre trop brutalement, il avait eu un mouvement vers elle. Mais chaque fois il s'était retenu, par la curiosité même de la scène et par l'intérêt des renseignements qu'il recueillait ainsi. O joie! quelques-unes de ses théories se confirmaient! Sur l'horreur des Romanis pour les mésalliances! Sur leur volonté expresse de ne point abriter les naissances ni les morts! Sur le singulier attrait qu'avait pour eux cette vallée de la Thiérache, ce village en particulier, où ils aimaient à laisser leurs morts! Et en même temps, que de mots bohémiens lâchait la vieille en ses invectives! Autant d'aubaines précieuses, que M. Cattion-Bourdille notait soigneusement dans sa mémoire. De là son manque d'intervention en faveur de la femme. Malgré sa bonté, il laissait en ce moment les manies du savant imposer silence aux sentiments de l'homme.

Cependant, la femme s'était relevée sur les genoux, et tendait de nouveau vers lui ses mains suppliantes.

— Oh! voici les douleurs, fit-elle. Les voici, cette fois, j'en suis sûre. Monsieur le maire, mes bonnes gens, vous tous, ayez pitié de moi!

La Vougne voulut se précipiter de nouveau pour la repousser. Mais le garde champêtre, puis deux des vanniers, sur un signe de M. Cattion-Bourdille, l'empoignèrent par les bras et la retinrent aux épaules.

— Merci, merci, soupira la femme.

— Oh! sans cœur, cria la vieille. Les tiens te défendent et je suis seule. Ah! si Pouzzli était détachée! Ah! si Pouzzlo était encore là!

— Portez la femme chez les Meillot, dit le maire.

— Non, non, hurla d'une voix rauque la Vougne qui se débattait. Ne la portez pas! Ne te laisse pas porter, toi, si tu as du cœur! Dis, ma fille, dis, ne te laisse pas porter. Tu vois, je t'appelle ma fille. Je ne te crie plus de mauvaises choses. J'avais tort. C'est les douleurs qui te font parler de travers. Je te

pardonne. Mais obéis-moi, ma fille. Si tu n'as pas plaisir à le faire par obéissance à moi, fais-le pour Tiarko, pour ton Tiarko que tu aimais. Il doit pleurer de voir que tu ne veux pas rester auprès de lui, ni lui donner un enfant de sa race, un beau *Romané tchavé* comme lui. Il doit pleurer, tout mort qu'il est. Regarde-le plutôt, ma fille, regarde-le! Il pleure. Il te dit de ne pas l'abandonner, de m'entendre, de faire le *pegueguo,* le *peguegnito,* dans la voiture. Regarde! Il pleure, il parle. Moi, je le vois bien. Oh! mon Tiarko, comme il pleure! Mon Tiarko! Ton Tiarko!

Ses regards se fixaient sur la face du cadavre avec une telle expression, une telle force de foi convaincue, que tout le monde s'attendait à voir le mort pleurer en effet, et que la femme se retourna croyant l'entendre sangloter. Et comme, à cet instant, Pouzzli effarée secouait la voiture et pressait contre elle son ourson vagissant de peur, la femme perçut dans l'ombre la tête de son mari qui ballottait, et dont la bouche entr'ouverte semblait pousser des gémissements vagues.

— Laissez faire la Vougne, s'écria-t-elle. Lâchez-la. C'est Tiarko qui le veut. Il me fait signe. Je vais enfanter. Je vais lui obéir. Ici, ici, près de toi. Non, je ne te quitterai pas, mon Tiarko.

Et elle se jeta à corps perdu sur le cadavre, en lançant un grand cri, précurseur des douleurs suprêmes.

La Vougne, débarrassée des mains qui la retenaient, courut à la voiture, y grimpa d'un bond, et s'y enferma sous la bâche, après avoir dit joyeusement :

— L'enfant sera donc un *Romané tchavé.*

Puis, dans cette ombre chaude et nauséabonde, elle se

mit en devoir de délivrer la femme, qui s'était étendue, avait attiré jusqu'à elle la tête échevelée de son Tiarko, et y collait éperdument ses lèvres sèches, et y plantait ses dents par morsures convulsives, étouffant ses sanglots, ses hoquets et ses hurlements contre cette chair molle et livide.

VIII

Les vanniers et les commères recommençaient à jaboter. Les gamins chuchotaient. Le maître d'école parlait de l'inconséquence des lois, qui laissait vagabonder ces gens sans feu ni lieu parmi les honnêtes populations. Le garde champêtre racontait avoir vu en Afrique un accouchement semblable, une cantinière; et il allait entamer à ce propos l'éternelle histoire de ses campagnes contre les Arbis. Mais M. Cattion-Bourdille les fit tous taire par un chut énergique. Et un grand silence s'établit alors, autour de la voiture, silencieuse aussi maintenant. C'était le bref moment d'accalmie affaissée, où la femme recueillait et concentrait ses forces pour une poussée dernière. Pendant quelques minutes, on n'entendit aucun bruit palpiter sous la bâche funèbre, dont la muette immobilité paraissait plus immobile et plus muette encore, parmi les rumeurs murmurantes de la campagne, les chuchotements monotones de la rivière, et les vagues ronrons de Pouzzli en train de lécher doucement l'ourson endormi à sa mamelle.

Brusquement, brutalement, comme un coup de foudre sec dans le ciel déchiré, un cri éclata, suivi aussitôt d'un ouragan de plaintes incessantes, heurtées, tantôt sourdes et rauques, tantôt aiguës. Pouzzli réveillée y mêla ses grognements farouches, en cherchant à fuir la voiture, qui semblait prête à s'effondrer sur elle, malgré les cales et le trépied, tant les secousses avaient repris violentes et folles. La bâche, bossuée par une gesticulation frénétique, tirée par de soudaines empoignades aux courroies intérieures, arrachée de ses boutonnières, claquait à la façon d'une voile que le vent fouette, et la bagnole bousculée de soubresauts tanguait et roulait à la fois ainsi qu'une barque dans un ressac.

— L'accouchement est laborieux, dit sentencieusement le maître d'école.

— Sans doute, monsieur Alliaume, sans doute, répondit le maire. On aurait dû aller prévenir Monsieur Grimont. Ce n'est pas si loin, de courir à Wimy.

Arsène à ce moment arrivait avec le cheval harnaché.

— Arsène, fit le maire, monte la bête et va chez le médecin. Vite! vite!

La Vougne passa par une bonnette sa face tout en sueur.

— Pas la peine, monsieur le maire, dit-elle. Ça va-t-être fini. C'est sa faute, à elle, savez. Ah! la douillasse!

Elle n'y met pas assez du sien. Mais tant pis pour elle!

Et la vieille redisparut dans la voiture, où les cris continuaient toujours, où ils devinrent alors épouvantables. Ce n'était plus seulement ceux d'une femme en couches, mais ceux d'une femme blessée, presque ceux d'une bête qu'on égorge.

— Qu'est-ce qu'elle lui fait donc? ne put s'empêcher de dire quelqu'un.

— Méchante! la Vougne, méchante! hou! hou! bégayait Gleude.

— Oh! laissez-la faire, allez, fit le maître d'école. Ces sorcières-là sont sages-femmes de naissance.

— C'est vrai, dit M. Cattion-Bourdille. Et si je ne savais pas cela, j'avoue que je serais inquiet. Ah! la malheureuse, tout de même, comme elle souffre!

Elle avait de quoi souffrir et crier, en effet. La Vougne était en train de la martyriser. L'enfant se présentait la tête embéguinée dans le placenta retenu. Or, la vieille, sans pitié pour la mère, et toute à son désir du petit être en qui allait revivre son Tiarko, la vieille s'acharnait à déchirer le délivre le plus hâtivement possible. Elle y travaillait des dix doigts, par tiraillements cruels, et lacérait la chair à coups d'ongles; puis, comme cela ne se faisait pas encore assez vite à son gré, elle y planta férocement sa défense de ragot, et en arracha le dernier lambeau saignant ainsi qu'avec un couteau ébréché.

Subitement, les cris s'éteignirent en de confuses et faibles lamentations, et l'on entendit le prime vagissement de l'enfant, ce vagissement inarticulé, chevrotant et douloureux, pareil au miaulis d'un chat qui s'étrangle. La mère, elle, l'entendit à peine, tombée en syncope, le cœur défaillant, les artères vides. La misérable avait perdu connaissance, et s'en allait de lente hémorragie, dans un flot rouge.

Mais qu'importait maintenant à la Vougne! Le cordon tranché, la boudinette liée d'un solide fil à la poix, la tête chaude sous la coiffe restée du délivre, l'enfant vivait, et vivait bien. C'était le principal! C'était tout. Elle se moquait bien du reste, et de la mère notamment, de la mère inutile désormais après sa besogne faite!

Joyeuse, épanouie, superbe, un éclair de triomphe illuminant sa gueule encore barbouillée de sang, la Vougne avait sauté hors de la voiture, et portait à bout de bras le petit être, qui frissonnait à l'air, écarquillait et clignait ses yeux vagues éblouis par la clarté, soufflait des flumes en poussant son hin-ouin, et gigotait, et tordait au soleil tout son corps, bleui par les premières bouffées respirées.

— C'est une fille! s'écria-t-elle. Et elle a la crépine, voyez, voyez!

— C'est vrai, disaient les commères, elle est née coiffée, ch'tiote gueuse.

— Elle sera reine, proclama la Vougne d'un ton de prophétesse.

Il y eut un large rire dans l'assistance.

— Reine de quoi? disait-on. Reine des poux ou des puces?

— Méchants, vous, méchants! hou! hou! grognait Gleude.

— Allons, allons, fit le maire, ne vous moquez pas de la Vougne. Allons, soyez bonnes gens. L'innocent est meilleur que vous, tenez.

— Oh! fille de mon Tiarko, reprit la vieille, oh! oui, tu seras reine. Je le sais. Je le vois. Et te voilà déjà si belle! .

Et, malgré les quolibets, elle couvrait de baisers passionnés tous les membres de l'enfant, encore baveux et reluisants d'immondices.

— Et la mère? dit soudain M. Cattion-Bourdille. Elle s'est tüe. Pourvu qu'il ne lui soit point arrivé malheur! Regardez donc, madame Philomène.

La commère interpellée souleva le coin de la bâche et fit un bond en arrière, repoussée par l'écœurante odeur du sang fade mêlée aux âcres exhalaisons du cadavre.

— Pouah! fit-elle. Comme ça pue!

Puis elle regarda de nouveau, se bouchant le nez :

— Ben! dit-elle tout à coup. Elle est comme évanie, la pauvre femme. Elle a perdu beaucoup. Vois donc plutôt, la Vougne. Elle est évanie ou assoupie!

— Eh! assoupie, donc! répondit la vieille, sans même se retourner... Elle dort. C'est feignante, savez. Soignez-la, si vous voulez, vous autres, la *lirougna*. Moi, n'ai pas le temps. Faut laver et présenter la petite, d'abord.

Comme elle s'éloignait, allant à grands pas vers la rivière, M. Cattion-Bourdille ne put résister à sa curiosité. Quelque cérémonie intéressante se préparait, à coup sûr, et il ne voulait la manquer à aucun prix. Il suivit donc la Vougne, et tout le monde le suivit lui-même. La commère qui avait soulevé la bâche la laissa retomber en murmurant :

— Bah! ce n'est rien. On se remet de ça bravement. J'en ai vu bien d'autres. Elle dort, en effet, et il vaut mieux ne pas la secouer en ce moment-ci.

Et elle courut rejoindre les autres, qui entouraient déjà la Vougne au bord de l'eau. La voiture demeura toute seule, abandonnée à Pouzzli, qui hochait la tête et s'essuyait les oreilles d'un geste agacé; car, à travers les planches, des gouttes chaudes filtraient et venaient se coaguler en grumeaux rouges dans ses poils englués de sang.

IX

M. Cattion-Bourdille et les assistants en furent d'ailleurs pour leur curiosité. Ils virent seulement la Vougne

tremper et débarbouiller dans l'eau courante l'enfant qui redoubla de cris au froid contact. Mais ils ne comprirent pas ce que disait la vieille, et c'est justement en cela que consistait la cérémonie, si impatiemment souhaitée par l'historien de la Thiérache.

La vieille, tout en baignant la petite, prononçait des paroles rapides, rhythmées sur un ton d'incantation et de prière psalmodiante.

Les vanniers, les femmes, les enfants, étouffaient des rires et continuaient à plaisanter grossièrement.

— Elle chante la messe de chez eux, bien sûr.

— Elle parle du nez comme vous, monsieur Alliaume, quand vous lisez l'épître.

— Elle lui conte une histoire pour l'endormir.

— Fais donc les répons à ses litanies, eh! ch'tiot blond! toi qui bredouilles si bien, eh! Bren-de-Judas!

— Elle va quêter pour finir.

— Mais taisez-vous donc, ne cessait de dire M. Cattion-Bourdille. Taisez-vous donc! Vous m'empêchez d'entendre.

— Est-ce que vous y comprenez quelque chose? lui demandait le maître d'école.

— Oui, oui, monsieur Alliaume; pas tout, pas tout; mais le principal, oui.

Le maire faraudait en répondant de la sorte. La vérité est qu'il n'y comprenait goutte. Car la Vougne parlait en bohémien, en pur Romané, et le savant auteur des *Mémoires sur les Colonies vannières d'Ohis et de Wimy* ne pouvait guère saisir qu'un mot par-ci par-là. Il écoutait pourtant de toute son attention, faisant effort de la mémoire pour attraper un sens, reconnaître des vocables au vol; et parfois il dodelinait doctoralement du chef pour laisser croire qu'il n'en perdait pas une phrase. Que n'eût-il pas donné pour avoir la traduction exacte de cet hymne qui se compose d'une ode à l'eau et d'une ode au soleil, et par lequel les vieilles tribus nomades saluent depuis tant de siècles la naissance de tout *Romané tchavé!*

Voici, en prose française, ce que disait, ou plutôt chantonnait la Vougne, par tercets de vers brefs aux assonances gutturales :

> Dans l'eau qui court sans but,
> Dans l'eau qui fuit sans fin,
> Sois trempé sans fin ni but.
>
> Comme elle, va toujours,
> Sans te fixer à la terre,
> En la rongeant, en la rongeant.
>
> Comme elle, aie pour pays
> Les nuages d'où elle tombe,
> Les nuages où elle retourne.
>
> Comme elle, tu es née
> D'une montagne crevée
> Qu'un nuage un jour baisa.
>
> Comme elle, à travers tout,
> Tu passeras, tu filtreras,
> Car tu es libre, libre, libre.
>
> Comme elle, tu sauras chanter.
> Écoute bien sa chanson.
> Elle dit : « Marche, marche ! »
>
> Comme elle, tu sauras danser.
> Regarde bien sa danse.
> Elle fait : « Plus loin, plus loin ! »
>
> Comme elle, quand tu mourras,
> Tu iras dans une grande mer
> D'où le soleil te reprendra.

A ce moment, et comme la vieille allait, après l'ode à la rivière, commencer l'ode au soleil, la commère Philomène, que ce baragouin ennuyait, retourna près de la voiture pour y jeter un nouveau coup d'œil.

— Monsieur le maire, cria-t-elle soudain, venez, venez vite. Et vous tous aussi. Je crois que la femme est morte.

On courut à son appel, même M. Cattion-Bourdille, en qui l'homme, cette fois, prit le pas sur le savant.

La Vougne, qui essuyait maintenant la petite pour la présenter au soleil, ne courut pas, elle ; mais, de loin, sans la moindre angoisse, presque avec joie plutôt, elle leur dit :

— Êtes-vous bien sûrs de ça ?

— Oui, oui, répondit le maire. Venez vite ! Elle est morte !

Mais la vieille n'eut pas un tressaillement. Elle éleva l'enfant au-dessus de sa tête, et, d'une voix plus forte que tout à l'heure, sur un rhythme plus large, avec un accent plus solennel et plus religieux encore, pareille à une prêtresse officiante, à une sibylle en mal divin, elle entonna l'hymne au soleil, qui dit ainsi :

> Soleil qui flambes, soleil d'or rouge,
> Soleil qui brûles, soleil de diamant,
> Soleil qui crées, soleil de sang,
>
> Soleil, je t'offre cet or vivant ;
> Soleil, je te donne ce diamant de chair ;
> Soleil, je te voue ce sang de mon sang.
>
> Soleil, mets ton or sur sa peau !
> Soleil, mets ton diamant dans ses yeux !
> Soleil, mets ton sang dans son cœur !
>
> Soleil qui flambes, soleil d'or rouge,
> Soleil qui brûles, soleil de diamant,
> Soleil qui crées, soleil de sang !

— Mais venez donc, criait le maire ; venez, la Vougne ! Je vous dis que votre fille est morte.

— Ma fille est vivante, répondit orgueilleusement la vieille en montrant la petite. Ma fille, la voici! C'est la fille de mon Tiarko!

Elle revenait vers la voiture, à grands pas. Quand elle fut auprès, en face de la femme morte :

— Celle-ci, fit-elle, n'était pas ma fille. C'était une étrangère, une fille de chien, que mon Tiarko a aimée, pour son mal et pour le nôtre. Voici ma vraie fille, ma Miarka.

— Mais, interrompit une commère, qui donc va nourrir votre petite?

— Qui? répondit la vieille. Vous allez voir.

Elle posa dans la voiture, entre les pieds des deux cadavres, l'enfant emmailloté à la hâte dans un haillon de laine. Puis elle se courba entre les roues :

— *Roh! roh!* laisse-moi faire, Pouzzli! C'est moi le chef, à présent. Allons! *crambo*, tais-toi. Eh! oui, ton petit. Je le veux. Donne! *Roh! roh!* Donne-le moi, je te dis.

Elle desserrait les pattes crispées de l'ourse, lui giflait les joues, lui tapait sur le mufle, sans crainte des dents grinçantes sous les babines retroussées. Enfin, elle parvint à lui arracher l'ourson. Elle courut alors se cacher dans la cour de la ferme la plus proche, pour ne pas être vue de Pouzzli, et là, empoignant la petite bête par les pattes de derrière, elle la fit tournoyer en l'air et lui fracassa d'un seul coup la tête contre la muraille.

— Là, là, ne pleure pas, Pouzzli, dit-elle en revenant. Un petit de perdu, un de retrouvé. C'est toi qui nourriras l'enfant.

— Comment, fit M. Cattion-Bourdille, vous croyez que votre ourse...

— Oh! s'écrièrent les gens; elle est folle !

— Non pas, répondit-elle. Pouzzli a du bon lait, savez. Pouzzli est une ourse romané, elle aussi. Pouzzli nourrira l'enfant. J'aime mieux ça! L'autre avait du lait d'étrangère.

Puis, sans prendre garde à la stupéfaction des gens, elle mit sur le haillon de laine un lambeau de fourrure qu'elle ficela; et, se traînant auprès de Pouzzli, elle lui fourra et lui maintint entre les pattes l'enfant, dont elle colla la bouche à la brune tétine du fauve.

X

Et c'est ainsi que naquit Miarka, la fille à l'ourse.

LIVRE DEUXIÈME

MIARKA GRANDIT

LIVRE DEUXIÈME

MIARKA GRANDIT

I

— Tant pis si madame Octavie n'est pas contente! avait dit le maire en prenant la résolution de donner l'hospitalité à la Vougne.

C'est qu'il savait de reste combien la vieille dame partageait peu ses idées bohémophiles, tout en affectant de les respecter. Elle avait une façon à elle de hocher la tête, et de secouer pitoyablement ses anglaises grises, pour dire avec une mine résignée :

— Oui, oui, c'est entendu, monsieur est un savant; la science a ses exigences; d'accord!

Mais elle ajoutait aussitôt :

— Moi, je ne suis pas une savante, par exemple, et Dieu merci!

Quand elle apprenait, par les gens du pays, qu'il avait conversé avec des merlifiches au bord de la route, elle ne manquait jamais de faire battre ostensiblement ses habits, au retour, et elle criait alors à la servante, d'une voix qui retentissait dans toute la maison :

— Là-bas, ma fille, là-bas, sur le fumier; et tapez ferme! Cela s'agrippe dans la laine, la vermine.

Quelquefois, M. Cattion-Bourdille faisait arrêter des merligodgiers devant sa grand'porte et les interrogeait longuement, les invitant à s'asseoir sur le banc de pierre et les marches du perron, où il leur distribuait des vivres, un peu de monnaie, des verres de cidre et même de vin, afin de les étudier plus à loisir. A peine étaient-ils partis, avant qu'ils fussent hors de vue, madame Octavie faisait laver le banc de pierre et les marches du perron à grande eau.

— Une heure de plus, bougonnait-elle, et il y faudrait du savon noir!

M. Cattion-Bourdille feignait toujours de ne pas entendre ces réflexions et de ne pas remarquer la mauvaise humeur de madame Octavie. Après quelques discussions orageuses, dans les débuts, il avait un jour formulé sa volonté expresse à cet égard, et il ne prenait plus garde aux sourdes tempêtes qui agitaient les anglaises grises. Mais, comme il était bon, et qu'il aimait, en somme, la vieille dame, il lui épargnait le plus possible ces tempêtes et se cachait même ainsi qu'un enfant pour frayer à l'occasion avec ses chers merlifiches.

Cette fois, pourtant, il n'y avait pas moyen d'éviter les remarques désobligeantes, les hochements de tête, voire une scène en règle. Car, à ce coup, elle n'y tiendrait pas, sûrement ! Dans un élan de générosité, et aussi, et surtout, par passion scientifique, M. Cattion-Bourdille avait résolu d'amener la Vougne chez lui. Il s'y était décidé sans réfléchir aux conséquences, mettant à profit l'absence de la gouvernante pour satisfaire courageusement ses goûts. Mais, au fond, en revenant à la maison avec Arsène, qui avait attelé son cheval à la bagnole, il n'était pas tranquille sur les suites de son équipée.

Et, en effet, jamais les anglaises grises de madame Octavie n'avaient dansé une gigue plus éperdue qu'au moment fatal où elle vit la voiture franchir le seuil de la grande porte et pénétrer dans la cour comme en pays conquis. A cet aspect, l'honorable dame crut qu'elle allait s'évanouir, et tout d'abord elle demeura si stupéfaite que les paroles lui manquèrent.

— Eh bien ! voyons, qu'est-ce qu'il y a, madame Octavie ? dit le maire, en prenant sa voix la plus douce. Est-ce qu'il vous est arrivé quelque chose ?

— Mais oui, monsieur, mon Dieu ! oui, répondit la gouvernante d'un air atterré. Il m'est arrivé, ou plutôt il il m'arrive... ceci...

Et elle montrait la voiture, avec un geste d'horreur. Puis, la parole lui revenant tout à fait, elle ajouta :

— Comment, monsieur, la Vougne ici ? Chez nous ! Avec un ours ! Et c'est vous qui l'amenez ! Et c'est votre cheval qui la traîne ! Mais c'est le monde renversé, monsieur.

Excusez-moi! C'est de la folie. Je n'en puis croire mes yeux.

— Croyez-les, madame Octavie, croyez-les, fit le maire, qui essaya de prendre les choses gaiement. Oui, mon cheval en personne est déshonoré. Et moi je suis fou. C'est convenu, je suis conducteur de merlifiches, et montreur d'ours, madame Octavie.

— Alors, reprit la gouvernante, voilà notre maison devenue le rendez-vous de tous les galopins, et vous leur risée, monsieur. Regardez plutôt, regardez! Ils se moquent de vous, les polissons. Et Gleude lui-même, au lieu de faire rire, en rit tout le premier.

— Gleude est un bon garçon, madame Octavie, et il ne rit pas de moi, comme vous le pensez. Il sourit à la fillette qui dort, pendue au dos de sa grand'mère.

La Vougne, en effet, portait Miarka au revers de ses épaules, à la mode bohémienne, dans une sorte de grand châle dont les bouts, noués par devant, faisaient bricoles. La petite dormait là tranquillement, chaudement, ainsi qu'un sariguet dans la poche maternelle. Quant à la vieille, elle se taisait pour ne point réveiller la douce endormie, et comme la halte avait interrompu le bercement produit par la marche, elle le continuait en se dandinant.

— Une fillette?. Quelle fillette? s'écria madame Octavie. Où ça? Est-ce qu'on porte les enfants sur le dos?

La gouvernante s'était approchée, malgré sa répugnance. Gleude lui montra du doigt, entre les plis du châle, la frimousse de la petite, qui soufflait des pois, comme on dit, le nez enfoui dans ses poings fermés.

M. Alliaume n'avait rien dit jusqu'à présent. Il s'occupait à contenir la marmaille, qu'il empêchait de pénétrer dans la cour. Mais, du coin de l'œil, il observait la scène, et il n'était pas fâché de voir le maire si mal reçu. A la bonne heure donc! madame Octavie allait vous envoyer un peu promener ces damnés merlifiches, qui désorganisent l'école, et qui deviennent matière à de volumineux mémoires qu'il faut recopier! Aussi, quand il la vit descendre dans l'arène, en quelque sorte, il pensa que c'était pour donner le coup décisif, et il crut le moment bon pour intervenir. Il s'approcha, lui aussi, et, levant les bras et les yeux au ciel, il dit à l'oreille de madame Octavie :

— Oh! oui, une folie, n'est-ce pas? Et pour ce moucheron, je vous demande un peu! Regardez-moi quelle vilaine masque!

— Mais non, mais non, monsieur Alliaume, répondit la gouvernante. Pauvre petit chat! Elle est mignonne, au contraire. Comme elle dort bien!

Attendrie, la vieille dame avait surmonté son dégoût, et elle arrangeait, du bout des doigts, la frange du châle, qui en ce moment laissait filtrer un rais de soleil sur les paupières de l'enfant.

— Mais sa mère, fit-elle tout à coup, où donc est sa mère?

M. Cattion-Bourdille n'osait lui répondre, sentant bien que la vue des cadavres rendrait à la bonne dame toute son horreur. Quant à M. Alliaume, il avait trop mal réussi dans sa première tentative d'intervention, et il craignait d'exciter à nouveau la pitié de madame Octavie, au lieu d'alimenter sa colère. La Vougne, elle, se tut, par lassitude. Elle se dandinait toujours, presque en dormant, les yeux mi-clos et les mains ballantes sur les cuisses. Mais Gleude prit madame Octavie par le pan du tablier, et, la conduisant près de la voiture, il lui dit :

— Morte! morte! Là dedans. Tous morts!

Elle souleva la bâche, et faillit tomber à la renverse devant le hideux spectacle.

— Oh! fit-elle, les malheureux!... Mais, monsieur, oui, oui, vous êtes fou! Deux cadavres ici, dans notre cour! Des merligodgiers!... Ah! la pauvre créature!

Et elle s'attendrissait et s'indignait tour à tour.

— Pauvre créature, vous avez raison, madame Octavie, interrompit le maire. Et c'est ce que je me suis dit, vous comprenez. Cette femme morte en couches, le père mort hier, leur bidet aussi mort tout à l'heure, leur voiture à l'abandon au bord du chemin, et cette petite seule avec cette grand'mère! Voyons, madame Octavie, pouvais-je faire autrement que de les amener?

— C'est vrai, monsieur, c'est vrai, répondit madame Octavie tout émue, si émue, qu'elle en essuyait ses yeux avec une de ses anglaises.

Puis se tournant vers M. Alliaume, elle ajouta :

— On recueille bien des bêtes malades!

Gleude, l'innocent qui comprenait tant de choses, lui baisait silencieusement le coin de son tablier.

— Mais, reprit-elle soudain, où allez-vous les mettre, je vous prie? Des merlifiches dans notre maison! Ah! Dieu de Dieu!

— Rassurez-vous, madame Octavie. Les merlifiches n'aiment point rester sous un toit. Là-bas, au bout du clos, il y a un coin de pâture, et la vieille remise qui ne sert plus à rien, avec sa porte déclanchée et son pla-

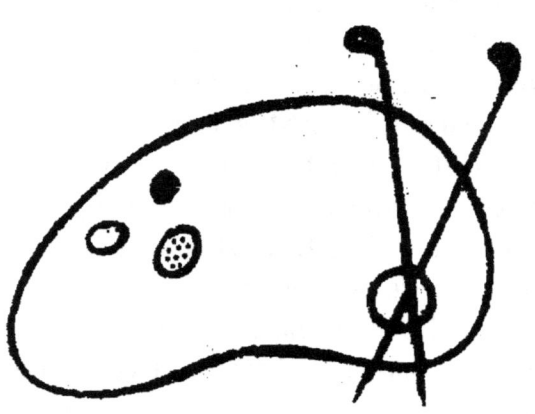

Illustrations en couleur

DEUX BONS BAISERS JE ME RAPPELLE :

fond à jour. Je suis sûr que là ils seront à leur aise et ne vous gêneront pas beaucoup. N'est-ce pas, la Vougne, que vous serez bien, tenez, là-bas?

La Vougne leva ses paupières lasses, regarda, et, pour toute réponse, se dirigea vers l'endroit indiqué, en faisant clapper sa langue à l'oreille du cheval qui la suivit. Elle assigna du doigt la place qu'elle choisissait, contre le mur de la remise. On lui obéissait sans rien dire, se conformant à son mutisme. Arsène détela. M. Cattion-Bourdille lui-même cala solidement la voiture avec deux tréteaux. La Vougne jeta un dernier coup d'œil sous la bâche, dont elle assujettit ensuite toutes les boutonnières. Cela fait, lentement et sans gestes brusques pour ne pas réveiller la petite, elle se courba vers Pouzzli et lui jeta un chanteau de pain qu'elle avait tiré du coffre de devant. Alors, tranquille pour son Tiarko que gardait l'ourse, elle entra dans la remise, arrangea sur une botte de foin un berceau pour Miarka, et s'assit auprès d'elle. Après avoir bu une grande gorgée d'une gourde de genièvre cachée dans sa poitrine, elle se coucha d'un bloc, comme assommée, et s'endormit aussitôt profondément.

— Elle n'a seulement pas dit merci, grognait M. Alliaume.

— Pauvres gens! murmura madame Octavie.

Puis, comme elle voyait Gleude chasser les mouches avec une poignée d'épis, elle dénoua son fichu de batiste, ce fichu dont la blancheur immaculée faisait son orgueil, ce fichu qui était en quelque sorte l'emblème de sa propreté d'hermine; et doucement, avec des précautions infinies, mais sans avoir peur de la vermine, qui pouvait lui monter aux jupes en frôlant les haillons de la vieille, elle étendit son fichu, ainsi qu'un voile, sur la figure de l'enfant.

II

L'abbé Ternaille, curé d'Ohis, n'apprit ces nouvelles que le soir, en revenant d'Hirson, où il avait passé la journée en conférence.

C'était un brave homme de prêtre, d'une quarantaine d'années, qui prenait la vie en douceur et qui tâchait de la faire prendre ainsi par ses paroissiens. Bon croyant, mais pas assez dévot, disait de lui madame Octavie, qui le trouvait trop accommodant en sa besogne sacrée, et qui lui reprochait de laisser la religion du pays s'en aller un peu à la débandade. Ce à quoi il répondait que la religion est précisément affaire d'accommodement, de patiente indulgence, qu'il ne faut point en tarabuster le monde, et que le bon Dieu, pas plus que les autres, ne doit prendre les mouches avec du vinaigre.

Ancien condisciple de M. Cattion-Bourdille au séminaire de Laon, il avait conservé sur le maire une sorte d'influence, ainsi qu'au temps où l'autre n'était que petit élève de seconde tandis que lui-même brillait parmi les grands, vétéran de philosophie. Il le considérait toujours comme son *junior*, de plusieurs classes au-dessous, et lui donnait volontiers des conseils sur ses travaux. Conseils littéraires surtout ; car l'abbé Ternaille se tenait pour

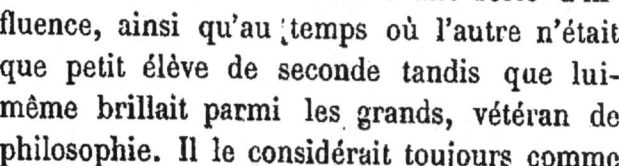

un lettré, un humaniste, et n'avait pas encore renoncé à ses gloires de rhétorique. Il soignait la langue de ses sermons, tout en s'avouant que c'était en pure perte, dans cette cure villageoise. *Margaritas ante porcos!* Mais il la fignolait quand même, pour sa satisfaction personnelle. Il *cultivait* aussi la poésie. Non pas en français, toutefois; car il trouvait notre vers dénué de ressources. Il faisait des vers latins, à l'instar d'Horace, et surtout d'Ovide son auteur favori, dont il ne pouvait se lasser d'admirer et d'imiter *l'élégance spirituelle et l'heureuse abondance*. Au dessert, avec ses collègues ou avec M. Cattion-Bourdille, il récitait complaisamment des distiques de sa façon, et il fallait voir avec quels gestes onctueux, quelles délicatesses de flûte dans la voix, quelles pâmoisons exquises dans le regard, avec quelle volupté enfin, il scandait l'hexamètre aux vibrations ronflantes et roucoulait l'harmonieux balancement du pentamètre :

Suave brevem longo consumere carmine vitam,
Atque per herbosas molliter ire vias!

Sur sa poésie seulement il se montrait intraitable, n'admettant pas les critiques; et quand madame Octavie lui disait en haussant les épaules :

— Pardonnez-moi, monsieur le curé; mais il me semble que le simple bréviaire serait préférable pour vous à ces futilités.

— Taisez-vous, madame Octavie, répondait-il. Vous n'y comprenez rien. Ce ne sont pas des futilités. Il y a des papes, madame Octavie, des papes, entendez-vous, qui ont fait des vers latins. Et moins bons que les miens, n'est-ce pas, Cattion? toi qui t'y connais un peu! Quant au bréviaire, que je respecte et que je lis consciencieusement tous les jours, madame Octavie, quant au bréviaire, avec votre permission, c'est du latin de cuisine, comme tout le missel, d'ailleurs.

— Ce latin de cuisine est assez bon pour moi, ripostait la gouvernante et pour tous les vrais dévots. Et votre autre latin, dont vous êtes si fier, n'est que du latin de païens et il n'y a pas de quoi vous en vanter. Voilà mon sentiment, monsieur le curé, à moi qui ne suis qu'une ignorante.

Et là-dessus elle tirait une révérence en ajoutant parfois :

— S'il y a des papes qui en ont fait, c'est que les papes sont pécheurs comme les autres.

— Eh bien! concluait l'abbé, priez donc pour eux et pour moi, madame Octavie.

Puis il reprenait la déclamation de ses distiques, attentivement écouté par M. Cattion-Bourdille, à qui ensuite il rendait la monnaie de sa pièce, en dégustant la lecture de quelque mémoire sur la Thiérache.

— Ah! quel pays bien gouverné! ronchonnait madame Octavie, le nez battu par la danse de ses anglaises. Le curé fait des chansons en latin et le maire écrit des histoires sur les merlifiches. Nous voilà bien plantés, si je n'étais pas là!

Mais on la laissait ronchonner dans son coin; on riait même sous cape de ses colères; et les deux amis, tout à leur passion respective, s'amusaient comme des enfants, obstinés à leur jeu malgré les gronderies.

— A la santé de la Thiérache et des merligodgiers!

faisait le maire en se versant un petit verre de fin cognac.

— Oui, répondait le curé avec une joyeuse trinquade, et à la santé aussi des beaux vers latins! A la santé surtout de Publius Ovidius Naso, que Dieu doit avoir mis dans son paradis, vois-tu, quoique païen; car il fut si bon poète!

III

Quand l'abbé Ternaille arriva aux nouvelles chez le maire, il y trouva le monde en grande discussion.

Et d'abord, madame Octavie avait eu le temps de se remettre, de refouler son attendrissement premier sous ses instincts d'ordre, et d'envisager, comme elle disait, les choses à la lumière du sens commun. Ayant été voir, à plusieurs reprises, ce que devenait la Vougne, dans sa niche improvisée, elle l'avait trouvée tout à l'heure en train de faire téter l'enfant à la mamelle de l'ourse et cela lui avait subitement rendu toute son horreur des Bohémiens. Comprenait-on des mœurs pareilles? Donner une bête fauve pour nourrice à une petite fille! Quelle abomination! La vieille, d'ailleurs, invitée à venir manger un morceau dans la maison, avait répondu maussadement :

— Non, pas besoin d'entrer. J'ai ce qu'il me faut ici, chez nous.

Chez nous! Comme si la remise lui appartenait d'ores et déjà! Et en même temps, sur la paille, madame Octavie avait aperçu des coquilles d'œufs fraîchement cassés, des œufs que la merligodgière avait sans aucun doute gobés tout crus après les avoir volés dans les crèches de l'étable.

La gouvernante, en outre, était encouragée dans ses mauvaises dispositions de maintenant, par la présence du docteur Grimont, appelé pour constater les décès et la naissance, et du maître d'école venu pour dresser les actes comme greffier de la mairie. Le docteur était un jeune homme frais émoulu des examens, en train de se faire une clientèle et s'imaginant que pour cela il devait avant tout se constituer une respectabilité de langage et d'attitude; ce qui lui donnait un air solennel et passablement rogue. De son côté, M. Alliaume, grave et tâtillon, prenait une maligne joie à jeter, sur l'exaltation sentimentale et savante de M. Cattion-Bourdille, l'eau froide de son bavardage officiel.

— Tout cela est fort bien, disait-il, fort bien, monsieur le maire; mais enfin, pour faire de la besogne en règle, encore faut-il les éléments nécessaires, des documents, des papiers. Où est l'acte de mariage des défunts? Sous quels noms dois-je inscrire l'enfant?

— Oui, répétait madame Octavie, sous quels noms? Une fille qui tette une ourse!

— Elle s'appelle Miarka, répondit le maire.

— Miarka! Miarka! reprit la gouvernante. Ce n'est pas un nom, ça, Miarka! Voyons, vous, monsieur le curé, est-ce que vous connaissez sainte Miarka? Non, n'est-ce pas? Alors!... Miarka! ce n'est pas un nom de chrétienne.

— Eh! interrompit le maire, qui vous dit aussi que la petite soit chrétienne?

— Mais elle le sera, monsieur. Il faut qu'elle le soit! Monsieur le curé va la baptiser, j'espère bien.

L'abbé Ternaille s'interposa, disant que cela était son

affaire, en effet, et que certainement il ne faillirait pas à son devoir, mais qu'avant tout on devait le mettre au courant. Il ne savait les choses que par ouï-dire et il venait précisément aux informations. Qu'est-ce que cela signifiait, cette enfant nourrie par une ourse? Voyons un peu, voyons!

En quelques mots, M. Cattion-Bourdille lui raconta tout, en insistant sur les curieux détails qu'il avait recueillis touchant l'objet de ses études. Et le curé s'y intéressait, goûtant surtout le beau tableau de cette présentation à l'eau et au soleil. Des dactyles et des spondées dansaient dans sa tête à ce récit, et il se voyait déjà traitant la matière en un beau poème aux éloquentes amplifications :

Sole sub ardenti sitiens, via muta nitebat,
Rivulus et lenta garrulus ibat aqua.

Et, comme M. Cattion-Bourdille lui terminait sa narration, tous deux laissèrent éclater ensemble leur pensée intime :

— Un mémoire comme Vervins n'en aura jamais lu, fit le maire.

— Une élégie, dit le curé, à la fois mélancolique comme les *Tristes* et grandiose comme les *Fastes!*

— Mais les registres de l'état civil, interrompit le maître d'école, les actes à dresser, voilà ce qui est important!

— Ah! c'est bien cela qui inquiète ces messieurs! s'écria la gouvernante. Leurs plaisirs d'abord, les affaires ensuite.

— Il me semble pourtant, dit sentencieusement le docteur, que la régularité en tout...

— Mon Dieu! fit le maire, que d'embarras pour peu de chose! Eh bien! quoi? vous avez vu les cadavres, monsieur Grimont. Vous pouvez certifier que les gens sont bien morts et qu'il n'y a ni crime ni suicide. Vous pouvez certifier aussi que l'enfant est du sexe féminin. Que nous faut-il de plus pour être en règle? Il n'y a qu'à inscrire la petite fille sous son nom de Miarka, monsieur Alliaume, Miarka, fille de Tiarko, Bohémien errant, et d'une mère inconnue, puisque la Vougne ne peut pas ou ne veut pas nous donner le nom de la morte. D'ailleurs, s'il y a quelque responsabilité à encourir, au cas où tout cela ne serait pas absolument légal, je m'en charge, comme maire de la commune.

— Voilà vraiment de la besogne bien faite, bougonna madame Octavie. Et vous, monsieur le curé, allez-vous faire la vôtre aussi, comme ça, à la diable?

— La mienne? Quelle donc?

— Mais, baptiser l'enfant!

— Oh! nous avons le temps. Est-ce que les parents l'ont demandé?

— Quels parents? Il ne reste que la grand'mère.

— Eh bien! la grand'mère l'a-t-elle demandé?

— Elle, la Vougne, une païenne, demander qu'on baptise sa petite-fille! Mais c'est malgré elle qu'il faut faire le baptême.

— Ce sera donc un autre curé qui le fera, madame Octavie. Moi, je ne pratique point de ces coups d'État sur les consciences. Je suis un pasteur d'âmes, un pasteur seulement et non un chasseur, madame Octavie.

La gouvernante se mordit la lèvre. Puis, retrouvant brèche à la discussion sur un autre point, elle reprit :

— Alors, pour les deux enterrements, vous ne vous en mêlerez pas non plus, si vous êtes logique. Pasteur, vous fermerez aux intrus la bergerie, c'est-à-dire le cimetière. J'y compte bien, d'ailleurs, car je ne tiens pas à être un jour enterrée à côté de mécréants, morts comme des chiens.

— J'agirai, répondit l'abbé Ternaille, selon les désirs de la Vougne. Mais, quoi que ce soit qu'elle décide, je donnerai aux siens une place dans la terre sainte et je dirai une messe à leur intention. Car les âmes de ceux-là, maintenant, sont à Dieu et il ne m'appartient pas de les juger. Je n'ai que le droit d'intercéder en leur faveur et j'userai de ce droit, madame Octavie.

— Ternaille, lui dit le maire en lui serrant la main, tu es un brave homme.

IV

Le lendemain, par une journée encore plus chaude que la veille, on procéda, comme disait M. Alliaume, *aux dispositifs mortuaires.*

Il n'avait fallu commander au menuisier du village qu'une seule bière, celle de la femme; car la Vougne avait déclaré vouloir construire elle-même le cercueil de son fils, qu'elle ensevelirait de ses propres mains.

— Arrangez l'étrangère à votre mode, avait-elle dit. Elle est de chez vous, celle-là. Mon Tiarko est mien. Laissez-moi faire pour lui.

Du coup, madame Octavie avait retrouvé quelque sympathie pour la morte, une chrétienne sûrement, et qui méritait de ne pas être enfouie à la façon des bêtes. On avait donc transporté le corps de la femme dans la grange; et là, après l'avoir décemment mis en bière, avec un vieux drap propre pour linceul, on avait allumé une bougie sur un escabeau, près de sa tête, et l'on avait placé à ses pieds une tasse contenant un brin de buis qui trempait dans de l'eau bénite. Une vieille servante restait accroupie à la porte, les mains jointes, en train d'égrener un chapelet.

Cependant, cachée derrière la remise, la Vougne s'occupait de Tiarko. Toute la matinée, on l'entendit cogner, scier, planter des clous. Elle était venue jusqu'à la maison pour demander des outils. M. Catti n-Bourdille avait proposé de l'aider, espérant recueillir quelques traits de mœurs inestimables sur les cérémonies funéraires des Bohémiens. Mais elle avait repoussé cette offre, et de façon si formelle, et d'une mine si farouche, qu'il n'avait pas osé insister. Il était seulement monté en haut de la maison, dans le grenier, et il regardait de là-haut par une lucarne entr'ouverte, voyant mal le curieux spectacle que le coin de la remise et la voiture lui masquaient aux trois quarts.

Seul, Gleude avait trouvé grâce devant la sauvagerie de la vieille. Arrivé dans le clos à pointe d'aube, on ne sait comment, par un trou de haie, il s'était fait bien venir d'elle par ses prévenances muettes que rien ne décourageait, par son air naïf et simple, et par la tendre et admirative adoration qu'il manifestait gentiment pour la petite fille. Un moment, comme l'enfant, abandonné dans son creux de foin, vagissait, il l'avait calmée en lui fourrant son doigt dans la bouche et en lui fredonnant de vagues paroles inarticulées comme ses plaintes. Puis il avait apporté à Pouzzli un rayon de miel dont l'ourse s'était régalée avec des ronrons de gourmandise. La Vougne, touchée de ces attentions, et connaissant de renommée le pauvre innocent, avait donc toléré sa présence. Bientôt même, pressée par son travail, elle lui avait confié Miarka, et il la berçait doucement, en imitant de son mieux le dandinement qu'il avait vu faire la veille à la grand'mère.

Elle, enragée à sa besogne, elle démolissait l'arrière de sa *rubidal,* à grands coups d'un ciseau d'acier, qu'elle enfonçait du marteau entre les joints des planches. Cet arrière formait un coffre oblong, qu'elle finit par détacher de la voiture. C'est de cela qu'elle voulait faire le cercueil de son Tiarko.

La bière eût été trop courte pour un homme enseveli à notre mode. Mais elle convenait à un Bohémien, qu'on doit enterrer en lui ployant les jarrets, afin de figurer la marche incessante qui a caractérisé sa vie et qui est l'orgueil de sa race.

Quand elle eut scié les ais qui allaient servir de couvercle, et qu'elle eut garni le fond du coffre avec du foin, elle étendit sur ce foin une large fourrure, encore mal sèche. C'était la peau de Pouzzlo, mort écrasé l'autre semaine.

— Toi aussi, dit la Vougne, en parlant à cette peau, toi aussi, tu l'aimais bien !

Puis elle fit la toilette du trépassé. Le cadavre était presque décomposé déjà, tout à fait verdi maintenant par une corruption de trois jours; et la puanteur qui s'en exhalait avait fait reculer tantôt les rustres venus pour enlever le corps de la femme. Mais la Vougne, loin d'en être épouvantée, ne semblait pas même s'en apercevoir. Lentement, sans un haut-le-cœur, sans un mouvement brusque pour aller plus vite, elle déshabilla son fils, et le frotta d'un baume aromatique, qu'elle versait goutte à goutte au moyen d'une petite outre pressée dans le creux de la main. Les mouches et les insectes, d'abord attirés par l'odeur de la pourriture se sauvèrent au parfum de ce baume, qui picotait les narines de la vieille et la fit éternuer violemment à plusieurs reprises.

— Il est bon, tu vois, dit-elle, il est bon, hein, mon Tiarko? Tu seras longtemps gardé des vers.

Elle ne pleurait pas. Elle parlait familièrement à son fils, comme s'il eût été vivant auprès d'elle.

— Tu seras beau, va, mon Tiarko. Tu dormiras dans ton costume de chef.

Du coffre situé à l'avant de la voiture, elle avait tiré, en effet, tout un costume, dont elle revêtait le cadavre. C'étaient des alpargates en fils d'aloès finement tressés; une large culotte de velours blanc tout historiée de passementerie en filigrane; une veste de cuir également blanc avec des soutaches de galon d'argent déroulant à l'infini des spirales et des nœuds hongrois; un bonnet d'astrakan, blanc aussi, cocardé d'une blanche aigrette en plumes de héron; un grand manteau rouge, en forme de rotonde.

— Ah! fit-elle avec un profond soupir plein d'amertume, pourquoi avoir aimé cette fille de chien? Tu l'aurais porté longtemps encore, sans cela, le beau costume de chef. Et qui sait si, après le manteau rouge des ducs, tu n'aurais pas gagné aussi le manteau blanc des rois! Car tu étais le plus brave et le plus beau.

Ce disant, elle avait pris le cadavre dans ses bras, ainsi qu'un enfant endormi, et l'avait posé doucement dans le

cercueil. Elle arrangea autour des joues et sur le front les mèches noires, qui voilaient presque les yeux et qui se déroulaient jusque sur les épaules, en boucles soyeuses et douces pareilles à celles d'une chevelure de femme. Longuement, lentement, elle contempla la face de son fils, comme pour s'emplir à jamais les regards de ce souvenir. Puis, à la hâte, avec fièvre, elle bourra le coffre d'une botte de foin. Et quand la figure fut prête à disparaître, elle pleura enfin, en collant à ces lèvres horribles et adorées un baiser suprême qu'elle n'avait plus le courage d'interrompre.

D'un coup, s'arrachant à cette caresse funèbre, elle se releva, jeta sur la face une poignée d'herbe, et se mit à clouer rageusement le couvercle.

— Dors, dors, mon Tiarko, murmurait-elle en travaillant. Comme je t'ai bercé petit, je te berce encore. Et la chanson que je te chantais, je veux te la chanter, pour que tu partes avec ma voix dans le cœur. Elle a raison, vois-tu bien, la chanson! Elle a raison, mon Tiarko!

Et, d'une voix grêle et chevrotante, assourdie par les larmes et brisée par les sanglots, tandis que les coups de marteau rhythmaient la mesure sous son geste machinal, elle fredonna la vieille chanson *Romané*, qui dit mélancoliquement :

> Deux bons baisers je me rappelle :
> Le premier baiser de ma maîtresse,
> Le dernier baiser de ma mère.

> Celui de ma maîtresse m'a fait froid.
> Celui de ma mère m'a réchauffé.
> Jamais je n'eus si froid ni si chaud.

Deux bons baisers je me rappelle.
Celui de ma maîtresse est parti.
Celui de ma mère est resté.

Premier baiser de maîtresse, on en a tant!
Dernier baiser de mère, on n'en a qu'un.
Un seul bon baiser je me rappelle.

Dans la maison, on était scandalisé de l'entendre chanter ainsi. Vainement M. Cattion-Bourdille, descendu maintenant de son observatoire, essayait-il de l'excuser, en affirmant que c'était là une prière funéraire. Madame Octavie ne cessait de répéter :

— Oh! la sans-cœur, la vieille gueuse! Elle n'a pas honte! En clouant le cercueil de son fils! C'est une abomination.

Mais Gleude, l'innocent, sans comprendre les paroles bohémiennes de la chanson, voyait bien, lui, la profonde et navrante douleur de la mère, et il pleurait en l'écoutant, et, quand elle eut fini, il vint se planter devant elle et simplement lui dire :

— Moi t'aime bien, va, la Vougne, la pauvre Vougne! Moi t'aime bien.

En même temps il embrassait Miarka, et avec la douce menotte de l'enfant il essuyait les larmes de la vieille.

V

Ce fut un maigre et lamentable convoi funèbre, qui sortit du clos à trois heures de l'après-midi. Pour éviter le tapage de la marmaille, le maire avait consigné l'école que gardait strictement M. Alliaume. Quant aux paysans, il ne sont pas assez curieux pour aller perdre en badauderie un jour de moisson. Les vanniers eux-mêmes, plus musards de nature, avaient à regagner les heures gaspillées hier au spectacle de l'accident. Donc personne du village n'était venu. A la maison, madame Octavie avait déclaré qu'il fallait être un mécréant pour assister à cet enterrement de païen. M. Cattion-Bourdille s'était vu obligé de faire acte d'autorité pour décider Arsène à compléter le nombre des porteurs de cercueils. Ces porteurs devaient être quatre. Le menuisier et son fils consentirent, moyennant un fort salaire, à se charger de la bière de la femme. Arsène et le fossoyeur mirent sur un brancard le coffre lourd de Tiarko. A part ces quatre ouvriers indispensables, il n'y avait pour faire cortège que M. Cattion-Bourdille, l'abbé Ternaille et Gleude. Au dernier moment, la Vougne y adjoignit un personnage imprévu, Pouzzli, dont elle confia la laisse à l'Innocent.

M. le curé eut un haut-le-corps à cette idée, et M. Cattion-Bourdille lui-même ne put s'empêcher de manifester son peu de goût pour cette compagnie bizarre. Mais la Vougne leur répondit tranquillement :

— Croyez-vous que Pouzzli n'aimait pas son maître ?

Puis, comme ils insistaient pour la dissuader, elle ajouta :

— Et si la petite a soif en chemin ?

C'était une raison sans réplique, et ils s'y rendirent. Néanmoins, un peu honteux de l'équipage, le maire décida qu'au lieu de passer sur la grand'route, on se rendrait au cimetière par la ruette longeant le derrière des pâtures.

— Il y aura moins de poussière et de soleil par là, dit-il ; n'est-ce pas, Ternaille ?

— Oui, fit le curé. D'ailleurs, c'est plus poétique.

Et l'on se mit en marche par le fond du clos, dont on ouvrit avec peine la vieille porte fermée depuis longtemps.

En tête venait la bière de la femme, solitaire et comme abandonnée de tous ; car sa légèreté permettait au menuisier et à son fils d'allonger le pas plus vite qu'Arsène et le fossoyeur, qui portaient un poids plus lourd.

Derrière ceux-ci, derrière Tiarko, la Vougne tenait la petite dans ses bras, et la berçait tout en marchant. De temps à autre, elle se retournait pour voir si Gleude faisait bon ménage avec Pouzzli. Et il faut croire que l'innocent et la bête se convenaient ; car l'ourse allait placidement à côté du gamin, qui d'ailleurs se montrait fort prévenant pour elle, au moyen d'une croûte de pain qu'il lui donnait par bouchées menues à travers les courroies de la muselière.

Enfin, à quelque distance de Pouzzli dont ils se méfiaient quand même, M. Cattion-Bourdille et l'abbé Ternaille fermaient la marche. Silencieux d'abord, ils se mirent bientôt à deviser, parlant à voix basse, l'un des découvertes importantes qu'il avait faites depuis deux jours, l'autre du poème qu'il ruminait sur tout cet épisode.

— Tu comprends, disait le maire, l'invocation au soleil, quand j'en aurai le texte complet, sera d'une valeur capitale dans le problème des origines. Il y aura là des comparaisons fructueuses à établir avec certaines hymnes du Rig-Véda.

— Parfaitement, disait le curé. La science, oui, la science! Moi, je regarde les choses à un autre point de vue, tu conçois. Le tableau, d'abord. L'antithèse entre la voiture arrêtée et le ruisseau courant toujours. Puis, l'invocation sous forme de prosopopée...

La ruette était montante, mais ombreuse et fraîche. Les haies épaisses, hautes, rapprochées au sommet et y faisant voûte, ne laissaient filtrer la lumière et la chaleur que par fins rayons. L'herbe, drue à cause de l'humidité voisine des pâtures, s'écrasait sans bruit sous les pieds. Des abeilles bourdonnaient, butinant les fleurs sauvages que l'été n'avait pas encore séchées dans ce creux, à l'abri de ses ardeurs. Des papillons blancs et jaunes passaient en zigzaguant comme des pétales envolés. Des jardinières en émeraude, des scarabées en saphir, des lucanes en or bruni, traversaient brusquement l'allée obscure, et y jetaient l'éclair d'un bijou entrevu. Les clos exhalaient dans l'air brûlant la forte odeur des pommes mûrissantes. Sous les branches des aubépins aux petites pierres de corail, des cornouillers aux rouges olives, des genévriers aux baies déjà noires, paraissaient et disparaissaient furtivement les oiseaux de buissons, le roitelet qui titinne d'un cri aigu, et la mésange qui si doucement zinzilule.

— Quel charmant endroit pour la causerie ! fit le curé. C'est proprement le décor d'une églogue à la Virgile.

— Et dire, soupira M. Cattion-Bourdille, que nous sommes en train d'y suivre deux enterrements ! Ah ! la vie est une chose cruelle, tout de même !

— Heureusement, reprit le curé, qu'elle a aussi ses consolations.

— Oui, les travaux, la science, dit le maire.

— La poésie, répliqua le curé.

Ils marchèrent un moment sans rien ajouter, attendris sur eux-mêmes. Tout à coup l'abbé Ternaille, vivement, comme lorsqu'on se rappelle soudain une chose qu'on doit trouver importante, reprit :

— Et la religion aussi est une consolation ; la religion, cela va sans dire. Diable ! n'oublions pas la religion !

En haut de la côte, à l'entrée du cimetière, le soleil dardait de toute sa force. Le menuisier et son fils, arrivés les premiers, s'étaient arrêtés, et soufflaient, s'essuyant le front. Le père, plus las, s'était assis sur le pied du cercueil.

— Reposez-vous aussi un peu, dit-il à Arsène qui survenait, suant à grosses gouttes.

— Non, non, allez, répondit Arsène. Plus tôt ça sera fini, mieux ça vaudra ! Ce n'est pas drôle de tringueballer un merlifiche.

Et, malgré les grognements du fossoyeur qui voulait boire un coup à sa gourde, il franchit le seuil, en poussant devant lui le fils du menuisier qui avait repris la bricole.

La Vougne n'avait pas dit un seul mot depuis le départ. Elle avait maintenant sa dure figure de mauvaise humeur, farouche et impassible. Pour elle, comme pour tous les Bohémiens, la cérémonie de la mise en terre n'avait point d'importance. Ils considèrent comme l'adieu suprême celui qu'ils adressent au cadavre avant de clouer la bière, et, une fois le dernier baiser donné, ils se font un point d'honneur de ne plus verser une larme.

Elle assista donc, sans un tressaillement extérieur, à la descente des cercueils dans le tuf, et au bruit sourd des pelletées de terre jetées hâtivement sur le bois sonore. Elle eut seulement un frisson quand elle entendit le prêtre murmurer des prières qu'elle ne comprenait pas. Puis elle fit un geste qui signifiait : qu'importe ! Et, tout le temps que l'abbé Ternaille pria, elle marmotta intérieurement un *contre-sort* par quoi elle était sûre de faire avorter l'incantation étrangère. Où elle eut un soubresaut de révolte, c'est en voyant le fossoyeur planter dans le sol les deux croix de bois noir aux blanches inscriptions.

— Qu'y a-t-il d'écrit là ? demanda-t-elle à M. Cattion-Bourdille en désignant la croix de son fils.

— Il y a le nom du mort, répondit le maire.

— Non, fit-elle, chez nous, pas ça! Les morts n'ont plus de nom que dans le cœur des vivants.

Et, confiant Miarka au curé, elle tira de sa poche et ouvrit un long couteau, dont elle gratta la croix jusqu'à ce que l'inscription eût disparu.

L'enfant, réveillée, se mit à crier soudain. La Vougne la reprit, et, forçant Pouzzli à se coucher presque sur le tertre de Tiarko, elle fit téter la petite. Les menuisiers, le fossoyeur et Arsène buvaient un coup à la gourde du bonhomme, dans la cahute qui lui servait à serrer ses outils. M. Cattion-Bourdille et le curé lui-même avaient remis leur chapeau à cause du grand soleil. Gleude, assis par terre à côté de Pouzzli, grappillait une branche de ronces arrachée en chemin et se barbouillait avec ces meurons pourprés.

— Eh bien! c'est fini, tout est fini. Qu'est-ce que nous faisons là? dit tout à coup le maire. On meurt de chaud, ici. Allons-nous-en! Voyons, la Vougne, l'enfant ne tète plus. Redescendons, voulez-vous?

— Redescendons, répondit la vieille, qui ne se retourna même pas pour jeter un coup d'œil à la terre où dormait son fils.

Sa tranquillité apparente mettant tout le monde à l'aise, on revint à la maison en causant à haute voix maintenant. Les quatre villageois partirent en avant, du côté de la grand'route, et l'on entendit bientôt leurs éclats de rire à la porte du cabaret.

La Vougne rendormait la petite tout en marchant. Gleude continuait à se mascarer les doigts et le nez avec ses meurons. L'ourse mâchonnait un morceau d'écorce de bouleau, pour se rafraîchir de cette sève écrasée. Et, sous l'ombre de la venelle, parmi les bourdons joyeux des abeilles, les vols fous des papillons, les éclairs de pierrerie des scarabées, les gazouillis des oiseaux de buissons, dans l'odeur forte des pommes mûrissantes, dans le murmure de cette nature embaumée et heureuse, le maire et le curé avaient repris leur chère causerie que rien à présent ne pouvait plus distraire. De temps à autre ils s'arrêtaient, s'empoignaient, qui par le revers de la redingote, qui par un bouton de la soutane, et se faisaient part de leurs trouvailles réciproques.

— Pas de nom sur les tombes ! As-tu vu cela? Il y a sûrement un symbole là-dessous. Rien que ce détail élucidé fournit matière à un mémoire extraordinaire.

— Que dirais-tu d'un vers spondaïque pour rendre le poids de la chaleur, le soleil tombant d'aplomb? Voyons, qu'en dirais-tu? Quelque chose comme *pulvere* ou bien *æthere stat gravis inflammato*, par exemple. Ou je ne m'y connais pas, ou c'est un effet, hein! Presque de l'harmonie imitative. Voyons, là, franchement! Du bon Ovide, cela, de l'Ovide épique, l'Ovide des *Métamorphoses*.

VI

Ce soir-là, en couchant Miarka dans son berceau de foin, de loques et de fourrures, la Vougne lui fit un discours comme si l'enfant pouvait la comprendre. Elle lui dit en bohémien :

— Vois-tu, mignonne, il y a dans la vie deux très longs jours : le jour où l'on naît et le jour où l'on se trouve orpheline. Pour toi, ces deux jours n'ont duré qu'un seul jour. C'est signe que ta destinée coulera rapide et joyeuse. Maintenant, jusqu'au jour où tu deviendras reine, les heures, les mois, les saisons, vont filer devant tes yeux comme des hirondelles tournoyantes, et tu ne te sentiras pas plus vivre qu'une fleur.

Puis, avec une grande mélancolie, elle ajouta, sur cette pensée de fleur :

— Hélas! oui, une fleur, ma pauvre Miarka, une fleur

qui a des racines, au lieu d'être un papillon qui a des ailes.

En effet, comme l'avait espéré M. Cattion-Bourdille, la merligodgière était bien obligée de se fixer dans ce coin du clos, et d'y arrêter enfin sa course vagabonde. Il le fallait. Sans cheval désormais, on ne pouvait pas reprendre la route; et, quant à laisser en plan la bagnole, c'est la dernière idée qui devait venir à la Vougne. Là dedans était mort son Tiarko; là dedans était née sa Miarka; là dedans, au fond du coffre de l'avant, demeuraient cachés les seuls trésors de la vieille Bohémienne : son costume de cheffesse, la guzla de ses aïeux, et quatre gros livres manuscrits qui appartenaient à la famille depuis les temps les plus reculés.

D'ailleurs, puisqu'il était nécessaire de se fixer quelque part, aucun lieu ne pouvait mieux convenir à la vieille que celui-ci. Elle savait, comme le savent tous les Bohémiens, par des traditions orales, que cette vallée était une des étapes régulières fournies par ceux de ces coureurs errants qui traversent la France. Chaque tribu y repasse, environ tous les dix ans, soit en corps de troupe, soit en petites bandes égrenées. Or, la Vougne comptait bien y voir un jour revenir sa tribu à elle, partie au midi depuis trois ans déjà, depuis l'instant où Tiarko en avait été chassé, déclaré *ragni* pour avoir épousé une femme étrangère. Le jour que la tribu repasserait, la Vougne était sûre d'y retrouver place; car si les fils des *ragni* sont *ragni* eux-mêmes, comme tenant de leur mère, il n'en va pas ainsi des filles, qui sont censées avoir effacé la mésalliance en ne prenant dans le mélange des sangs que le sang paternel et par conséquent *romané*.

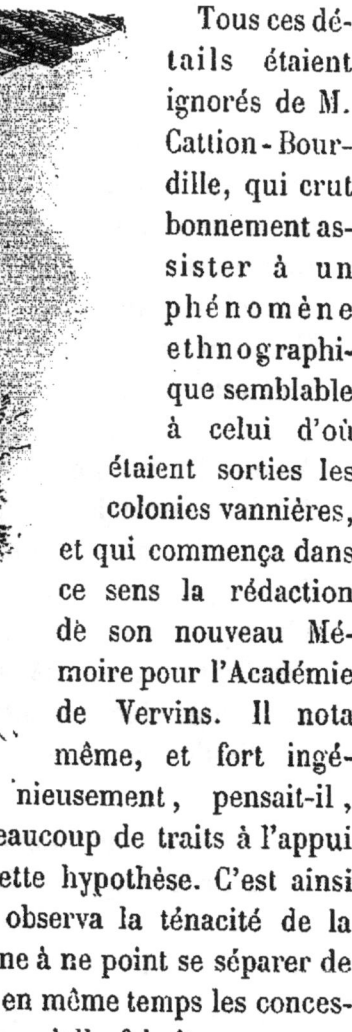

Tous ces détails étaient ignorés de M. Cattion-Bourdille, qui crut bonnement assister à un phénomène ethnographique semblable à celui d'où étaient sorties les colonies vannières, et qui commença dans ce sens la rédaction de son nouveau Mémoire pour l'Académie de Vervins. Il nota même, et fort ingénieusement, pensait-il, beaucoup de traits à l'appui de cette hypothèse. C'est ainsi qu'il observa la ténacité de la Vougne à ne point se séparer de sa voiture, et en même temps les concessions relatives qu'elle faisait en consentant à abriter la voiture sous la remise. Il y avait là, pour lui, une *accommodation progressive*, un compromis entre la vie nomade et la vie sédentaire. Il remarqua aussi l'horreur insurmontable de la vieille à l'égard de la maison, où elle refusait toujours de séjourner longtemps, n'y entrant que lorsqu'elle y était en quelque sorte forcée, soit par les servantes qui lui disaient de venir elle-même y prendre son pain, soit par lui qui l'y attirait souvent pour la questionner en tête-à-tête. Il eut, une autre fois, une joie de savant à propos de la cheminée qu'elle confectionna de ses propres mains, avec de l'argile, dans un coin de la remise. Il crut fermement qu'elle construisait une façon d'autel à la flamme, déité de tous les peuples primitifs. Enfin, il se prit d'un goût vif pour Gleude, qui était le seul être vraiment bien accueilli par la Vougne; et, afin d'expliquer scientifiquement cette particularité, il en vint à considérer l'innocent comme un métis de Bohémien. Quelque ascendante de sa famille avait dû, pensait-il, commettre une faute avec un merlifiche de passage. Gleude, blanc et blond, n'avait sans doute rien gardé, au physique, de ce croisement; mais de là, certainement, venaient son amitié singulière pour la vieille, et, en revanche, l'inconsciente douceur de la vieille pour lui. M. Cattion-Bourdille appelait cela une *sympathie atavique.*

La réalité, en somme, était beaucoup moins compliquée qu'il ne l'imaginait. La Vougne avait poussé sa voiture sous la remise à l'époque des premières pluies, afin de mieux s'abriter; et si les Bohémiens errants ne font pas toujours ainsi, c'est qu'ils n'ont jamais de remise à leur service. Elle fuyait la maison parce que les servantes se moquaient d'elle, parce que M. Cattion-Bourdille l'ennuyait de questions auxquelles elle ne voulait pas répondre, et surtout parce que madame Octavie faisait grise mine quand elle la trouvait à l'intérieur. Elle s'était bâti une cheminée pour avoir chaud, lorsque les bises d'octobre vinrent à souffler, et pour cuisiner plus à l'aise qu'en plein air. Enfin, elle tolérait la société de Gleude, et même s'y plaisait, à cause des services qu'il aimait à lui rendre, à cause de son air simple, de son parler obscur, de son silence habituel, et par-dessus tout à cause des prévenances qu'il avait envers Pouzzli et de l'adoration qu'il manifestait de plus en plus pour Miarka.

Mais, en dépit de l'*accommodation progressive*, tout en s'arrangeant pour vivre le mieux possible selon ses goûts dans ce coin où la nécessité la retenait, la Vougne ne songeait pas le moins du monde à faire souche de colonie, vannière ou autre. Paresseusement, comme font partout ceux de sa race, et soumise à la fatalité, elle se résignait au sort présent, et en profitait, puisqu'il n'était pas mauvais, en somme. Toute aux soins de voir et de faire pousser l'enfant, elle ne pensait qu'à l'heure bénie où elle pourrait la rendre, et se rendre elle-même, aux siens, à ses chers congénères Romani, qui se considèrent comme exilés dans tout endroit où ils séjournent, et qui ont pour seule et véritable patrie la grande route où l'on se repaît d'aventure, où l'on dort à la belle étoile, où l'on boit à pleins poumons l'espace toujours ouvert et la liberté vagabonde.

VII

Les heures, les mois, les saisons, passèrent en effet pour l'enfant, et même pour la vieille, pendant ces premières années, comme des hirondelles tournoyantes.

Rien de nouveau ne vint troubler leur existence, monotone désormais, qu'agitaient seulement des incidents menus, les mêmes d'ailleurs.

C'étaient, surtout, les querelles incessantes de la Vougne avec les domestiques de la maison, et en particulier avec madame Octavie. Les servantes ne pouvaient cacher leur jalousie à l'égard de la vieille merlifiche, qui vivait à ne rien faire; et elles se vengeaient en lui infligeant toutes sortes d'humiliations. Comme ce genre de peine avait peu de prise sur la Vougne, fièrement dédaigneuse, on tâchait de la malmener plus efficacement par des tracasseries matérielles. La finauderie paysanne y excellait. Tantôt on fourrait du bois dans le pain grossier cuit exprès pour elle. Tantôt on bouchait le trou de sa cheminée avec de la paille humide. On versait du vinaigre dans son pot de cidre. On mêlait des cendres à son beurre. Et de rire, quand la vieille furieuse se mettait à déblatérer. D'autant que madame Octavie n'était jamais impartiale, et se laissait enjôler par les protestations hypocrites des servantes.

— Nous ne savons pas ce qu'a la vieille, disaient les bonnes pièces. Il lui faut sans doute du cidre mousseux et du beurre fin, à cette feignante !

— Le fait est, disait madame Octavie, qu'elle grogne toujours. Pour ce qu'elle a de mal, vraiment, c'est trop fort !

— Sans compter qu'elle vole, la gueuse !

Il faut avouer qu'elle ne s'en privait pas, en réalité. Elle avait beau, sur l'ordre de M. Cattion-Bourdille, ne manquer de rien, la vieille merligodgière, au lieu de demander, préférait en beaucoup de choses se servir elle-même. Ses instincts pillards la dominaient, et elle trouvait plus de saveur aux biens de rapine. Les œufs, les matons de lait caillé, les fruits, les volailles, les lards fumés, jusqu'aux morceaux de viande pour la table du maître, elle faisait main basse sur toutes les victuailles quand elle en saisissait l'occasion. Et à cela, elle avait l'œil vif et le geste prompt, malgré la surveillance. C'était noce et festin pour elle, quand elle garnissait sa marmite de pitance volée, gagnée, comme on dit, à la foire d'empoigne.

Rien n'exaspérait davantage madame Octavie, qui était femme d'ordre et qui mettait son orgueil à savoir le compte de tout, jusqu'à relever chaque jour le nombre des morceaux de sucre dans le sucrier. Quand elle avait entendu cotcodaquer une poule prête à pondre, et qu'elle trouvait ensuite le ponichon vide; quand elle remarquait un absent dans son régiment, si soigneusement aligné, de beurrons et de fromages blancs; quand manquait une bande de couenne parmi les salaisons pendues au plafond de la cuisine, un pensionnaire au pigeonnier ou au poulailler, un quartier de boucherie à l'office; quand elle était sûre du larcin constaté, madame Octavie entrait en une colère épouvantable, qui défrisait ses anglaises secouées frénétiquement et finissait par les rendre longues et lamentables comme des oreilles de chien mouillé.

Il n'y avait pas d'injures qu'elle n'adressât alors à la Vougne, la traitant de brigande et de larronnesse, et la menaçant des gendarmes, au grand ébattement des domestiques, lesquels souvent avaient mis à profit le mauvais renom de la vieille pour commettre le vol et l'en accuser. Il fallait voir, dans ces cas (les plus rares, à vrai dire), comme la Vougne regimbait, oubliait toutes ses chaparderies passées pour se draper dans son innocence présente, et ripostait de haut à madame Octavie, et la traitait avec une insolence qui poussait au comble l'indignation de l'honorable gouvernante, peu habituée à ce qu'on osât lui tenir tête!

Bien des fois, M. Cattion-Bourdille fut obligé de venir mettre le holà entre les deux femmes. Il imposait silence à la Vougne, et s'efforçait d'apaiser Mme Octavie. La vieille Bohémienne rentrait alors sous sa remise, en continuant à vociférer toute seule, en langage *romané*, et en prenant Miarka, et Gleude, et Pouzzli, à témoins de son honnêteté. Et la gouvernante, outrée de fureur, dénouait fébrilement le cordon de taille où pendait son trousseau de clefs, et les posait sur le bureau du maire en lui disant :

— Non, monsieur, non, je ne resterai pas une minute de plus dans une maison où vous laissez des vagabondes, des mendiantes, des voleuses, du gibier de prison, me manquer ainsi de respect. Non, monsieur, je n'y resterai pas. Et vous pouvez chercher qui prendra soin de vos biens. Et ils dureront longtemps, d'ailleurs, vos biens, avec des folies pareilles, si vous autorisez le pillage organisé chez vous. Car c'est le pillage, monsieur, n'en doutez pas. Elle vous ruinera, la vieille bête de proie. Elle vous mangera la laine sur le dos. Et ce sera bien fait. C'est vous qui l'aurez voulu.

— Voyons, madame Octavie, voyons, faisait le maire, n'exagérons rien! Pour quelques œufs...

— Eh! monsieur, reprenait la gouvernante, on commence par un œuf, et on finit par un bœuf. Mais vous lui passez tout.

— C'est peut-être pour l'enfant, madame Octavie, pour lui faire une petite soupe.

— Qu'elle demande, alors, qu'elle demande! Bien sûr, je ne lui refuserai pas des œufs, et même une poule au besoin, pour la petite. Ces gamines-là, un bon bouillon de poule leur fait du bien, cela va sans dire. Et celle-là, malgré tout, est comme les autres, quoiqu'elle tète une ourse et qu'elle soit fille de païens. La pauvre mignonne, je le sais bien, ce n'est pas de sa faute. Certainement qu'elle aura des œufs si c'est nécessaire. Mais qu'on me les demande! Qu'on ne me les vole pas!

— On vous les demandera dorénavant, madame Octavie, soyez tranquille.

Et M. Cattion-Bourdille allait faire de la morale à la Vougne, qui ne voulait pas entendre raison, et qui consentait seulement à avouer, en fin de compte, ceci :

— Je ne vole jamais. Je trouve quelquefois des choses, voilà tout.

— Elle a promis que cela n'arriverait plus, disait-il à la gouvernante, en revenant. Allons, madame Octavie, soyez indulgente. Reprenez vos clefs.

— Je les reprends, monsieur, répondait invariablement Mme Octavie; mais vous pouvez bien dire que c'est à contre-cœur, et seulement pour vous empêcher de mourir sur la paille.

VIII

Cependant, parmi ces incidents menus, un événement plus grave marqua la trame de cette existence monotone, et y amena un jour différent des autres. Ce fut le sevrage de Miarka, qui eut lieu treize mois seulement après sa naissance, et qui causa beaucoup de peine à l'enfant, à la vieille et plus encore à Pouzzli.

L'ourse s'était vite accoutumée à son nourrisson, et l'aimait grandement. La Vougne n'avait pas eu longtemps besoin de la tenir couchée par force et de lui fourrer d'autorité la petite entre les pattes. Au bout des huit premiers jours, c'est Pouzzli elle-même qui s'étendait, écartant ses cuisses velues et découvrant ses noires mamelles. Au bout d'un demi-mois à peine, quand l'enfant criait, l'ourse se mettait à grommeler doucement, et tirait sur sa laisse, impatiente de lui donner à téter. Un peu plus tard, la Vougne ne craignit pas de lui confier absolument la petite qu'elle lui apportait. Pouzzli la roulait sous elle, avec de lentes et maternelles précautions, et l'enfouissait presque dans la molle tiédeur de sa fourrure, et la prenait entre ses bras quand c'était fini. Et souvent, s'il faisait beau et que le soleil eût chauffé l'air, la Vougne déshabillait Miarka et la donnait toute nue à Pouzzli, qui lui léchait patiemment le corps, du haut en bas, de bas en haut, de long en large, dans tous les sens, et lui rendait la peau propre

et polie, les articulations souples, la chair ferme, et l'endormait peu à peu dans une délicieuse béatitude sous les caresses mouillées de sa langue enveloppante.

— Ils répètent toujours que nous sommes sales, disait alors la Vougne. Sont-ils bêtes, hein, ma Pouzzli! Quelle est donc la fille de roi qui a jamais été si bien lavée? Lèche, Pouzzli, lèche encore! Comme ton lait lui donne la force, que ta langue lui donne la beauté! Elle sera reine, tu sais, Pouzzli. Il faut qu'elle ait le corps sans défaut et le cœur sans faiblesse. Lèche encore, lèche bien, va, petite mère. C'est ta fille aussi, ma Miarka!

Et, pour récompenser la bonne nourrice, elle lui apportait en cachette des friandises volées, du beurre, du fromage, des pots de crème, des pommes et des poires chiches : car c'était là le grand motif de la plupart de ses larcins. De son côté, Gleude avait des secrets à lui pour dépouiller les ruches, et il arrivait souvent avec des rayons de miel, encore engainés dans leurs mailles de cire, dont Pouzzli se régalait en poussant de joyeux rouin-rouins de gourmandise.

— Tâche de lui en trouver beaucoup pour demain, lui dit un jour la Vougne. Il va falloir la consoler, la pauvre petite mère. Elle n'aura plus sa Miarka, ni demain, ni jamais.

— Vous partir? interrogea l'Innocent, qui se mit à trembler de tous ses membres.

Elle lui expliqua que non, mais qu'il s'agissait de sevrer l'enfant, parce que l'ourse n'avait plus que du lait faible et en petite quantité. Il comprenait vaguement.

— Moi, vous apporter lait tant qu'il faut, dit-il soudain. Moi traire vaches en pâture et aussi dans étables.

Moi connaître quand gens pas là. Moi laisse pas Miarka sans lait. Miarka mourir. L'aime bien, va, l'aime bien.

Elle lui montra un bon pot de lait qu'elle tenait en réserve sous une botte de foin.

— Puis, ajouta-t-elle, on m'en donne à la maison. Mais du miel et du fromage pour Pouzzli, non. Et c'est elle qui en aura besoin demain, je te dis, pour lui faire oublier son chagrin.

C'est bien du chagrin, en effet, que l'ourse ressentit, quand elle entendit, à l'aube, pleurer Miarka, et que la vieille ne lui confia point son nourrisson comme d'habitude. En vain, tandis que la Vougne apaisait l'enfant au moyen d'une soupe, Gleude essayait de distraire Pouzzli. La nourrice affligée ne l'écoutait pas, et regardait obstinément du côté de la petite. Une grande lune de maton, qui s'égouttait sur un clayon d'osier vert, ne lui fit même pas tourner les yeux. Ses narines se froncèrent seulement à l'odeur du miel, un gâteau tout entier qu'avait apporté Gleude, un gâteau de première qualité, dérobé dans le propre rucher de l'abbé Ternaille, qui avait les meilleures abeilles du pays. Devant le fromage frais, devant le miel parfumé, l'ourse demeura inconsolable jusqu'à midi. Gleude, à voir sa tristesse, avait les larmes aux yeux, et la Vougne s'attendrissait en explications verbeuses que la bête semblait repousser par des grognements plaintifs.

— Tu comprends, ma Pouzzli, disait la vieille en langue *romané*, tu comprends bien, il faut te faire une raison aussi. Le lait des ourses ne peut pas couler toujours, pas plus que celui des femmes. Tu ne tètes plus, toi, n'est-ce pas? C'est donc que ta mère t'a sevrée. Et tu dois à ton tour sevrer Miarka. Ne me dis pas non, comme ça, en

LA ROUTE EST FAITE POUR ALLER

hochant ta grosse figure! Tu es une caboche qui ne veux rien entendre. Laisse-moi te convaincre. Eh bien! oui, tu aimes ta Miarka, je le sais. Et moi aussi, je l'aime. Ce n'est donc pas pour son mal, ce que je fais. Comprends bien, Pouzzli, comprends, ma belle. Je te la rendrai, ta Miarka, et tu la tiendras encore dans tes pattes, et tu joueras avec elle, et tu la baiseras à ton gré, et tu lui lécheras sa jolie peau si douce. Mais plus tard, dans quelques jours, quand ton lait sera passé. Tu ne seras plus sa nourrice. Cela, c'est impossible. Mais tu seras toujours sa petite maman. Cela, je te le jure. Ne discute pas contre moi, Pouzzli, ne soit pas têtue. Je te dis qu'il faut la sevrer. Demande à Gleude si ce n'est pas vrai. N'est-ce pas, Gleude, qu'il faut la sevrer? Et demande à Miarka elle-même. D'abord, moi, j'ai bien sevré mon Tiarko, jadis. Ainsi, tu vois, Pouzzli, tu vois bien!

Mais Pouzzli ne se laissa pas convaincre aussi aisément que le voulait la vieille. Il fut besoin de plusieurs jours, et de force gâteries, pour lui faire entendre raison. Les offices de Mme Octavie et le rucher de l'abbé Ternaille en virent de dures pendant toute une semaine. D'autant que Miarka elle-même devint un nouveau prétexte à voleries. Le bouillon de poule lui était bon, comme disait justement la gouvernante; et la Vougne prouva de reste qu'elle partageait cette opinion, en escamotant deux jeunes cocottes à quarante-huit heures d'intervalle.

Au bout du second septénaire, pas avant, la nourrice fut définitivement consolée. Et c'est alors seulement que Mme Octavie put se rendre compte d'un larcin qu'elle n'avait pas compris tout d'abord, et dont elle avait cherché vainement l'auteur, sans avoir l'idée d'en accuser la

Vougne. Il s'agissait d'une trentaine de bouchons, qui avaient disparu de la manne où elle les conservait soigneusement dans le grenier. Elle les aperçut quand la Vougne les jeta sur le fumier, après avoir retiré ce collier bizarre du cou de Pouzzli, où pendant deux semaines il était resté caché dans la fourrure épaisse, destiné à prévenir l'ourse contre la fièvre de lait, comme une simple chatte.

IX

Un autre grand événement, auquel assistèrent, cette fois, plus de témoins, fut le premier pas de Miarka.

Ce jour-là, d'ailleurs, comme si les grands événements s'y fussent donné rendez-vous, c'était fête à la maison du maire, pour la lecture de son fameux *Mémoire sur quelques cérémonies des Bohémiens de la Thiérache, et sur l'analogie qu'on en peut induire avec les antiques coutumes religieuses en usage chez les peuplades préhistoriques du plateau central de l'Asie.*

— Ouf! avait soufflé le père Alliaume, après avoir contraint son asthme à dire d'une seule haleine ce titre qui tenait un quart de page.

Mais il avait soufflé ainsi sans aigreur, amadoué qu'il était par la forte somme, prix de sa copie, et aussi par le succulent déjeuner qu'il venait de faire en l'honorable compagnie de M. le maire et de M. le curé.

Ce déjeuner avait été véritablement une merveille, un de ces bons repas où éclataient le bon goût culinaire et la magistrale ordonnance de Mme Octavie. Il avait mis les trois convives en belle humeur, et la gouvernante elle-même en disposition de voir tout couleur de rose, comme les rubans de son bonnet. Car la table au linge éblouissant et parfumé d'iris, les couverts et les cristaux fringués à miracle, les plats raffinés savamment, les crèmes et les confitures prestigieuses, les liqueurs fabriquées avec des

recettes connues d'elle seule, tout avait été prétexte à des étonnements admiratifs, à des effusions d'enthousiasme, à des compliments pour lesquels on ne trouvait plus de termes. Et Mme Octavie avait presque mal à la luette, tant elle s'était rengorgée en savourant les éloges.

— Madame Octavie, s'était écrié le curé dans un mouvement lyrique, il est incompréhensible qu'une femme, aussi artiste dans son genre, ne goûte pas la poésie. Je suis sûr que, si vous saviez le latin, vous prendriez plaisir à entendre mes vers. Car j'en ferai sur ce déjeuner, et je vous les dédierai, madame Octavie. Tant pis pour vous!

— J'en serai très flattée, monsieur le curé, répondit-elle. Ce que j'en dis parfois, c'est pour vous taquiner, pas davantage. Mais, au fond, je ne suis pas une sotte, allez, et je sais fort bien ce qui est beau. C'est comme pour les travaux de monsieur! J'en comprends toute la valeur, voyez-vous. D'abord, moi, je ne marchande pas mon admiration, quand on est juste à mon égard. Chacun a sa supériorité, n'est-ce pas?

— Certes, interrompit le maître d'école. Ainsi, par exemple, je crois que, pour un beau manuscrit, voilà un beau manuscrit.

Et il montrait avec orgueil la copie du *Mémoire*, et l'on s'extasiait complaisamment sur les titres et les sous-titres en gothique, le texte en ronde, les notes en fine bâtarde, les têtes de chapitres enjolivées d'une majuscule à l'encre rouge.

Il avait ensuite commencé la lecture, que tout le monde écoutait religieusement, chacun y trouvant matière à se féliciter soi-même. Mᵐᵉ Octavie cuvait les louanges dont on l'avait grisée tout à l'heure, et n'était pas éloignée de croire que M. Catton-Bourdille devait à sa bonne cuisine le courage de mener à fin des ouvrages aussi considérables. Le maire se délectait à entendre sonner sa prose, et songeait délicieusement à la prochaine séance de l'Académie de Vervins, et aux applaudissements qui ne manqueraient pas de saluer tant de sagace et d'audacieuse érudition, cachée sous les fleurs d'un style si élégant. L'abbé Ternaille reconnaissait et dégustait au passage des épithètes qu'il avait conseillées, des phrases qu'il avait arrondies, des citations qu'il avait piquées dans le texte, ainsi que des pierreries, pensait-il, dans une étoffe un peu terne. Quand à M. Alliaume, il aurait voulu posséder des besicles encore plus fortes, pour mieux admirer ses pleins et ses déliés, le gras de ses traits et la légèreté de ses boucles; et, en même temps, en dépit de son asthme qui s'accrochait à toutes les virgules pour reprendre haleine, il se berçait au grave ronron de sa voix de chantre, une voix, disait-il volontiers, comme il n'y en avait pas deux dans le département.

L'après-midi était douce et tiède. Par les fenêtres ouvertes entraient l'air aromatique et le soleil roux de l'automne, qui font les digestions calmes. Repus sans être alourdis, tenus éveillés par la satisfaction de leurs marottes respectives, le corps dispos, l'esprit et l'amour-propre caressés, il y avait là quatre bienheureux en train de trouver la vie adorable, et n'imaginant pas qu'il pût se rencontrer au monde de bonheurs plus profonds que ceux dont ils jouissaient si parfaitement.

Tout à coup un grand vacarme éclata, venant du clos. On y distinguait des cris inarticulés, mais joyeux, des paroles étrangères proférées sur un ton aigu et d'un accent triomphal, des grognements de bête, comme si une bête riait, et des roulements frénétiques sur un instrument inconnu pareil à un gong de cuivre.

— Est-ce que la Vougne devient folle? fit madame Octavie dressée en sursaut.

— Elle qui est tant silencieuse d'ordinaire! dit l'abbé Ternaille en s'étirant; car, malgré son admiration pour le *Mémoire,* il somnolait un peu depuis un quart d'heure.

— Elle aura bu un coup, observa M. Alliaume. Et il

profita de l'association d'idées pour avaler lui-même un petit verre de vespetro.

Le vacarme redoublait. C'était bien de la joie, on n'en pouvait douter. Si l'on ne comprenait ni les hurlements bohémiens de la vieille, ni les rauques exclamations de l'ourse, ni la sonnaille du bizarre tympanon, il n'y avait pas moyen de se tromper aux significatives paroles de Gleude, dont la voix perçante dominait le tapage, et qui criait à tue-tête :

— Qu'est belle! qu'est belle! content, Gleude, content! Moi chanter! Cra, cra, cra, cra!

Sur une note de fausset, pointue et crécellante, il imitait le rire du merle, et cela faisait comme le dessus de cette étrange harmonie, dont la Vougne déclamait le chant, et dont l'ourse et le gong barytonnaient la basse.

— C'est une cérémonie nouvelle, s'écria soudain M. Cattion-Bourdille. Pour sûr, c'est un trait de mœurs. Allons vite! Ne perdons pas une pareille occasion.

Et il s'élança vers le clos, suivi par le curé qui n'avait pas eu le temps de reboutonner sa soutane, par madame Octavie, toute rose sous les coups de fouet de ses anglaises, et par M. Alliaume, plus lent, obligé de modérer le pas pour souffler et pour rajuster sur son nez ses besicles, qui avaient l'air de vouloir partir en avant.

— Venez voir, venez, leur fit la Vougne de loin. Elle marche, la petite reine. Et toute seule, savez!

Tout en criant, la vieille ne cessait pas de taper sur son tympanon, sur l'instrument inconnu que M. Cattion-Bourdille avait rêvé en forme de gong, et qui était simplement un vieux chaudron de cuivre.

— C'est une cérémonie, n'est-ce pas? demanda le maire, encore pantelant de sa course.

— Quoi? quoi? une cérémonie! répondit la Vougne. C'est Miarka qui marche, donc, pas plus. Et nous sommes tous contents, moi et l'ourse, et aussi Gleude, le bon garçon!

Gleude avait pris la petite fille sous les bras, et la mettait à deux pas en face de Pouzzli. Alors, la bête grommelant faisait des grâces, assise sur son train de derrière qui formait fauteuil; et, pour appeler l'enfant à elle, elle grimaçait des babines et se frappait la poitrine de ses grosses pattes. Et Miarka, lâchée par Gleude qui la surveillait prêt à la retenir, Miarka, souriante et titubante, se lançait bravement sur ses petites jambes, et venait tomber le nez dans la fourrure de l'ourse, en bégayant de sa voix indécise :

— Mama, mamama!

— Hein! dit orgueilleusement la Vougne, une vraie petite reine, savez!

— *Incessu patuit dea,* fit le curé.

— Mais quel malheur, ajouta le maire, que tout cela ne soit pas une cérémonie!

— Oh! voilà-t-il pas une affaire! s'exclama le maître d'école qui arrivait enfin, la face rouge et la poitrine ronflant en soufflet de forge. Vous faire courir comme ça! Pour une enfant qui marche, bah!

— Taisez-vous, monsieur Alliaume, lui riposta brusquement Mme Octavie. Une enfant qui marche, c'est plus intéressant que tous vos *Mémoires*, si bien écrits soient-ils. Oui, monsieur, même que les vôtres, ajouta-t-elle en se tournant vers le maire. Et plus intéressant aussi que les vers latins, monsieur le curé. Ah! la pauvre chère mignonne, comme elle est belle, à faire ses petits pas ainsi! Elle a beau être une fille de païens, elle est gentille tout de même, la douce colombe. Viens, Miarka, viens voir madame Octavie qui te donnera du bon sucre. Viens, mon chat!

Mme Octavie avait sans doute perdu subitement la tête. Car elle s'approcha de la bête fauve, sans en avoir peur, et lui prit la fillette, et pressa tendrement sur son cœur et baisa longuement Miarka, la fille à l'ourse, en disant aux hommes ébahis :

— Voyez-vous, il n'y a encore rien de tel qu'un enfant pour égayer la vie. Et cette pauvre Vougne, cette vieille merligodgière, avec sa petite masque à aimer et à voir grandir, est plus heureuse que nous tous. N'est-ce pas, la Vougne, que vous ne changeriez pas votre sort contre le mien lui-même?

— Certainement non, répondit la vieille.

Puis, avec une pitié orgueilleuse pour Mme Octavie, elle ajouta :

— Vous pensez bien qu'on n'envie personne, quand on est, comme moi, la grand'mère d'une reine.

X

Cependant, à cette grand'mère si heureuse il manquait une chose, et il y a vraiment des êtres qu'elle enviait. Cinq fois en ces deux premières années, elle avait vu passer sur la grand'route des merlifiches, et plus vif à chaque fois lui était revenu le désir de reprendre comme eux une course errante. Volontiers elle eût suivi ces frères, n'eût été l'espoir qui la retenait ici, l'espoir du retour futur de sa tribu à elle. Dans sa tribu seulement elle pouvait retrouver le rang qu'elle avait jadis. Dans sa tribu seulement, pensait-elle, Miarka devait enfin obtenir les honneurs promis par sa destinée. Les tarots consultés avaient parlé dans ce sens. D'ailleurs, ces Bohémiens de passage, étant de bandes différentes, ne connaissaient point la Vougne. Même, en apprenant qu'elle séjournait depuis longtemps déjà dans le pays, ils la méprisaient comme une transfuge et une renégate. Ils eussent compris de reste sa position de *ragni,* rien qu'à l'aspect de la *rubidal* qui lui servait de voiture. Aussi ne cherchait-elle pas à frayer avec eux. Mais elle les accompagnait de loin; et, quand ils avaient disparu à l'horizon, de gros sanglots lui montaient à la gorge, et des larmes voilaient ses regards brouillés. Elle songeait amèrement à leur bonheur, de s'en aller ainsi où bon leur semblait. Elle en était jalouse. Ce qui lui manquait, malgré toutes les joies présentes, dans cette vie assurée et tranquille, parmi les douces fleurs cueillies aux sourires et aux babillages de Miarka, ce qui lui manquait irrémédiablement, ce que rien ne pouvait remplacer pour elle, c'était la grand'route.

On s'en aperçut bien au troisième printemps qui suivit son installation sous la remise. Elle avait passé l'hiver d'une façon encore p'us farouche, plus mélancolique, plus sauvage qu'à l'habitude, comme écrasée sous le poids de ce toit, que M. Cattion-Bourdille avait fait rempailler exprès pour l'abriter mieux. Un beau matin, que l'air était attiédi et le soleil caressant, elle partit sans

7

prévenir personne, avec Pouzzli au bout d'une laisse et Miarka sur les épaules.

Toute la journée, Gleude erra comme une âme en peine, autour de la maison d'abord, dans les pâtures et les venelles environnantes, puis autour du village et par tout le terroir, du Pré-Pourri à la Demi-Liu et du Fond-des-Roques au Plateau d'Origny. Il allait, poussant des cris d'appel aux finales en fausset, et parfois grimpait à la coupette des peupliers pour interroger l'horizon, et se lamentait solitairement à la recherche de ses amis envolés.

La Vougne ne rentra qu'à la nuit tombante. Elle avait marché tout le jour, tout droit devant elle jusqu'à midi; puis revenant depuis midi à grandes enjambées lasses sans autre but que de marcher et de boire le plein air. En route elle avait mangé avec la petite et l'ourse, à l'ombre des huttes de canton nier. Dans les villages, elle avait demandé l'aumône et fait danser Pouzzli, par souvenir d'autrefois, et retrouvant une joie enfantine à revivre la vieille existence. Au retour, harassée de fatigue, les pieds gourds et les reins rompus, elle s'était couchée sans même dire un mot d'amitié à Gleude, qu'elle considérait en ce moment comme un fils de chien, comme un des étrangers maudits parmi lesquels elle devait traîner son temps d'exil.

Cette course folle, en la rassérénant un peu, lui avait aussi rendu l'appétit du vagabondage. Et elle prit l'habitude de ces fugues subites, où s'apaisait sa fringale de grand'route. Brusquement, elle filait. M. Cattion-Bourdille, d'abord inquiet, comprit bientôt que ces absences n'étaient jamais définitives, et n'en tira que des inductions nouvelles, qui corroboraient d'ailleurs ses hypothèses sur les colonies vannières. C'étaient là des revenez-y de noma-

LE SAVOIR EST PAREIL A L'EAU,

disme. Il imagina à ce propos une théorie de l'*oscillation à mouvements insensiblement décroissants dans la fixation des Bohémiens chez les populations stables*. Il y comparait les courses de la Vougne aux balancements d'un pendule, dont le segment diminue peu à peu jusqu'au jour de l'immobilité absolue.

Gleude, lui, ne chercha pas tant malice aux promenades de ses amis, et se joignit simplement à la petite bande, avec laquelle il visita tour à tour les villages des environs. Il portait Miarka, soulageant ainsi la vieille. Il apprit aussi à faire danser Pouzzli, devant qui il jambertait lui-même, avec des dandinements gauches et des clappements de langue qui excitaient l'hilarité des paysans et leur tiraient parfois quelques sous de la poche.

Les absences de la Vougne devinrent de plus en plus fréquentes, l'été surtout, quand la température adoucie lui rendait l'abri moins nécessaire et la remise plus odieuse. Elle n'avait pas peur alors de pousser plus loin ses étapes, jusqu'à la Hérie dans le nord et jusqu'à Nampcelles vers le sud. Rien ne la ravissait comme de camper à la belle étoile, dans un creux de ravin dont l'herbe avait chauffé tout le jour au soleil, dans un raccoin de briqueterie aux murs improvisés en terre rouge recuite au four, dans une meule de foin où l'on fouillait pour s'y faire un trou odorant.

— Mais quel plaisir trouvez-vous donc à découcher ainsi? lui disait souvent le maire. Est-ce que vous n'êtes pas bien sous votre remise?

— Je la connais trop, lui répondait la vieille.

— Et pourquoi mendiez-vous? Pourquoi diable aller *trucher*, quand rien ici ne vous manque?

— Parce que les sous donnés valent mieux que les sous gagnés.

— Mais, qu'avez-vous besoin de sous?

— Pour en avoir.

— Je vous en donnerai.

— Ceux que j'aurai en plus seront en plus

— Mais, reprenait le maire, ces courses fatiguent la petite.

— Les courses reposent les Romani, ripostait la vieille. Ce qui les fatigue, c'est de rester en place. Puis, à toujours voir le même endroit, Miarka finirait par y prendre goût. Les yeux se collent à la terre quand on ne la quitte pas. Les yeux des Romani sont faits pour regarder l'horizon. Il ne faut pas mourir où l'on est venu au monde.

Elle avait ainsi des raisons à elle, tirées de vieux dictons bohémiens. Quand le maire insistait, et que madame Octavie venait à la rescousse, par compassion pour l'enfant, que la brave dame eût voulu voir élever moins sauvagement, alors la Vougne leur répliquait :

— Vous, n'y comprenez rien. Vous avez du sang blanc dans les veines.

Et elle coupait court à la discussion en chantonnant la vieille marche romané qui dit :

> La route est faite pour aller
> Puisqu'elle est plate.
> La roue est faite pour rouler,
> Puisqu'elle est ronde.
>
> As-tu jamais vu le soleil
> Dire : Je suis las?
> As-tu vu jamais sous un toit
> Dormir la lune?

Entends dans l'écorce des arbres
    Courir la sève.
Entends dans le cœur des rochers
    Filtrer l'eau claire.

Dans ceux-là qui sont immobiles,
    Pourtant tout marche;
Et toi qui as tes deux pieds libres
    Tu ferais halte!

Mais quand tu dors, tes pieds eux-mêmes
    Ne dorment pas.
Ils t'emmènent dans le joyeux
    Pays des rêves.

L'eau qui s'arrête, c'est de la glace,
    C'est pour mourir.
Le corps vivant qui reste en place
    Les vers le mangent.

Si quelqu'un enfermait le vent
    Entre des murs,
Le vent se ferait mal au cœur
    Tant il puerait.

Si ta sueur au même endroit
    Tombe toujours,
Elle y creuse à la longue un trou
    Pour t'enterrer.

Mieux vaut vivre assis que couché,
    Debout qu'assis;
Et quand on est debout l'on marche,
    Car le sang bat.

Le sang bat, pris d'amour subit
    Pour l'horizon,
Qui là-bas ouvre en souriant
    Ses lèvres roses.

Vois-tu comme il fuit et t'appelle ?
Cours après lui.
Son baiser est loin ; mais son souffle
Vient jusqu'à toi.

Cours, marche ! Le nuage ne s'arrête
Que pour pleuvoir ;
Et le Romané ne se fixe
Que pour pleurer.

XI

Le seul grand chagrin qui faillit affliger l'enfance de Miarka lui arriva vers la sixième année. On voulut la séparer à jamais de l'être qu'elle chérissait le plus au monde avec la Vougne et l'ourse, de son bon ami Gleude. Voici comment ce malheur manqua lui advenir.

La sœur de l'Innocent vivait fort en dehors du village, dans sa masure du Fond-des-Roques, occupée à soigner un troupeau d'oies dont elle tirait toutes les ressources de sa maigre vie. Comme elle n'avait pas besoin de passer par Ohis pour aller au marché d'Hirson vendre ses œufs, son duvet et ses volailles, et comme elle redoutait les gamins à cause de son corps contrefait qui la donnait en risée, elle venait au pays à peine une fois l'an, à l'époque de la communion pascale. Elle fut donc longtemps sans savoir que Gleude partageait l'existence de la vieille merlifiche.

Depuis l'âge où il avait commencé à galopiner, Gleude l'avait d'ailleurs habituée à ses absences. Elle connaissait ses goûts de rêverie errante, et ne s'en inquiétait guère, d'autant qu'il n'était point difficile à nourrir et à entretenir, vivant un peu sur le commun. Elle avait bien essayé de s'en faire un aide dans l'élève de ses oies; mais elle avait dû y renoncer à cause du peu de soin qu'il apportait à cette besogne fort méticuleuse.

— Comment apprendrait-il le métier d'oyer, se disait-elle? Il ne peut seulement pas apprendre le *catéchime*, pauvre ch'tiot blond!

La vérité est que ce métier lui faisait horreur, par sa cruauté. Il aimait les oies, tout comme les autres bêtes, et il souffrait de les voir souffrir, soit quand on les engraisse sous un couvent d'osier, les empiffrant jusqu'à l'indigestion, soit lorsqu'on les bride, avec un petit bâton fiché dans les narines, pour les empêcher de passer à travers les haies et d'aller ravager les blés en herbe, soit enfin et surtout lorsqu'on les dépouille de leur duvet et qu'on plume toute vive leur peau douillette où parfois, sous la main trop rapace, le sang perle en douloureuse rosée.

Au surplus, il n'était pas aussi fainéant qu'il le paraissait, et il savait à sa façon faire œuvre de ses dix doigts, si gros cependant. Il était éleveur, non pas d'oies, mais ce qui est plus difficile, d'oiseaux. Il connaissait comme pas un, l'ayant appris à la longue, et par expérience personnelle, l'art de dénicher les oiseaux à voix jolie et de les nourrir en cage. Il confectionnait lui-même les cages, en bois menu et en osier : grandes pour les merles et les sansonnets, hautes pour les piverts qui aiment à grimper, longues pour les bouvreuils qui ont le vol horizontal, mignonnes pour les roitelets, les mésanges et les tarins, moussues et verdoyantes enfin, enchevêtrées de lierre et obscurcies d'ombre fraîche, pour les rossignols qui sont sauvages de nature et ont besoin de se croire toujours dans la liberté des arbres. Il possédait des secrets précieux touchant les nourritures diverses qui conviennent à chaque espèce et à chaque saison. Puis, pour instruire ses élèves, il faisait des chifflots en paille verte, des flageolets en sureau, et jusqu'à des flûtes de Pan, qu'il avait inventées et perfectionnées de sa propre imaginative. Cages et musiques se vendaient fort bien au marché d'Hirson, surtout vers le commencement de l'hiver, à l'époque des fêtes villageoises, quand on se munit de cadeaux pour les donzelles et qu'on songe déjà aux divertissements des longues veillées. Et plusieurs fois la sœur de Gleude était revenue la pochette garnie de bel argent, gagné ainsi par l'Innocent, qui avait fait de la riche besogne sans en avoir l'air et sans même y prendre garde autrement que pour s'amuser.

Aussi Adrienne Écrevaux aimait-elle son frère et le laissait-elle mener sa vie à sa guise, ne le voyant guère que le soir à l'heure du souper et du coucher. Elle l'aimait en même temps, il faut l'avouer, autrement que par intérêt. Elle l'aimait parce qu'il était le seul être, avec ses oies, en qui elle trouvât un inférieur. Leurs parents avaient été peu tendres pour les deux enfants, dont l'un était une sorte d'idiot, dont l'autre, contrefaite et boiteuse, ne promettait pas une ouvrière bonne à grand'chose. Deux bouches inutiles, ces malvenus! Les paysans sont durs envers ces êtres qui coûtent sans jamais pouvoir rien rapporter. Les parents morts, on avait continué dans le pays les façons hargneuses à l'égard des petits Écrevaux, et les orphelins n'avaient eu pour soutien et consolation que leur affection réciproque. Adrienne, surnommée la *Quédébinque* à cause de sa boiterie, la *Poturonne* à cause de sa grosse taille en boule, se considérait encore comme favorisée du sort quand elle se comparait à son innocent de frère, qui était contrefait, lui, de l'intelligence, puisqu'il parlait toujours un parler enfantin, et n'avait pu seulement s'assouplir la langue et l'esprit jusqu'aux phrases du catéchisme. Il y avait donc, dans son amour pour lui, beaucoup de ce sentiment qui fait qu'on s'attache à plus faible que soi, justement par la domination qu'on exerce et par l'orgueilleuse constatation qu'on en tire.

De là vint au cœur d'Adrienne une véritable jalousie, quand elle apprit que Gleude passait maintenant ses journées à servir la Vougne et la petite. C'est de cela d'abord qu'elle fut affectée, et elle ne songea qu'ensuite au dommage matériel qu'elle en éprouvait. Ce dommage avait sa valeur pourtant. Gleude, tout occupé à faire jouer Miarka et à se distraire aux gentillesses de Pouzzli, avait négligé un peu son élevage d'oiseaux et sa fabrication d'instruments siffleurs. La Quédébinque s'en apercevait depuis plusieurs saisons déjà. Toutefois comme il n'avait pas cessé tout à fait, ayant précisément l'année dernière dressé un merle merveilleux, trois rossignols de longue haleine et deux tarins travailleurs, Adrienne ne s'était pas trop inquiétée. Ces chanteurs, vendus d'autant plus cher qu'il y en avait peu, sans compter le prix d'une flûte de Pan à vingt-quatre tuyaux, un chef-d'œuvre, avaient rapporté plus que le duvet de trente oies. Ce n'était donc pas là de quoi se plaindre. Mais ce qu'elle ne put admettre, c'est que Gleude eût passé sous une autre domination. Elle lui en fit de cruels reproches.

— Tu n'es pas honteux, lui dit-elle en finissant, d'être le *va-trop* d'une merlifiche !

— Moi, l'aime, répondit-il.

— Qui ? la Vougne ?

— La Vougne aussi ; mais Miarka plus.

— Ta Miarka ! Une petite merligodgière, une traîne-cul-la-housette ! La fille à l'ourse.

— Moi, l'aime l'ourse aussi.

— Tu les aimeras si je veux, entends-tu, grand propre à rien. Ah ! je t'en ficherai, moi, de muser du matin au soir avec ces faillies ferlampières du diable ! Un garçon qui court sur ses dix-sept ans, et qui est à ma charge, et qui devrait travailler de son état, élever des oiseaux, puisqu'il ne sait faire que ça, et gagner au moins ce qu'il mange ici ! Et en place, qu'est-ce que tu fais, je te le demande. Tu danses avec des ours, et cours la pertentaine avec des filouses, et sers de monsieur-la-rise à une petite pisseuse de merlifiche. Ah ! mais non, mais non, ch'tiot blond, trop bien nommé Niquedoule, ah ! mais non, ça ne se passera pas comme ça. Et je vas aller leur dire deux mots, moi, à ta Vougne, et à ta Miarka, et à ton ourse !

Mal lui en prit d'avoir dégorgé sa colère en phrases aussi injurieuses. Gleude l'avait laissée dire, trop furieux lui-même pour pouvoir en ce moment articuler deux paroles de suite. Mais quand elle eut terminé, et qu'il la vit se diriger vers le village, avec sa béquille à la main et la brandissant comme une trique, il se rua soudain sur elle, et la jeta par terre d'une bourrade, et lui fit voir de reste que, s'il était en retard pour son catéchisme, il n'avait pas perdu son temps pour devenir vigoureux; car elle demeura étendue sur le sol, à jambes rebindaine, presque évanouie sous la force du coup.

— Tu es une mauvaise bête, fit-elle en reprenant haleine.

— Moi, oui. Mais pas Miarka, ni la Vougne, ni Pouzzli. Dis qu'elles gentilles! Dis-le! Dis-le! Ou moi battre encore, battre toujours, battre à mourir. Dis pardon.

Jamais elle ne l'avait vu ainsi. Jamais il n'avait fait si longs discours. La colère lui déliait la langue. Il avait, d'ailleurs, le sang aux yeux, les lèvres écumantes, les deux poings levés. Adrienne eut peur et se dépêcha de lui obéir.

— Oui, oui, fit-elle, là, pardon! J'ai eu tort. Ne me bats pas!

Il la releva, soudainement calmé.

— Oh! murmura-t-elle entre ses dents, tu t'en repentiras, bête sauvage, et tes gueuses ne l'emporteront pas en paradis.

Mais il ne l'entendit pas. Il ne lui en voulait déjà plus. Et, comme elle essuyait sur sa joue le sang d'une écorchure qu'elle s'était faite en tombant, il baisa la place meurtrie, sur laquelle coulèrent deux grosses larmes qui lui jaillirent des paupières.

— T'aime bien aussi, toi, va, la sœur! T'aime bien, dit-il. Mais Miarka si belle! Miarka si plein mon cœur! Arbre sans oiseau, ciel sans soleil, rossignol sans chansons, moi sans Miarka!

XII

Quant aux gens du pays, malgré leur haine invétérée contre les merlifiches, ils finirent par s'accoutumer à celles-ci, qui avaient pris en quelque sorte racine dans le terroir, et qui étaient les protégées de M. le maire.

La Vougne, en somme, n'était pas si mauvaise qu'elle en avait l'air. Dans ses jours de bonne humeur, elle laissait Gleude faire danser l'ourse gratis pour amuser les gamins. Puis elle possédait des remèdes pour les gens et pour les bêtes, et l'on était bien aise de la trouver quand on avait quelqu'un de malade. Elle prenait moins cher que le médecin et le pharmacien, et guérissait bien mieux, disait-on. En considération de ses bons offices, on lui pardonnait d'avoir toujours les mains un peu crochues et de fourrager par-ci par-là dans les poulaillers et les pigeonniers. Elle y mettait aussi, il faut l'avouer, une certaine discrétion, maintenant que ses fugues aux alentours lui permettaient de satisfaire en dehors du village ses instincts de rapine. Enfin, ne se sentant plus si hostile au monde, elle avait naturellement perdu de son allure farouche. Ce qui donne aux Bohémiens errants leur mine sinistre, c'est surtout l'accueil qu'on leur fait. Ils se sentent haïs, redoutés, et ils se hérissent pour traverser des populations hargneuses. La Vougne, n'étant plus en pays ennemi, avait insensiblement détendu sa mine revêche, adouci son verbe querelleur, éteint son regard maléficieux. On la croyait toujours capable, au fond, de jeter un mauvais sort; mais, comme on ne la mettait point dans la nécessité de le faire, on ne lui en témoignait plus d'horreur. On lui savait gré, au contraire, de ses pouvoirs occultes, qu'on sollicitait volontiers. Elle les exerçait avec plaisir, vendait mystérieusement des poudres pour les récoltes, des charmes pour les amoureux, des amulettes contre la destinée, et disait la bonne aventure aux jeunes filles. Ainsi, peu à peu, au lieu d'être traitée en méchante sorcière, elle était devenue une façon de vieille fée secourable.

On la craignait toujours, on ne la détestait plus. Madame Octavie elle-même en était venue à ce point d'indulgence, de dire touchant les larcins de la merligodgière :

— Après tout, ce n'est pas du vol, c'est de la manie.

— Eh bien! vous avez raison, madame Octavie, avait répondu l'abbé Ternaille. Cette fois, vous avez parfaitement raison. Et voyez comme l'indulgence mène à la vérité!

— Oui, avait ajouté la gouvernante, c'est de la manie, rien de plus! Cette malheureuse pille comme monsieur écrit des Mémoires, et vous des vers latins.

En réalité, les bienveillantes dispositions de madame Octavie pour la Vougne lui étaient venues à la longue par l'influence douce et attachante de Miarka. Elle avait trop vu pousser et fleurir l'enfant pour ne la point aimer. Elle se reprochait parfois de la chérir; car, après tout, ce n'était pas une chrétienne, cette nourrissonne de l'ourse, cette fille de païens. Mais la bonne dame, alors, trouvait mille excuses à sa faiblesse, et pour se persuader que ces raisons étaient sans réplique, elle en fatiguait M. Cattion-Bourdille, lui répétant avec un interminable papotage :

— Et comment ne l'aimerait-on pas, malgré tout, la pauvre mignonne? Elle est si gentille, monsieur, et si espiègle, si mièvre, comme on disait de mon temps! Imaginez-vous qu'elle appelle le père Alliaume *le père la Grenouille*. Hein! Est-ce un nom trouvé! Est-ce lui, avec sa large bouche toujours bâillante et ses grosses besicles pareilles à deux yeux qui lui sortent de la tête. Et pour l'abbé Ternaille, savez-vous quel sobriquet elle a inventé? M. Braisillon. Et elle m'a expliqué pourquoi. Vous allez voir si c'est juste! Un braisillon, n'est-ce pas, c'est tout noir, avec le bout rouge. Eh bien! voilà-t-il pas l'abbé en personne, dans sa soutane surmontée de sa face écarlate? Ah! monsieur, cette gamine est d'une malice! Tout cela n'est pas très respectueux, me direz-vous. D'accord! Mais les enfants, monsieur, il faut bien que ça rie. Ne me parlez pas des bambins mélancoliques et confits en sagesse. Ce sont des sournois. A la bonne heure, celle-ci! Toujours gaie, monsieur, toujours folâtre. Et adroite de ses mains, comme un singe, monsieur. Tenez, l'autre jour, après m'avoir longtemps regardée pendant que je tricotais, elle m'a demandé mes aiguilles, et elle s'est mise à tricoter, elle aussi. Et fort bien, ma foi! Oui, monsieur, comme ça, tout de suite, sans avoir appris autrement que par ses yeux. Elle est si intelligente! Vous ne vous en faites pas une idée. Il y a une chose, à ce propos, qu'il faut que je vous avoue. Oh! vous me blâmerez; mais tant pis! Devinez. Vous ne devinez pas? Eh bien! je lui ai enseigné en cachette... Voyons, devinez un peu? Non! Son *Pater* et son *Ave,* monsieur. Et elle les dit en perfection, sans une faute, mieux qu'un enfant de chœur. Pauvre petite! Au moins elle saura sa prière. Dire qu'elle n'est pas baptisée seulement! Ah! ça, par exemple, c'est ce qui me chiffonne chez elle. Mais quoi? Est-ce sa faute? M. le curé ne fait pas son devoir, entendez-vous. Et je le lui dirai encore, jusqu'à ce qu'il m'écoute! c'est une pitié de ne pas la baptiser. Sans en parler à sa grand'mère, parbleu! La vieille est une païenne renforcée, soit! Mais cette douce colombe, la laisser ainsi dans l'ignorance de notre sainte religion! Un crime, monsieur, un véritable crime! Elle mérite la lumière, elle en a le désir, c'est moi qui vous le dis! Hier, pas plus tard qu'hier, je lui ai demandé si elle voulait devenir chrétienne, et elle m'a répondu de nouveau que oui. Car ce n'est pas la première fois que je lui fais cette question, et chaque fois elle me répond gentiment. Aussi, pour la peine, je lui donne chaque fois une grosse tartine de confiture. Ma foi! c'est peut-être un péché de m'attacher ainsi à cette petite. Mais c'est plus fort que moi, monsieur, et je l'aime tout plein, la gueusette. Et vous avez beau dire, j'ai raison de l'aimer.

— Eh! madame Octavie, répondait le maire, qui vous dit que vous avez tort! Moi aussi je l'aime beaucoup.

— Oui, oui, mais vous, c'est pour en faire des livres. Moi je l'aime pour l'aimer, tout bonnement, tout bêtement.

— Je m'en aperçois. Vous ne tarissez pas d'éloges sur son compte.

— Elle en est digne, monsieur. Et sans parler de son moral, n'est-elle pas plaisante à voir! Trouvez-moi donc dans le pays une fillette aussi jolie? Presque une petite femme déjà, savez-vous? Ça pousse vite, ces races-là. Et, à dix ans, la voilà quasi faite et tout à l'heure une demoiselle. Avez-vous remarqué comme elle est plantée droit, bien prise dans sa taille, de mouvements gracieux? Et la frimousse qu'elle vous a! Un peu pas assez rose, peut-être, je ne dis pas non. Mais cette peau dorée lui va mieux que des couleurs. Et ses yeux clairs, gris, si braves quand elle vous regarde en face, si tendres quand elle vous câline. Et ses cheveux donc! Oh! ça, monsieur, il n'y a pas à rétipoler, ça, c'est une merveille! Sont-ils noirs! Sont-ils frisés! Ça n'a pas l'air de cheveux, tenez! On dirait des plumes; oui, monsieur, des plumes bouclées brin par brin, et bleues encore plus que noires. Quant aux dents, c'est de son âge de les avoir belles. Mais elle, ça dépasse la permission, voilà! Des dents de petite louve, quoi! Ah! monsieur, celle qui aura le bonheur d'être sa marraine pourra en être fière. Et j'espère bien que ce sera moi. La Vougne ne vivra pas toujours. Et alors!...

Ainsi madame Octavie avait fini par adorer Miarka. Tout le monde ne poussait pas au même point qu'elle cette passion; mais tout le monde aimait la fillette, qui était réellement avenante, de corps bien fait, de mine jolie, d'esprit alerte. Quelque peu rude d'accès toutefois, et farouche à l'occasion, quand elle ne connaissait pas les gens, Miarka montrait aussi du penchant pour certains menus vices, tels que la gourmandise, la paresse, la moquerie, la coquetterie et l'orgueil. Mais de cela, madame Octavie, aveuglée, ne s'apercevait guère; et quant aux gens de la maison qui pouvaient la trouver trop enfant gâtée, si quelqu'un l'eût manifesté plus haut qu'il ne fal-

SI L'EAU QUI COURT POUVAIT PARLER,

lait, par d'aigres paroles ou de mauvaises façons, il eût eu affaire à Gleude. L'innocent était maintenant un grand et fort gaillard de vingt ans passés, à la langue toujours veule, mais qui remplaçait volontiers les discours par de solides coups de poing aux arguments irrésistibles.

C'est donc au milieu de la bienveillance générale, sans infortune, sans léger chagrin même, que se déroula doucement l'enfance de la fillette. Elle voyageait avec la Vougne, deux ou trois fois par semaine, quand le temps des beaux ciels était revenu. Elle avait pour compagnons assidus la bonne Pouzzli et le bon Gleude, qui tous deux lui obéissaient comme des chiens. Elle charmait de ses espiègleries madame Octavie, M. Cattion-Bourdille et le curé. Elle prospérait, mangeant à sa faim et se régalant souvent à sa gourmandise. Elle se faisait un sang fort et généreux, par les courses en plein vent, les jeux au soleil, les baignades dans la rivière, les longs sommeils, tantôt dans la remise aux lits profonds de paille d'avoine, tantôt à la belle étoile dans les meules de foin, toujours dans un air vif et balsamique. Comme avait si bien dit la Vougne, en la couchant le soir de l'enterrement, les heures, les mois, les saisons filèrent devant ses yeux tels que des hirondelles tournoyantes, et elle arriva vite à sa douzième année, en ne se sentant pas plus vivre qu'une fleur.

Dans les pentes herbeuses des ravines, que l'été crible de ses flèches d'or, on trouve des fleurs largement épanouies, sur leur tige gracieuse et robuste. Elles n'ont jamais été arrosées que par l'eau du ciel. Elles n'ont eu d'ombre que lorsqu'un nuage passait. Elles ont reçu en plein cœur les flèches d'or du cruel archer. Elles n'ont été visitées que par les papillons, les abeilles et les oiseaux.

8

Elles ne doivent rien qu'à la nature. Elles sont les filles du hasard. Le parfum capiteux qui s'en exhale embaume toute la ravine autour d'elles. Elles sentent la grasse humeur de la terre, le suc mystérieux de la sève, la rosée séchée, les ardeurs de juillet, le sauvage et la liberté. Elles ont poussé à l'aventure, d'une graine apportée par le caprice des vents, fécondée par une larme de la nue, caressée amoureusement par les baisers du soleil. Elles sont superbes et exquises, et lorsqu'on les rencontre, on s'agenouille pour les respirer sans oser commettre le sacrilège de les cueillir.

XIII

Et c'est ainsi que grandit Miarka, la fille à l'ourse.

LIVRE TROISIÈME

MIARKA S'INSTRUIT

LIVRE TROISIÈME

MIARKA S'INSTRUIT

I

— Bon, bon, je ne dis pas! gentille et espiègle, si vous voulez! répétait souvent le père Alliaume. Mais intelligente, vraiment intelligente, c'est une autre affaire. Je suis compétent en la matière, si je ne m'abuse. Eh bien! mon humble avis est que votre Miarka n'est qu'une sotte. Ou bien alors une fainéante indécrottable. Il n'y a pas de milieu. Vous comprenez, une enfant qui ne sait seulement pas lire à douze ans.

— Et comment diable aurait-elle appris à lire? répondait madame Octavie. Ce n'est pourtant pas l'ourse qui peut lui montrer ses lettres!

— Mais moi, madame, ripostait le maître d'école, moi, je ne suis pas un ours, je suppose. Or, je n'ai pas pu les lui montrer, moi-même. Ainsi vous voyez bien!

La bonne dame essayait malgré tout de défendre sa protégée. Cependant, au fond de son âme et conscience, elle était bien forcée de convenir que le maître d'école n'avait point tout à fait tort. Il avait essayé, en effet, d'enseigner l'alphabet à la fillette, pour faire plaisir à madame Octavie, qui voulait en être fière à tous les égards, et pour aider aux expériences de M. Cattion-Bourdille, qui préparait un nouveau mémoire touchant l'*influence de la civilisation ambiante sur l'atténuation des caractères sauvages chez les nomades fixés*. Mais Miarka n'avait répondu ni aux désirs de la gouvernante ni aux hypothèses du maire. Autant elle était disposée à apprendre par cœur ce qu'on lui disait, surtout quand la leçon se terminait par une bonne tartine de confiture, autant elle manifestait de répugnance à déchiffrer le grimoire de l'abécédaire. Même l'espoir d'une friandise ne pouvait l'apprivoiser à l'idée de cette besogne.

— Ah! madame Octavie, disait alors le maître d'école avec une fureur désespérée, il n'y a rien à en faire, allez! Elle est encore plus paresseuse que gourmande.

Elle avait, d'ailleurs, la riposte prête, imprévue et désarçonnante, à toutes les bonnes raisons qu'on lui donnait en faveur de la nécessité d'apprendre.

Quand M. Cattion-Bourdille lui faisait honte de son ignorance, et lui disait, pour piquer sa curiosité :

— Regarde mes livres! Cela ne t'amuserait donc pas de connaître tout ce qu'il y a là-dedans?

— Je le connais, répondait-elle.

Et, ouvrant un livre au hasard, elle se mettait à rire.

— Vois, faisait-elle, vos petites lettres noires sur le

papier blanc, on dirait des mouches dans un fromage.

Quand le père Alliaume lui montrait une superbe page calligraphiée de sa plus belle écriture, et voulait lui en faire admirer le joli dessin, les boucles arrondies, les paraphes entortillés, les majuscules aux rouges arabesques, elle allongeait sa lèvre en une moue dédaigneuse et lui disait avec pitié :

— Tu n'as donc jamais vu de papillons, les grands papillons du soir? C'est eux qui ont de belles images sur leurs ailes!

— Mais si tu apprenais à lire, objectait madame Octavie, tu pourrais lire tant d'histoires, toi qui les aimes!

— Celles que tu lis dans vos livres sont ennuyeuses, répondait-elle, puisque aussitôt que tu mets le nez dedans, toi, madame Tavie, tu t'endors. Et puis, les plus belles histoires du monde, c'est grand'mère qui me les dit. Et il y en a d'autres, encore, qui sont amusantes : c'est celles que je fais. Veux-tu que je t'en invente une? Tu vas voir.

Alors, d'un air grave et réfléchi, Miarka improvisait, en effet, un conte de sa façon, quelque petit roman puéril et bizarre, dont elle enfilait les péripéties sans hésiter jamais, se laissant aller aux capricieuses fantaisies de son imagination, et y mêlant le plus souvent les étranges souvenirs de vieilles légendes bohémiennes que lui avait narrées sa grand'mère. Voici un des contes, au hasard :

« Une fois, la poule se promenait dans la haie, et se grattait aux feuilles du houx, parce qu'elle avait des pipidons qui la démangeaient. Et alors le houx lui dit :

» — Je te punirai de me donner tes poux. Car je suis une plante noble, la plante des bons Romani qui piquent comme moi quand on les touche.

» Et puis alors le houx fourra une de ses feuilles sous la queue de la poule, et la poule se frotta le derrière par terre, et ça lui fit pondre un œuf.

» La fermière avait entendu chanter la poule et elle accourut pour chercher l'œuf. Mais il était caché sous la feuille du houx et la fermière ne le trouva pas.

» Et puis alors, il vint un Romané, qui le trouva, parce que les feuilles de houx rentrent leurs piquots quand un Romané les tient dans sa main. Et il goba l'œuf, qui était très bon, n'ayant rien coûté.

» Mais, en prenant l'œuf, le Romané avait pris aussi les poux. Et alors il dit aux poux :

» — Poux, allez-vous-en.

» Et les poux s'en allèrent le long de son bras, jusqu'à sa tête, d'où ils descendirent par tout son corps. Mais il ne s'en allèrent pas de lui, parce qu'ils trouvaient que sa peau est la plus belle peau du monde.

» Et puis alors le Romané voulut s'asseoir pour leur faire la chasse. Mais, le temps qu'il en attrapait ici, les poux avaient des enfants dans un autre endroit, et toujours ceux qui naissaient remplaçaient ceux qui mouraient. Et le Romané s'aperçut tout à coup qu'il était assis depuis huit jours, et que ses talons prenaient racine dans la terre.

» Et puis alors il se dit :

» — Au lieu de rester collé à la terre, si je me secouais en marchant, cela ferait tomber les poux et me dégourdirait les jambes.

» Et le Romané se leva, s'arracha les pieds de la terre, et se mit en marche. C'est pour cela que toujours les Romani sont en route et qu'ils ont le talon écorché.

» Mais en marchant, le Romané ne put faire tomber ses poux, qui étaient devenus des poux Romani, et qui ne voulaient pas se salir maintenant sur des étrangers.

» Et puis alors les poux lui dirent :

» — Nous ne te quitterons que le jour où tu nous remettras sur la poule qui nous a perdus.

» Et le Romané dit aux houx :

» — Comment était faite cette poule ; je veux la trouver et lui rendre ses poux ?

» — Voici, lui répondit le houx, tu la reconnaîtras facilement. Elle a des plumes, un bec, de la peau rouge au menton, une queue au bout du dos, et, quand ma feuille la pique au derrière, elle se gratte le derrière sur la terre et y pond un œuf.

» Et puis alors le Romané se mit à courir à travers le monde, cherchant la poule aux pipidons. Mais toutes les poules ressemblent à celle-là, et le pauvre Romané n'a jamais pu retrouver la bonne. Aussi, chaque fois qu'il en rencontre une, il est en colère de s'être encore trompé, et, pour se venger, il gobe l'œuf et mange la poule.

» Et puis alors... Et puis alors, ma foi, plus rien. Et puis alors, c'est fini. »

— Et vous direz que cette enfant n'est pas intelligente ! s'écriait madame Octavie émerveillée de ces histoires, qu'elle écoutait, comme un enfant elle-même, les yeux écarquillés et les lèvres marmottantes, avec un perpétuel branlement de tête qui faisait s'allonger peu à peu ses anglaises lentement détirebouchonnées.

— Eh ! oui, madame Octavie, parfaitement, répondait le maître d'école, je le dis et le maintiens, cette petite n'est pas intelligente. Sa vieille folle de grand'mère lui farcit la tête d'un tas de bourdes, voilà tout. Et vous avez tort, sauf le respect que je vous dois, vous avez tort de l'encourager à les répéter ainsi. N'est-ce pas, monsieur le maire?

— Je ne trouve pas, monsieur Alliaume. Les contes populaires ont du bon. On en peut tirer des symboles curieux.

— Mais enfin, monsieur, ne vaudrait-il pas mieux qu'elle apprît ses lettres?

— Sans doute, sans doute. Vous avez beau dire, madame Octavie, elle se civilise difficilement. Elle demeure bien ignorante.

— Ah! reprenait le maître d'école, elle fait la paire avec Gleude, allez! Somme toute, c'est une petite bourrique, votre Miarka.

La fillette fronçait les narines, pinçait la bouche, et, avec un regard plein de hautain mépris, elle répondait :

— Je suis plus savante que toi.

— Aussi orgueilleuse que sotte! faisait le maître d'école en haussant les épaules.

— Oui, plus savante que toi, reprenait Miarka. Plus savante que n'importe qui de vous autres, na! Seulement, je ne peux pas vous le faire voir.

— Pourquoi donc?

— Grand'maman ne veut pas.

— Allons, concluait M. Alliaume, voilà le bouquet! Aussi menteuse qu'orgueilleuse!

II

Or, c'est M. Alliaume qui se trompait, et c'est l'enfant qui était dans la vérité. Elle n'était ni bête, ni même fainéante, ni rebelle au travail d'esprit, ni sottement orgueilleuse en vantant son savoir, ni menteuse surtout en donnant pour raison à son ignorance apparente la volonté formelle de sa grand'mère. Si elle fautait en quelque chose dans ses réponses dédaigneuses, c'était seulement par trop parler. La Vougne, en l'entendant, lui aurait reproché de ne pas garder un silence plus farouche et l'aurait tancée de ces demi-confidences.

En cela, la vieille était bien de sa race, qui ne pense pas, comme on le proclame aujourd'hui, que la science est faite pour être répandue. Les Bohémiens jugent, au contraire, ainsi que tous les peuples primitifs, que c'est là un trésor inestimable dont on ne peut se montrer trop avare. Ils ne s'en transmettent les clefs, entre eux-mêmes, qu'avec des précautions infinies, par de lentes et mystérieuses initiations, et ils considèrent comme un crime d'y admettre jamais les étrangers. La Vougne professait énergiquement ces principes, et avec d'autant plus de rigueur qu'elle vivait précisément parmi des étrangers dont elle se méfiait. M. Cattion-Bourdille, en particulier, lui semblait dangereux par ses questions perpétuelles. A coup sûr, celui-là était un voleur de secrets, et il fallait se tenir en garde contre sa curiosité. Aussi défendait-elle expressément à Miarka de lui répondre quand il demanderait quoi que ce fût ayant trait aux Romani. Elle lui conseillait, d'ailleurs, le silence comme une arme défensive sûre dans la plupart des cas, et elle avait une ribambelle d'aphorismes et de proverbes significatifs touchant la nécessité de garder pour soi ce que l'on sait.

— Vois-tu, mignonne, lui disait-elle souvent, il faut être et ne point paraître. La joie de savoir doit rester mystérieuse, comme le grain de musc qui parfume l'air et qu'on ne voit pas. T'ouvrirais-tu la veine pour verser ton sang dans les veines des autres? Non, n'est-ce pas? Pourquoi donc leur verser la moelle de ton intelligence? Un sou donné n'est donné qu'à une personne. Un secret dévoilé est dévoilé pour tout le monde. Ce qui fait la force, c'est ce qu'on cache. L'oiseau n'a jamais dit comment il vole. Vends les effets et ne montre pas les causes.

La petite écoutait religieusement, appliquant toutes les forces de son esprit à ces brèves et substantielles sentences, qui se gravaient dans son souvenir et y marquaient de profondes incrustations. Comme elle comprenait mal, quelquefois, à cause de l'expression trop intense ou trop abstraite, alors la vieille lui commentait cette philosophie en phrases moins absconses et l'enjolivait d'histoires enfantines. Puis, pour la lui faire chanter dans la mémoire, elle lui apprenait par cœur quelque poème romané, aux vers éloquents, au rhythme sonore, où la leçon se fixait dans les images et la musique.

> Le savoir est pareil à l'eau,
> Le savoir est pareil au feu,
> Qui sont faits pour rester sous terre.

Sous terre, par de bons secrets
Le sage doit les trouver;
Mais le sage doit les y remettre.

Si tu as soif, le bâton magique
Te montrera où est la source.
Rafraîchis-toi et rebouche le trou.

Si tu as froid, frappe le silex
Et ton bois s'allumera.
Chauffe-toi, puis éteins la flamme.

Mais si tu laisses couler la source !
Elle deviendra une rivière
Et demain tu y seras noyé.

Et si tu laisses flamber la flamme,
Elle brûlera demain la forêt
Où tu passes pour t'en aller.

En même temps, la Vougne lui enseignait à mépriser toute autre science que celle des Romani. Elle croyait qu'avec les livres étrangers un peu de l'âme étrangère s'insufflait en vous, non pas métaphoriquement, mais réellement.

— Écoute plutôt, disait-elle. Si tu manges longtemps le pain du même homme et si tu bois longtemps de son vin, ne deviens-tu pas son parent? Et comment ne le deviendrais-tu pas plus encore, si tu nourris ton esprit de l'esprit de ses aïeux? D'ailleurs, les aïeux des Romani ont seuls trouvé la vérité, qu'ils ont cherchée ici et là, par toute la terre. Les autres hommes sont restés chacun dans un lieu différent, où ils n'ont vu qu'un coin du monde chacun. Le soleil n'est pas le même dans tous les cieux; et qui n'a pas contemplé le soleil dans tous les cieux ne peut se vanter de le connaître. Il n'y a que les flots toujours mobiles pour refléter tous les aspects et toutes les couleurs de la lumière.

Elle avait encore à ce propos une petite chanson en réserve; car sa mémoire de vieille en abondait et elle prenait plaisir à en meubler la jeune mémoire de Miarka.

> Si l'eau qui court pouvait parler,
> Elle dirait de belles histoires.
> Elle raconterait toute la terre :
> Elle raconterait tout le ciel.
>
> L'eau qui court a autant d'ombres
> Que la terre a de brins d'herbes.
> L'eau qui court a autant de reflets
> Que le ciel d'été a d'étoiles.
>
> Chaque brin d'herbe parle à son ombre,
> Et chaque étoile à son reflet.
> Cela depuis que le monde est monde.
> Si l'eau qui court pouvait parler!
>
> Mais les yeux des bons Romani
> Sont aussi clairs que l'eau qui court,
> Et comme elle, à travers les choses,
> Ils passent sans se reposer.
>
> Et chaque brin d'herbe leur conte
> Sa naissance mystérieuse,
> Et chaque étoile en s'y mirant
> Leur dit toutes ses aventures.
>
> Aussi en savent-ils, en savent-ils!
> Cela depuis que le monde est monde.
> Les yeux clairs des bons Romani
> C'est l'eau qui court et peut parler.

Voilà pourquoi Miarka montrait tant de dédaigneuse

pitié et tant de répugnance à la fois, envers la science que voulaient lui inculquer M. Alliaume et M. Cattion-Bourdille. Pour elle, c'étaient des billevesées indignes d'entrer dans sa tête. Ce qu'elle aimait à apprendre, ce dont elle était avide, c'était le trésor du vieux savoir romané, que pouvait seule lui enseigner sa grand'mère. A celui-là, elle ouvrait toute grande son attention, et apaisait ses fringales de curiosité. Sûre de le posséder tandis que tout le monde autour d'elle l'ignorait, elle en était orgueilleuse, et c'est très sincèrement qu'elle se proclamait savante.

Mais ni madame Octavie, ni le maître d'école, ni M. Cattion-Bourdille lui-même, ne comprenaient la profondeur obscure et symbolique de ses réponses, quand elle leur disait :

— Oui, je suis savante, plus savante que vous tous; car je suis une Romané, moi. Voyez plutôt comme j'ai les yeux clairs! J'en sais autant que l'eau qui court.

— Tu es une petite folle, lui répétait madame Octavie, tout en l'embrassant.

— Je suis une grande sage, ripostait la fillette. Mais je ne laisserai pas couler la source ni flamber la flamme.

— Sa grand'mère la rend idiote, faisait le maître d'école.

Et il se moquait d'elle, vexé de ses façons méprisantes. Il lui demandait comment elle avait appris tant de choses qu'elle prétendait savoir, elle qui n'était seulement pas capable de dire ses lettres.

— Je les ai apprises, répondait-elle, dans des livres où tu ne pourrais pas lire.

— Et depuis quand les sais-tu?

— Depuis que le monde est monde, parbleu !

M. Alliaume s'esclaffait alors de rire, et se consolait de ne pas comprendre en disant :

— Décidément, elle a tété un peu trop de lait d'ourse. On s'en aperçoit. Quelle petite brute !

III

Les livres où s'instruisait Miarka, M. Alliaume n'aurait pu les lire, en effet, même à grand renfort de besicles ; et M. Cattion-Bourdille en personne, malgré ses longues études bohémiennes, n'y eût vu goutte. Que n'eût-il pas donné cependant, l'auteur des innombrables Mémoires sur les colonies vannières, le membre de l'Académie de Vervins, que n'eût-il pas donné pour en pénétrer le sens, pour en extraire le suc, seulement pour en contempler le texte ! Ces livres, les quatre gros manuscrits si précieusement conservés par la Vougne à travers toutes ses aventures, ces livres qu'elle considérait comme une richesse sans prix, eussent été véritablement une bonne fortune pour le savant, pour l'Académie de Vervins et pour toutes les Académies en général.

Ils étaient écrits en langue romané, dans ces caractères que peu de personnes ont eu la fortune de voir, et qui ressemblent, pour qui ne sait pas les déchiffrer, moitié aux types hébraïques, moitié aux types sanscrits. Manuscrits extrêmement rares ; car les Bohémiens eux-mêmes n'en possèdent qu'un fort petit nombre, et se transmettent surtout leurs connaissances par la tradition orale, dont ces sortes de livres sont, d'ailleurs, la source et le dépôt.

Comment la Vougne, la pauvre merligodgière, avait-elle en son pouvoir ce trésor inestimable, presque sacré? Pourquoi l'avait-on laissé entre ses mains, quand on avait chassé son fils de la tribu, comme *ragni?* Elle-même en donna l'explication à Miarka, le jour où la fillette prit ses treize ans, c'est-à-dire devint femme, selon la théorie des âges pour les Bohémiens.

La garde de ces livres appartient aux familles royales, chez les Romani, et la Vougne était d'une de ces familles. Au moment où Tiarko, par amour pour une Flamande, fille de sang étranger, avait perdu son rang de chef, la tribu qu'il menait était en marche vers l'Espagne, où elle devait rejoindre deux autres tribus. Les trois tribus réunies avaient rendez-vous pour élire précisément un roi. Les rois romanis commandent ainsi à trois tribus, qui se séparent après l'élection et ne se revoient qu'à l'élection prochaine. Chacune emporte une partie du dépôt commun, après l'avoir échangée contre une autre, de manière à ce que les douze livres de science fassent peu à peu le tour des trois tribus. Mais une loi singulière veut que les livres soient détruits dans une tribu, quand il ne s'y trouve plus personne en état de les comprendre. Or, la connaissance en est pénible, longue et abstruse; car ils sont composés en vieux et pur romané, sans aucun mélange des idiomes divers qui ont corrompu à la longue la langue des Bohémiens; ils sont écrits en caractères archaïques, pleins d'abréviations dont il faut avoir la clef; et ainsi cette lecture demande une patiente et spéciale étude. D'autre part, les familles qui en sont dépositaires s'en montrent très jalouses, comme d'un prestige, et n'y admettent que les initiés indispensables, c'est-à-dire leurs propres membres. Dans la tribu de la Vougne, il n'y avait qu'elle, Tiarko et un cousin de Tiarko en état de remplir les conditions nécessaires à la garde des livres.

— Alors, tu conçois, ma fille, dit la vieille, en expliquant les choses à Miarka, tu conçois le dessein qui m'est venu en ce jour de malheur où ton père a été déclaré *ragni*. Tu conçois que j'ai tout de suite pensé à m'assurer le trésor de science.

— Et tu l'as volé, n'est-ce pas? répondit la fillette.

— Non pas, Miarka, non pas. Les choses sacrées sont sacrées. On vole l'étranger, mais on ne vole point ses frères. Cela porte le mauvais sort. Souviens-toi de cela, mon enfant.

— Oui, grand'mère, je ne l'oublierai pas. Mais alors, comment as-tu fait?

— J'ai commis un crime. Les choses sont sacrées. Les êtres ne le sont pas. Devines-tu?

— Non, grand'mère.

— Il faut que tu devines, Miarka. Écoute-moi bien. Le crime n'est pas crime, quand on le commet pour ceux qu'on aime, et quand ceux qu'on aime vous en absolvent. Or, pour vous en absoudre, il est nécessaire d'en être complice. Ton père a été complice du mien, qui était commis pour lui. C'est pour toi aussi qu'il fut commis, ce crime, puisque c'est toi qui en recueilleras le fruit plus tard. Il est donc juste que tu en sois complice à ton tour. Et quel autre moyen as-tu d'en être complice, sinon de le deviner? En le devinant, c'est que tu l'imagines de toi-même, et que l'idée t'en vient. Et l'idée ou l'acte, cela ne fait qu'un. Devine!

— Qu'importe, grand'mère, répondit bravement Miarka. Je puis ne pas deviner, par faute d'intelligence. Mais ma volonté est avec la tienne. Ce que tu fis, tu le fis pour mon père, et le bien doit m'en revenir. Ce que tu fis, grand'mère, j'en suis complice.

— Bon, ma fille, je vois que tu ne me désavoues pas. Mais devine, cependant. Voyons, réfléchis, Miarka, réfléchis. Mets-toi à ma place, et cherche comment je devais agir. Les tarots m'avaient dit que mon fils ou l'enfant de mon fils aurait la royauté. Mon fils ne pouvait plus y prétendre, étant *ragni*. Son enfant, qui n'était pas né encore, devait savoir lire un jour dans les grands livres. Les grands livres m'échappaient. Et pourtant, j'avais un moyen de les conserver. Si j'étais seule à pouvoir les comprendre, seule dans toute la tribu, personne n'avait le droit de les garder. Je n'étais pas *ragni*, moi ; j'étais de sang royal, moi ; je les emportais avec moi, et nul n'y osait toucher, par crainte du maléfice attaché à ceux qui violent la loi. Donc, les tarots n'avaient pas menti. L'enfant de mon fils aurait la royauté, un jour. Les tarots ne mentent jamais ; seulement, il faut parfois les aider. Devines-tu?

— Je crois que oui, grand'mère.

— Devines-tu? reprit la vieille, dont la figure prit une expression féroce. Devines-tu, enfin? Qui donc m'empêchait de garder les livres? Qui donc, Miarka? N'était-ce pas le cousin de ton père, le seul homme de sang royal, le seul capable de les lire après Tiarko et moi! N'était-ce pas lui qui faisait obstacle à la prédiction des tarots?

Miarka se leva toute droite. Elle avait les yeux fixes, la gorge serrée. Elle semblait ruminer un projet sinistre, en peser les motifs, en contempler l'horreur, s'y résoudre. Tout à coup, elle s'écria :

— Et alors tu l'as tué, n'est-ce pas, grand'mère?

— Oui, ma fille, répondit la vieille. Le jour même où Tiarko fut déclaré *ragni*, son cousin mourait empoisonné. C'est moi qui ai commis le crime.

— Eh bien! reprit Miarka d'une voix grave et quasi solennelle, ce crime, je le commets avec toi. S'il doit te porter malheur, qu'il me porte malheur aussi! Je suis une Romané, je suis ta petite-fille, je suis la fille de Tiarko. Les tarots t'ont dit que je serais reine. Les tarots ne devaient pas mentir. Tu as eu raison de les aider. Tu nous as aimés assez pour tuer l'homme. Tu as bien fait.

IV

Ce n'est pas un mémoire, ni même une série de mémoires, c'est une bibliothèque tout entière qu'eût voulu écrire à leur propos M. Cattion-Bourdille, s'il avait connu les quatre livres de la Vougne. Rien que la traduction des titres eût suffi à le rendre fou de joie et à lui suggérer d'interminables recherches. Ces quatre livres s'appelaient : le livre du passé, le livre de l'avenir, le livre des chansons, le livre des merveilles.

Le livre du passé contenait l'histoire même des Romani. Histoire vague et légendaire, à vrai dire, composée surtout de généalogies ténébreuses. Mais, parmi tous ces noms obscurs, auxquels la Vougne avait ajouté de sa main

celui de Tiarko, dernier chef de la tribu, et celui de Miarka, fille de Tiarko, parmi tous ces noms, le savant n'eût pas manqué de retrouver certains noms réellement historiques. Ainsi, celui de Hottaul, le grand guerrier vainqueur de toute la terre, lui eût certainement rappelé Attila. Et de même, les légendes sur le pays du soleil, quitté jadis par les Romani fuyant devant les hommes blancs, lui eussent paru se rapporter clairement à la théorie par laquelle on considère les Bohémiens comme une race autochtone chassée de l'Inde à l'époque des invasions Aryas. Il eût remarqué aussi la conception athéiste de la cosmogonie bohémienne, qui ne place point les dieux à l'origine des choses, mais qui représente le monde comme éternellement existant dans une mobilité éternelle.

Le livre de l'avenir était un recueil de toutes les sciences occultes dont les tarots sont la figuration grossière. Il y avait là l'explication des songes, des présages, des rencontres fortuites, ce que signifient les superstitions du verre brisé, des cornes aperçues à gauche, des trois flambeaux, du trèfle à quatre feuilles, des grenouilles volantes, du roitelet parlant dans un fagot d'épines, du sabre qu'on voit planté au cœur d'un nuage rouge à l'heure du couchant. On y traduisait le sens exact et le sens symbolique des images et des inscriptions qui constellent les tarots. On y donnait la véritable et authentique composition des tarots anciens, dont les modernes ne sont qu'une pâle abréviation simplifiée et mise à la portée des faibles d'esprit. Les modernes n'ont plus que soixante-douze cartes, offrant chacune à la méditation un dessin et une sentence. Les cartes des tarots anciens étaient au nombre de treize fois treize, et chacune représentait un tableau à trois compartiments, et chaque compartiment contenait un vers pouvant se lire aussi bien au rebours qu'à l'endroit. De là une complexité et une variété infinies dans les combinaisons d'où l'on inférait les pronostics. Or toutes ces combinaisons étaient prévues dans le livre de l'avenir, le plus volumineux des quatre, si volumineux que la Vougne elle-même n'était pas encore parvenue à en déchiffrer tous les chapitres.

— Il ne faut pas t'en étonner, disait-elle à Miarka. Ni pour moi, ni pour personne, le livre de l'avenir ne sera jamais clair jusqu'au bout. Il a été fait exprès de manière à ce que nul ne puisse le posséder entièrement. Même en l'apprenant par cœur de la première ligne à la dernière, on ne le connaîtrait pas encore. Car il y a des parties obscures à dessein. Celui-là même qui les a écrites en a oublié le sens après en avoir tracé l'écriture. Et c'était nécessaire, mon enfant. Sinon, quelqu'un aurait donc pu savoir tout l'avenir; et alors, l'avenir et le passé n'auraient plus été qu'une seule chose, et le monde aurait pris fin. Or ce qui n'a pas eu de commencement ne peut avoir de fin. Et voilà pourquoi l'avenir est figuré sur les tarots comme un homme borgne. Personne ne l'a jamais vu en face dans les deux yeux.

Le livre des chansons reposait un peu Miarka de ces abstrus commentaires sur les sciences divinatoires. Ici, elle trouvait des contes, aux riches imaginations orientales, qui charmaient sa curiosité enfantine. Ici, elle se laissait bercer au rhythme des vers sonores, qui chantaient ensuite dans sa mémoire, comme dans une volière, et la peuplaient d'oiseaux à la voix mélodieuse, aux vives couleurs. La vieille lui en expliquait aussi le sens caché, car presque toutes ces odes servaient de beaux vêtements à des symboles. Mais la petite en retenait plus encore la musique et les images. C'était même entre le professeur et l'élève une cause de discussion parfois. La vieille, en effet, avait surtout une âme de prêtresse, tandis que la petite sentait les choses plus poétiquement. L'une s'attachait au fond, l'autre à la forme.

— Vois-tu, disait la Vougne, la plus belle de toutes les chansons est celle qui célèbre la gloire de la parole, parce que la parole est la grande créatrice de tout.

Et la vieille déclamait lentement le mystique poème qui ouvrait le livre des chansons, poème assez semblable d'inspiration à l'hymne cxxv de la dixième partie du *Rig-Véda*, mais plus lyrique et plus heurté d'images dans la version bohémienne, qui est certainement plus primitive. Elle déclamait le poème qui dit :

> Je suis la parole et je suis tout,
> Et depuis toujours je parle
> Et jamais je ne me tairai.
>
> Le bruit du monde, c'est moi.
> Le vent qui passe, c'est mon souffle.
> L'eau qui court, c'est ma salive.
>
> Les étoiles sont mes mots brillants.
> Le soleil est une syllabe
> Que j'ai jetée un jour par hasard.
>
> Je suis l'ouragan qui prend les arbres
> Comme des cheveux arrachés
> Sur la peau du crâne de la terre.

Je suis la brise qui fait frt frt
A la pointe des brins d'herbe
En y posant mille caresses.

Je parle même dans le silence;
Mais j'y parle si bas, si bas,
Que moi-même je ne m'entends pas.

Je suis la parole et je suis tout.
Je sors de là, d'ici, de partout,
Et pourtant je sors du rien.

Langue de l'homme, rouge flambeau,
Sur toi je m'allume en passant.
De toi je m'envole comme un éclair.

Ce que je suis, je ne sais pas.
Flamme, eau, vent, étoile, tout,
Et aussi ce qui n'est pas encore.

Ce que je suis, je ne sais pas.
Je suis la parole et je suis tout,
Et peut-être que je ne suis pas.

J'annonce, je nomme, je crée,
Et depuis toujours je parle
Et jamais je ne me tairai.

Dans le monde au rut éternel
Je suis le bruit que font les choses
En s'unissant par les baisers.

— Oui, oui, faisait Miarka, cela est beau, grand'mère, je ne dis pas non. Et moi aussi je sais par cœur la gloire de la parole. Mais il y a dans le livre bien d'autres chansons encore plus belles. Celle des nuages, par exemple, qui est si triste!

Et, les yeux au ciel, comme si elle s'adressait aux nuages eux-mêmes, avec une mélancolique figure où parfois coulaient ses larmes, d'une voix douce comme un murmure d'eau courante, Miarka chantait la chanson qui dit :

>Nuages, nuages, que vous êtes loin!
>Nuages, nuages, que je suis las!
>Et sur vos seins, à la peau blanche,
>Je voudrais tant me reposer!
>
>Nuages, nuages, que je vous aime!
>Nuages, nuages, que vous êtes beaux!
>Pour qui donc mettez-vous ces robes
>De satin vert, de velours rose?
>
>Nuages, nuages, que vous allez vite!
>Nuages, nuages, que vous ai-je fait?
>Vous fuyez en vous cachant la face
>Dans un grand voile de laine noire.
>
>Nuages, nuages, que dites-vous?
>Nuages, nuages, qu'avez-vous?
>Voici que vous grondez sourdement
>Comme une ourse qui se met en colère.
>
>Nuages, nuages, que vous êtes méchants!
>Nuages, nuages, que vous m'aimez peu!
>Vos regards me jettent des éclairs
>Qui me font mal jusqu'au fond des yeux.
>
>Nuages, nuages, que vous êtes bons!
>Nuages, nuages, que vous m'aimez!
>Vous avez vu que je pleurais
>Et vous pleurez aussi, car il pleut.

Nuages, nuages, que vous êtes loin !
Nuages, nuages, que vous allez vite !
Mais je vous suivrai quand même,
Et mes rêves dormiront sur vous.

C'est dans ce livre des chansons que Miarka aurait voulu lire toujours ; c'est celui qu'elle préférait. Par malheur, la Vougne n'était pas de cet avis.

— Oui, disait-elle, il faut savoir les chansons des aïeux. Mais une reine doit connaître autre chose encore. Cela, tous les Romani pourront te l'apprendre. Lequel d'entre eux n'en possède au moins une, de ces chansons qui abrègent le chemin, rhythment le travail, endorment les nourrissons, et font passer le temps des longues nuits d'hiver ? Tu en sauras donc toujours assez. Ce que je dois t'enseigner plutôt, ce que personne ne pourra t'enseigner après moi, c'est la science, vois-tu bien. Allons, courage, mignonne, et ouvre ton esprit tout grand. Voici le livre des livres.

Elle prenait alors le plus obscur des quatre manuscrits, le livre des merveilles, et essayait d'en faire pénétrer à l'enfant les profonds arcanes. Oh ! celui-là surtout eût ravi en extase M. Cattion-Bourdille ! Et bien des savants, plus savants que lui encore, eussent aimé à en feuilleter les pages mystérieuses. C'était le *compendium* de magie.

Par quels canaux étranges les Bohémiens ont-ils hérité cette science des Châldéens antiques ? Sont-ils les descendants de ces peuples disparus, au lieu d'être, comme on le suppose, des Hindous émigrés ? Ont-ils, au cours de leurs voyages, recueilli ce trésor des mains des Nabatéens, qui en furent dépositaires jusqu'au dixième siècle ? En ont-ils pris connaissance par l'intermédiaire des Arabes, qui possédèrent et étudièrent vers l'an 900 ces ouvrages quasi préhistoriques? Qui le saura jamais? Eux-mêmes, les Bohémiens l'ignorent. Peut-être y a-t-il eu, à certaines époques, mélange de leur race proscrite avec les derniers restants de la race abolie des mages. Peut-être aussi est-ce en Égypte, où ils vécurent longtemps, qu'ils trouvèrent la traduction arabe des livres nabatéens, traduction faite par le chaldéen converti Ibn Vahshiyyah. Toujours est-il qu'ils ont entre les mains, à l'heure présente, une version romané de ces curieux et bizarres manuscrits, tissus de folles imaginations, mais cachant sous les fables les vestiges de la vieille science chaldéenne. Une astronomie, une astrologie, une arithmétique, une alchimie, cela pêle-mêle avec des recettes pharmaceutiques et des formules de sortilège, tel était le composé du livre des merveilles.

Ce livre, que la Vougne prétendait comprendre et faire comprendre à Miarka, ce livre dans lequel une enfant de treize ans apprenait par cœur des leçons, ce livre résumait les trois célèbres ouvrages nabatéens, dont la source première remonte au temps même du roi Bélésis, et qui ont pour titres : le Traité des Poisons, le Manuel des secrets du Soleil et de la Lune, les Méditations de Tenkelusha le Babylonien.

V

Mais ni M. Cattion-Bourdille, ni personne au monde, ne pouvaient soupçonner seulement ces graves et bizarres études. La Vougne n'était pas un professeur ordinaire, et, considérant l'enseignement comme une initiation véritable, elle l'entourait d'un impénétrable mystère. Que Miarka dissimulât, sous une ignorance apparente, sa science chaque jour plus profonde, cela ne suffisait pas encore aux desseins cachottiers de la vieille. Elle voulait aussi que la petite elle-même s'instruisît, en quelque sorte, sans pouvoir s'en douter; et, pour cela, elle employait une singulière méthode qui paraîtrait barbare à la pédagogie moderne.

Elle traitait l'enfant comme les oiseliers traitent les oiseaux parleurs, comme Gleude traitait ses merles et ses sansonnets, en lui gavant pour ainsi dire la mémoire aux heures du sommeil.

C'est la nuit, quand tout le monde dormait à la maison, que la Vougne tirait du coffre les fameux livres, et qu'elle les faisait lire et apprendre à Miarka.

— Allons, mignonne, lui disait-elle, viens continuer les beaux rêves que tu rêvais. En voici de plus beaux encore.

L'enfant regimbait parfois, refermant ses paupières alourdies, et se retournant pour reprendre son bon premier somme interrompu. Mais la vieille implacable savait le moyen de la tenir éveillée. Elle lui fredonnait une de ses cantilènes préférées, ou grattait quelques notes vives et sautillantes sur sa guzla, et alors Miarka s'étirait et ouvrait tout grands ses yeux, à cette diane de la poésie et de la musique.

— Tu ne veux donc pas être reine? faisait brusquement la Vougne.

— Si, si, répondait Miarka aiguillonnée par l'orgueil.

— Eh bien! mignonne, qui veut doit vouloir, répliquait la vieille. Les fleurs poussent où on les sème, et le trésor se trouve où on l'a mis. Il faut apprendre pour savoir. Lève-toi, fille de mon Tiarko, lève-toi et viens semer des fleurs dans ta tête, et viens déterrer le trésor de science dans les livres des aïeux.

Miarka se passait les mains sur la figure, comme pour en écarter le voile du sommeil; elle bâillait lentement avec un soupir de regret pour sa couche abandonnée; et elle suivait la Vougne dans le coin de la remise qui leur servait de cabinet d'études.

Une couverture suspendue à l'angle du mur, en forme de tente, les abritait du froid, de la nuit, et de la curiosité. On aurait pu passer à ce moment dans la cour sans apercevoir la lumière de leur petite lampe. A cette lumière rousse, maigre et tremblotante, qui vacillait au bout d'une mèche fumeuse, la Vougne et la fillette lisaient, suivant du doigt sur la page les lettres dansantes et brouillées. Et parfois l'enfant, tout en répétant la leçon d'une voix machinale, laissait tomber son front sur le livre. Mais la vieille alors lui mouillait les paupières avec une éponge qui trempait dans une bassine de cuivre à côté d'elle.

— Réveille-toi, mignonne, lui disait-elle. Prends garde aux mauvais esprits qui viennent te fermer les yeux! C'est pour avoir trop aimé à dormir, que les ours ont perdu la parole et sont devenus des bêtes. Autrefois, les ours étaient des hommes. Mais, à force de se fourrer le nez entre les pattes, ils ont oublié ce qu'ils savaient; et pendant qu'ils rêvaient en ronflant, le poil leur a poussé sur tout le corps. S'ils s'étaient tenus plus éveillés, ils seraient encore les rois de la terre. Prends garde, Miarka! Ne sens-tu pas la peau de tes joues qui te démange? C'est peut-être que tu vas devenir une bête, toi aussi. Réveille-toi vite!

L'enfant se raidissait, rappelait son attention envolée au pays des songes, et fixait de nouveau son regard sur les lettres obscures, et recommençait la phrase interrompue, en se grattant naïvement les joues pour empêcher le poil d'y pousser.

— Je ne veux pas devenir comme Pouzzli, disait-elle. Je l'aime bien, ma pauvre maman Pouzzli; mais je ne veux pas avoir un jour l'anneau de fer dans le nez.

— Les ours ne sont plus rois, reprenait la vieille; et toi, tu dois être reine. Travaille, ma mignonne, travaille bien. Le râle de genêts se met la poitrine en sang pour faire son nid; mais ses plumes en gardent du rouge, et c'est à cause de cela qu'on l'appelle le roi des cailles.

Malgré sa terreur des mauvais esprits qui vous changent en bête, malgré les encouragements de son orgueil qui lui donnait du cœur à la besogne, l'enfant succombait souvent à la fatigue, et tenait ses paupières closes même sous la fraîche caresse de l'éponge mouillée.

— Je n'en peux plus, grand'mère, je n'en peux plus, disait-elle. Laisse-moi me recoucher, dis. D'ailleurs, je n'apprends plus en ce moment. Je répète les choses sans en comprendre le sens.

— Qu'importe? répondait la vieille. Tu les comprendras demain en te les rappelant.

— Je ne me les rappellerai pas.

— Si, mignonne, malgré toi. Vois-tu, ce que l'on fait avec peine est fait avec fruit. Les yeux te cuisent. C'est que l'écriture les pique en s'y gravant. Ta tête est lourde. C'est qu'elle s'emplit. Grave encore, ma belle! Emplis ton esprit, ma petite reine! Puis tu dormiras par là-dessus; et ce que tu auras mangé et bu de connaissances, ton sang l'absorbera sans que tu t'en occupes davantage. Cela pénétrera dans ta moelle. Cela fera partie de toi. Et tu seras tout étonnée et toute joyeuse, au réveil, de tant savoir de choses sans même te souvenir de les avoir apprises. Encore une page, Miarka! Rien qu'une! Sème des fleurs. C'est un bouquet de plus que tu cueilleras plus tard. Tu dois être celle qui ne prononce que des paroles parfumées.

Et souvent, ainsi, la vieille l'éperonnant sans trêve, et l'enfant travaillant sans relâche, elle consumait la nuit tout entière à ce rude labeur, auquel un savant enragé aurait suffi à peine. Les pages succédaient aux pages, et s'imprimaient peu à peu dans la mémoire de Miarka, qui les apprenait de la sorte presque mécaniquement, par la forme même des lettres et par la sonorité répétée des phrases, sans prendre garde la plupart du temps à la signification des choses. Son intelligence devenait comme un exemplaire nouveau des livres, exemplaire indélébile dans lequel un jour elle pourrait retrouver le sens sous les mots et l'esprit sous la lettre.

A l'aube blanchissante, quand le matin filtrant aux fentes du toit faisait pâlir encore la pâle lumière de la petite lampe, quand la mèche charbonnée agonisait au bout de son bec de cuivre, alors seulement la Vougne prenait pitié de son élève, et la recouchait doucement, en lui disant parmi ses baisers :

— Dors maintenant, ma mignonne. Dors, fille de mon Tiarko! Laisse germer en toi les belles semences, pour que tes paroles un jour soient des paroles de reine, fleurant le benjoin et la rose!

Et quand, le lendemain, en ne les voyant pas sortir de leur tanière, on les traitait de paresseuses aimant à dormir comme des loirs, on ne se doutait guère que cette gamine de treize ans avait si bien gagné son repos, et qu'elle était accablée de fatigue physique et intellectuelle, ayant appris en une nuit plus de choses que M. Alliaume et M. Cattion-Bourdille lui-même n'eussent pu en apprendre en un mois.

Ces jours-là, on disait volontiers à la maison :

— La Vougne a dû faire quelque mauvais coup cette nuit aux alentours.

Et l'on visitait les poulaillers des environs pour voir s'il n'y manquait pas de poule, et les garçons de ferme regardaient leurs harnais pour compter les clous de cuivre, que la vieille aimait à voler afin de s'en faire des colliers et des bracelets.

Quant à Gleude, il passait sa matinée sous la remise, à chasser les mouches autour de Miarka endormie, et à la contempler silencieusement, la trouvant plus belle encore, avec son teint mat blêmi par la longue veillée, ses yeux cerclés d'une auréole bleuâtre, et ses lèvres qui marmonnaient de vagues paroles inarticulées, souvenances des leçons apprises. Comme il savait, lui, à quoi s'était occupée la nuit pour elle, il comparait ces murmures du rêve de Miarka au bourdonnement d'abeilles mystérieuses, en train de construire leurs cellules et de distribuer leur miel dans la tête de l'enfant comme dans une ruche en travail.

Illustrations en couleur

JE SUIS LA PAROLE ET JE SUIS TOUT,

VI

Mais Gleude ne disait rien non plus touchant la science de Miarka. Comme il vivait familièrement avec les deux Bohémiennes, il avait bien fallu lui laisser entrevoir un peu le mystère de cette instruction cachée. Seulement la Vougne lui avait soigneusement recommandé d'en garder le secret, et il aimait trop la vieille pour lui désobéir. Puis, lui-même avait pris goût à ces mystères. Sa nature sauvage et renfermée en comprenait toute la douceur. Lui aussi, dans son genre, il était un savant, comme musicien et comme oiselier, et il avait ses arcanes à lui, qu'il ne voulait pas révéler aux autres.

Aux autres, non; mais oui bien à Miarka. Elle s'en montra curieuse, et c'est avec une joie profonde qu'il devint à son tour le professeur de celle qu'il chérissait.

— Tu peux apprendre ce que sait Gleude, avait dit la vieille à la fillette. Ce n'est pas là de la science d'étrangers. Personne ne lui a rien enseigné, au bon garçon. Il s'est instruit comme s'il était un Romané solitaire, en regardant les choses et en écoutant les bêtes. Regarde-le donc faire, et écoute-le à son tour.

— Puis, avait ajouté Gleude, bon cela pour amuser Miarka. Toujours apprendre par cœur, fatigue, fatigue! Et la nuit, plus fatigue encore! Mais ceci, gai, doux, au soleil, et faire rire. Vois plutôt!

Et il lui montrait des tarins en cage. Ces jolis oiselets, brodés d'émeraude, travaillaient en grignotant sans cesse.

Leur manger et leur boire étaient suspendus dans de petits seaux en bois, qu'ils tiraient jusqu'à eux, au bout d'un fil enroulé sur un bâton tournant.

Ou bien c'étaient des étourneaux, des geais, des merles, des pies, des corbeaux dressés à parler et à siffler des airs.

Et il enseignait à son élève comment on arrive à ces merveilles de dressage, avec quelle patience on doit leur seriner l'air ou leur ressasser les paroles, en les forçant à rester éveillés la nuit, et en leur répétant tout l'air ou toute la phrase à la fois, sans quoi ils n'en apprennent jamais que le commencement.

Il lui enseignait aussi à quoi l'on reconnaît les mâles des femelles, ce qui est indispensable vu que les femelles sont plus précieuses pour avoir des petits tout jeunes, et que les mâles, en revanche, sont plus attentifs à la leçon. Cela est important surtout pour les pies et les sansonnets, qui sont de tous les plus jacasseurs de nature. Or, le mâle de la pie se distingue par les plumes bleues de son croupion, et le mâle du sansonnet par un filet noir qu'il a sur la langue.

La nourriture qui convient à chaque espèce n'est pas ce qui demande le moins d'étude. Selon ce qu'ils mangent, les oiseaux ont l'esprit alerte; et ils vivent de régime. Ainsi, l'étourneau, le geai et le merle s'accommodent fort bien de la même pâtée, faite avec du chènevis écrasé, du persil haché menu et de la mie de pain, qu'on mouille de beaucoup d'eau, et qu'on renouvelle tous les deux jours. Mais la pie et le corbeau dépérissent avec cette pitance. Il faut à la première, surtout pendant sa jeunesse, du fromage mou; et l'autre a besoin de viande crue.

Les maladies des oiseaux sont nombreuses, et Gleude prétendait les pouvoir guérir toutes. Quand il parlait de cette médecine spéciale, la Vougne elle-même l'écoutait avec attention, et disait volontiers à ce propos :

— Ce qui est bon pour eux peut parfois être bon pour nous. Dis tes remèdes, dis-les encore, mon garçon ! Je les essayerai sur des gens malades ; et si je les trouve utiles, j'en garderai le secret à notre usage. J'en sais beaucoup déjà, vois-tu bien. Mais jamais on n'en sait trop. Ouvrons notre esprit, Miarka.

Et Gleude leur expliquait, dans son langage pénible, obscur, à quels signes on reconnaît les maux divers des oiseaux, et par quoi on leur rend la santé.

Le flux de ventre se voit de lui-même, et se coupe avec des graines de melon, après qu'on a d'abord huilé le croupion du malade. Le bouton doit être crevé quand il est mûr, et, à la place de l'humeur qui en sort, on met un grain de sel mouillé. Le mal aux yeux, qui se montre par la chassie et par la frisure des plumes environnantes, cède au jus de poirée et de laitue mêlé avec du sucre. La gale ronde est manifestée par une petite grosseur qui pousse sur la tête, comme un grain de chenevis, et toute jaune ; et on la fait fondre en trois jours au moyen de beurre frais dont on la graisse. Pour le mal caduc, il faut rogner les ongles jusqu'au sang et les arroser de vin.

Mais ce qui intéressait le plus Miarka, c'était l'éducation difficile et compliquée des oiseaux chanteurs : le pinson, qui frigotte si vaillamment, jusqu'à en mourir pour avoir le dernier riou-piou-piou-tipiou ; le chardonneret, qui aime les amandes douces, et qu'il faut mettre au soleil pour le moins deux fois par semaine ; le linot, qui s'enroue facilement et qui retrouve sa voix, comme un homme, en buvant de l'eau de réglisse; le bruant doré, qui passe pour un ignare et qui arrive cependant à imiter le serin, pourvu qu'on ait soin de ne pas le laisser s'engourdir de grasfondu; la mésange, qui fait son nid trois fois par an et qui a l'air, quand elle babille en dansant, d'une ouvrière tisseuse rhythmant son bavardage au mouvement de ses pieds rapides; le roitelet, qui a peur du froid et à qui l'on ménage, dans un coin de la cage minuscule, un recoin garni de drap rouge pour se tenir à l'abri des courants d'air; l'alouette huppée, ou cochevis, qui est le plus docile des oiseaux élevés au flageolet, car elle oublie absolument son ramage naturel pour répéter mieux ce qu'on lui siffle; la fauvette, dont la meilleure espèce a la tête noire, comme couverte d'une petite calotte de velours, ce qui la fait ressembler à un chantre; la fauvette frileuse et délicate, qui préfère l'ombre chaude au soleil lui-même dans un lieu battu de vent; enfin le rossignol, le roi des musiciens, qui demande tant de soins et tant d'études, que Gleude n'avait jamais fini de tout raconter à son égard.

Il savait sur le rossignol mille traits plus importants les uns que les autres, et dont un seul oublié, disait-il, rendait tout le reste sans valeur. Le rossignol est solitaire. Il a besoin d'ombrage et de fraîcheur, à cause de la chaleur de son sang. Il se baigne après avoir chanté et boit chaque matin la rosée pour s'assouplir la gorge. Il fait son nid au commencement du mois de mai et ne souffre pas qu'un autre rossignol habite près de lui, à cent pas à la ronde. Il le fait quasi à ras de terre, grossièrement tissu, mais soigneusement caché dans les herbes épaisses, ou les branches basses des arbrisseaux, et au regard du midi. Le mâle ne couve jamais et distrait la femelle par son chant. Quand on l'a pris, il faut l'habituer à la cage avec d'infinies précautions, car il est farouche et tellement chagrin de sa liberté perdue, qu'il se tue contre les barreaux. On le met donc dans une cage d'osier fin, toute rembourrée de mousse et couverte d'une toile verte, afin qu'il se puisse croire encore dans l'ombre d'un hallier. On le nourrit avec du cœur de mouton, des vers de farine, des œufs dur, des pois cuits, des bettes pilées et des dragées de miel. Tous les quinze jours, on doit le purger en lui donnant à manger une araignée vivante. Il est sujet à beaucoup de maux et s'arrête de chanter dès qu'il en souffre. La gale, les poux, le bouton, le mal caduc, l'éprouvent comme les autres oiseaux. Mais il est particulièrement enclin à l'étisie et à la goutte. C'est à force de chanter qu'il devient étique, se consumant en folie musicale, au point d'en dessécher sur pattes. Et comme on ne remédie à cet épuisement que grâce à la substantielle pitance, forte en viande, il y gagne d'autre part la goutte, dont il faut le défendre au moyen d'une cage très chaude, dans laquelle on tient néanmoins toujours une baignoire d'eau très fraîche.

Gleude, d'ailleurs, ne se bornait pas à des explications théoriques. Sa connaissance des oiseaux allait jusqu'à imiter leurs chants. Il avait d'abord cherché à rivaliser avec eux au moyen de ses lèvres et de son sifflet naturel, en quoi il était resté expert. Mais il avait peu à peu imaginé des instruments plus perfectionnés : les chalumeaux de paille verte, les tubes de sureau, les flageolets en écorce de coudrier, et enfin ses merveilleuses flûtes de Pan, aux tuyaux nombreux et variés comme ceux d'un orgue.

Il apprit à Miarka l'art d'en jouer, et de reproduire d'abord le titinnement de la mésange, puis les fredons de la linotte, puis enfin les vocalises infinies des plus habiles chanteurs. Et ainsi, aux époques les plus muettes de l'année, dans les mois où les bocages mornes ne résonnent plus que du pioutement des oiseaux criards, quand l'innocent et son élève se mettaient à concerter, soit des lèvres, soit de la flûte, ils étonnaient les passants qui se disaient en dressant l'oreille :

— Tiens ! comment se fait-il qu'il y ait encore par ici un rossignol et une fauvette ?

VII

En retour de ces précieuses leçons, la Vougne en vint à ce point de bienveillance pour Gleude, qu'elle lui laissa prendre part aux connaissances botaniques et médicales dont les promenades en plein jour étaient l'occasion. Cela d'ailleurs, ne sortait pas des livres. Elle avait appris par elle-même, en herborisant et en soignant les malades de sa tribu, les vertus des simples. C'était là une science acquise comme l'art d'oiselier de Gleude. Or, puisqu'il n'était pas jaloux de ses secrets, elle jugea bon de ne pas se montrer avare des siens.

Elle lui enseigna de la sorte, en l'enseignant à Miarka, sa curieuse thérapeutique, qui était celle de tous les peuples primitifs et sauvages : comment l'ail préserve du scorbut; l'amarante, du flux de sang; que l'herbe-du-Turc apaise la colique des reins; que le gui de l'épine blanche, mis en cataplasme, fait mûrir les abcès; que la pimprenelle dessèche les ulcères des poumons; que la décoction de verveine coupe la fièvre; que la véronique pousse à la sueur; que l'eau de pourpier tue les vers et arrête les hémorragies; que le vin d'hysope désenfle les tumeurs venues à la suite de plaies; que la langue-de-chien, en tisane, calme la toux et, réduite en onguent, ferme les écrouelles; que la graine de fenouil, infusée dans du vinaigre, guérit des morsures venimeuses; que le caille-lait adoucit les démangeaisons de peau; que la poudre de bétoine dégage le cerveau en faisant éternuer; que l'angélique éloigne la peste; que la fougère égaye le foie et désopile la rate; que l'herbe-à-pauvre-homme chasse la jaunisse; que l'origan éteint les rages de dents et combat la paralysie; que le pas-d'âne rend le souffle aux poitrinaires; que le suc de fumeterre dissipe la mélancolie; et ainsi de suite à propos de toutes les plantes; car la Vougne, sur leurs propriétés diverses, était aussi intarissable que Gleude à propos des rossignols.

Outre leurs vertus médicinales, elle attribuait aux herbes mille autres qualités, quelques-unes observées réellement,

la plupart absolument chimériques, mais dont elle faisait par cela même le plus grand cas. C'est ainsi qu'elle prétendait reconnaître l'heure à l'inspection de certaines fleurs qui s'épanouissent à des moments précis, réglés comme par une horloge. A quatre heures du matin, c'est le liseron des haies; à six heures, le pavot; à huit, le mouron empoisonneur, ou mouron rouge; à dix, le souci; à midi, le soleil; à cinq heures du soir, la belle de nuit; à dix heures du soir, le liseron pourpre; à minuit, l'herbe aux-papillons.

De même, elle prévoyait le temps par l'attitude des feuilles et des tiges. Quand la pimprenelle, le liseron blanc, le trèfle des prés, se referment, et quand au contraire s'ouvrent la quintefeuille et la laitue, c'est signe de pluie. Si le chardon resserre ses écailles, si l'alleluia redresse ses lances, c'est l'approche d'un orage. Pour elle, cinq pissenlits formant une étoile indiquaient le voisinage d'une source; deux brins de luzerne en croix de Saint-André signifiaient le passage d'une hase enceinte; trois baies de genièvre alignées à distance égale voulaient dire qu'on allait se piquer; une marguerite sans pétales annonçait la rencontre d'une femme malade; et quand elle voyait une fraxinelle arrachée, elle se mouchait au plus vite dans le pan de sa jupe pour conjurer une menace d'hydropisie.

Gleude partageait avec Miarka cette bizarre instruction, à laquelle toutefois il n'entendait pas grand'chose. Ce qu'il préférait, c'est quand la vieille permettait à la fillette de lui chanter quelqu'une de ses chansons, et de la lui traduire à sa manière. Il l'accompagnait alors de ses flûtiaux, d'abord en jouant l'air à l'unisson, puis en improvisant des variations harmoniques dont Miarka se régalait.

— Où as-tu appris cela? lui disait-elle.

— Ici, répondait-il naïvement, en montrant les bois où la brise sifflait dans les feuilles.

Souvent aussi, c'est lui qui demandait à Miarka où elle avait appris ses belles chansons. Et la fillette lui disait :

— Dans les grands livres, tu sais bien.

— Oui, oui, je sais, faisait-il.

De fait, il les connaissait de vue, ces fameux livres. Certes, la vieille n'eût pas souffert qu'il assistât jamais à la lecture. Mais elle tolérait qu'on lui en parlât. Et comme, en dépit des observations relatives au silence qu'il en fallait garder, Miarka était fière d'étaler sa science au moins devant un admirateur, on avait montré un jour à l'innocent le trésor sacré ignoré de tout le monde.

De même il fut mis dans le secret des leçons de danse que la vieille donnait à la future reine. C'était le repos ordinaire de leurs promenades à la recherche des simples. Quand on était arrivé dans une clairière tranquille et solitaire, au fond d'un bois obscur où personne ne pouvait venir, la Vougne avait coutume de dire à Miarka :

— Es-tu lasse, mignonne?

— Oui, grand'mère, répondait Miarka. Et je sais ce que

tu veux dire : de danser pour me déraidir les jambes.

— C'est cela même, ma petite reine. Eh bien! donc, vas-y. Voici de la mousse que les bêtes ont tondue à ras. Cela fait un tapis. J'ai ma petite guzla sous ma jupe. Gleude m'accompagnera sur ses tuyaux. Il n'y a personne. Pouzzli te fera face en marquant la lente mesure. Y es-tu, mignonne?

— J'y suis, grand'mère. Allons, Pouzzli, *roh! roh!* debout, la maman, debout! Et balance-toi, que je prenne la cadence.

Et, aux sons métalliques de la guzla grattée par la vieille, au chant perlé de Gleude soufflant dans sa flûte agreste, tandis que l'ourse se dandinait lourdement vis-à-vis de la fillette, Miarka dansait la danse des Romani. La Vougne lui en avait enseigné le pas; mais elle le fioriturait elle-même, avec des voltes imprévues, des tours de bras alanguis, des entrechats soudains, des pirouettes envolées.

Quand elle avait trouvé, au hasard de l'inspiration, quelque figure gracieuse ou quelque gambade de force extraordinaire, elle la recommençait aux cris gutturaux de la grand'mère qui lui faisait fête en bohémien, lui disant:

— *Dradich! Arko! Fiousti, fiousti, Miarka! Fiousti, tchavé da Tiarko!*

Et Gieude répétait machinalement ces paroles, qu'il ne comprenait pas, et qui signifiaient :

— Très bien ! Bravo ! Encore, encore, Miarka ! Encore, fille de Tiarko !

L'ourse grommelait d'aise, accélérant la vitesse de son dandinement; la vieille redoublait de coups d'ongle sur la guzla; Gleude se vidait les poumons dans les tuyaux vibrants de sa flûte en orgue; et la leçon de botanique finissait dans une sorte d'ivresse sauvage, quand la fillette épuisée, hors d'haleine, allait se jeter sur un tas d'herbes cueillies et mortes, à demi morte elle-même, s'affaissant comme une fleur fanée.

— Bien tombé, s'écriait la vieille, bien tombé, Miarka ! On dirait une alouette qui fait ploum du haut du ciel.

VIII

— Quand on veut garder un secret, disait souvent la Vougne, il ne faut pas même le confier à une souche; car un beau jour la souche s'échauffe, l'étincelle en jaillit, et le secret avec l'étincelle.

Certes, la vieille, en parlant ainsi, ne croyait pas, malgré ses prétentions divinatoires, prophétiser si juste touchant son propre secret. Elle avait eu la faiblesse de le confier à Gleude, presque aussi muet qu'une souche. La souche s'échauffa et l'étincelle en jaillit.

C'est la Quédébinque qui fut cause de cela. Non par

l'effet du hasard, d'ailleurs, mais à bon escient, et grâce à une patiente volonté.

Depuis la correction que Gleude lui avait si vertement infligée, la Quédébinque n'était plus revenue à la charge auprès de son frère, et n'avait plus envie de s'y risquer par des manœuvres directes. Mais au fond du cœur, elle n'en conservait pas moins son âpre désir de combattre cette domination des merligodgières sur l'innocent. Plus cette domination avait grandi, plus sa haine était accrue, aiguillonnée d'ailleurs sans cesse par le souvenir des coups. Dans sa solitude, la Quédébinque ruminait sa rancune, de jour en jour accumulée, impuissante, féroce d'autant. C'était devenu l'unique emploi de sa pensée obscure et tenace, pendant les longues heures de travail où elle besognait machinalement des mains tout en rêvassant à haute voix.

— Non, non, disait-elle en grinçant parfois des dents, non, elles ne l'emporteront pas au paradis, les damnées femelles, de m'avoir fait battre. Laisse faire ! je leur passerai la jambe à ma façon, toute boiteuse que je suis. Et ch'tiot blond ne sera pas mon maître, à cette fois. Je prendrai l'aune et mes mesures en conséquence, tu verras ça !

Elle s'adressait ainsi tantôt à elle-même, tantôt à son jars favori, qu'elle prenait volontiers pour confident de ses soliloques.

— Ainsi, toi, Blancot, lui disait-elle, quand un mauvais chien a pillé une de tes *oies,* qu'est-ce que tu fais ? Tu attends que le patron du chien soit parti, et tu t'approches du bougre tout gentiment, en ayant l'air de trucher par terre. Mais moi qui te connais, je te devine bien. Tu as l'œil en dessous et la queue serrée. Tu te ramasses; tu ne siffles pas, ni ne jargonnes pour prévenir. Et quand tu es près de l'ennemi, paf! D'un grand coup d'aile au bon endroit, tu lui casses la patte. Cagniffe! cagniffe! cagniffe! Il gueule en filant sur ses trois guibes, la quatrième en l'air et ballant comme un battant de cloche. Et le patron, le voyant maintenant bon à rien, lui fout du plomb dans les reins. Ah! mon Blancot, je trouverai bien moyen de me venger comme toi, sûrement, à la mode de *ni-vu-ni-connu-je-t'embrouille*.

En attendant, la Quédébinque imitait le jars qui s'approche du chien. Elle cachait à Gleude sa sourde rage, et le circonvenait doucement, gentiment, jusques à lui demander avec complaisance des nouvelles de ses amies.

Gleude, bon enfant, se laissa facilement prendre à ces manières. Il aimait sa sœur, et rien ne l'eût plus ravi que de la voir *corder* avec la Vougne et Miarka. Pour y arriver, il ne cessait de leur faire l'éloge de la brave fille, qu'il représentait comme lui ayant servi de mère. D'autre part, il ne tarissait pas, auprès de la Quédébinque, en confidences enthousiastes et sur la fillette et sur la vieille. La croyant bien disposée en leur faveur, il mettait à profit l'occasion offerte, de dégorger un peu son cœur trop plein d'admiration et de tendresse. Cela le charmait de pouvoir dire à quelqu'un combien la Vougne était savante, combien Miarka était parfaite.

En parler à des étrangers, c'eût été les trahir, bien sûr! Mais à la Quédébinque, à sa bonne sœur, cela était permis, n'est-ce pas? Il se parlait à lui-même devant elle, voilà tout! D'ailleurs, elle ne fréquentait personne et ne s'entretenait qu'avec Blancot. Ainsi raisonnant, Gleude en vint bien vite à lâcher peu à peu, sans le vouloir, tous les mystères qu'il avait pourtant promis de tenir enfermés. La Quédébinque connut les promenades botaniques, les danses, les veillées d'étude, et même l'existence des fameux livres. La souche s'était chauffée, et ce n'est pas une étincelle seulement qui avait jailli : c'est le secret tout entier qui finit par flamber.

La Quédébinque, du reste, ne s'en tint pas aux bavardages de son frère, qui restaient toujours un peu vagues, à cause de son parler malhabile. Elle voulut voir et se rendre compte par elle-même.

Pour cela, elle eût aimé à lier connaissance intime avec la Vougne. Mais la vieille merlifiche, en dépit des efforts conciliants de Gleude, s'y refusait. Qu'on pensât du bien les uns des autres, rien de mieux! Faire amitié, c'était différent. Gleude lui suffisait comme familier. Elle l'avait pétri à sa guise. Elle n'était pas sûre d'en pouvoir faire autant avec la sœur, madrée paysanne. Et donc, elle préférait qu'on demeurât chacun chez soi. Bonjour, bonsoir, quand on se rencontrait sur la route; et c'était tout. La Quédébinque dut user de ruse pour satisfaire son désir de renseignements plus précis. Quant à les avoir, ces renseignements, il le fallait : c'est là-dessus qu'elle avait bâti dans sa tête tout le plan de ses vengeances.

Elle se mit alors à espionner, et, madrée paysanne, en effet, elle arriva tout de même à ses fins, sans que la Vougne, si rusée pour sa part, en eût vent.

Conduite par le son des flûtiaux de son frère, elle suivit de loin la petite troupe, et plusieurs fois assista aux séances de danse, qui lui parurent des scènes de sorcellerie.

— Ah! les gueuses, pensait-elle, elles sont possédées, et elles donnent leur mal à ch'tiot blond. Le voilà qui parle leur maudit baragouin. Grand niquedoule, va! Mais patience, patience! Tout cela se payera.

Elle fit mieux encore. Ayant appris par Gleude, un soir, que l'on partait le lendemain en excursion de quarante-huit heures, elle profita de leur absence pour s'introduire, pendant la nuit, dans la remise, et pour fouiller la *rubidal* de fond en comble.

Elle y trouva nombre de fioles, où la vieille enflaconnait ses baumes faits avec les simples.

— Tout ça, se dit la Quédébinque, c'est de la poison en bouteilles. Attends, attends, marchande de coliques, tu auras à t'expliquer sur ta *pharmacerie* et tes drogues, drogue toi-même.

Enfin elle mit la main sur le trésor sacré, sur le *palladium*, sur les fameux livres.

Elle savait, par Gleude, qu'on les enfermait dans le coffre d'avant. La Vougne n'avait ni serrures, ni clefs. Mais un système de cordelettes nouées par des nœuds à elle, compliqués et savants comme des nœuds de matelots, entourait les flancs du coffre; et le couvercle était fixé d'autre part au moyen de clavettes intérieures qu'on détachait par des ressorts dissimulés dans le bois. La Quédébinque essaya d'abord de défaire ces nœuds. Comme ils étaient inextricables, elle prit bravement le parti de trancher les cordelettes. Le couvercle alors demeurant clos, comme elle n'avait pas le secret des clavettes, elle dit :

— Ma foi! tant pis! Ce n'est pas pour voler, mais pour voir.

Et, à longues pesées, avec un ciseau, elle ouvrit brèche entre les joints des planches et fit sauter le dos du coffre, sans bruit toutefois, afin de ne pas être surprise par les gens de la maison.

— Blancot serait content de moi, répétait-elle. C'est travaillé à sa mode, à la mode de *ni-vu-ni-connu-je-t'embrouille.*

Et elle regarda les livres, avidement, espérant y trouver les preuves des crimes commis, pensait-elle, par la vieille empoisonneuse.

— Parbleu! c'est bien cela, disait-elle. Les preuves sont là. Il ne s'agit que de savoir les lire. Dommage que c'est écrit en grimoire de sorcière. Mais patience, patience! Les juges ont de fines lunettes et n'ont pas été à l'école pour du bren de chien.

Avec les cordelettes, elle fit un paquet des quatre manuscrits, et, se glissant par des trous de haies, filant dans la nuit par l'ombre noire des venelles, sans réveiller à son pas furtif les chiens de garde endormis au seuil des cours, elle emporta le trésor chez elle, en se répétant :

— Ce n'est pas pour voler, c'est pour voir et pour faire voir.

Quand elle arriva dans sa hutte, le jars reconnut sa marche boiteuse et lui jargonna la bienvenue en venant se frotter à ses jambes.

— Oui, oui, lui répondit-elle, tu as raison de me faire fête, mon Blancot. Et tu peux rire à ton aise; car elles ne riront pas, elles, les gueuses! Enfin, je les tiens! Je leur apprendrai à jeter des sorts à mon frère, et à le rendre leur va-trop, et aussi à cuisiner de la poison et à vendre de la mort. Ah! quand M. le maire saura le métier qu'elles font, il n'y aura plus à tortiller du derrière, là; il faudra fienter droit et sur le bas de tes jupes, et t'embrener dans ta malice, vieille sorcière du diable, avec ta treulée de fille à l'ourse, bonne pour les ours, en effet. Sois tranquille, mon Blancot, nous aurons du bon temps, tu verras. Ouais, ouais, elles m'ont fait battre par ch'tiot blond. Mais il ne battra pas les gendarmes, quand ils leur mettront la main au chignon. Et je te les ferai voir et t'en amuser, mon Blancot, le jour qu'on les emmènera pour les fourrer entre les quatre murs. L'ourse en crèvera, voulant les défendre. On lui ouvrira la berdouille d'un coup de sabre, vois-tu bien, et je te donnerai ses tripes à manger, mon garçon. Ça te déhudira la moelle pour caresser tes *oïes* et pour casser la patte des chiens qui les pilleront. Ah! c'est qu'on ne l'emporte pas en paradis, non, quand on nous fait du mal, à nous. N'est-ce pas, Blancot?

Et elle versait toutes ses rancœurs et toutes ses colères dans ce bavardage avec son jars. Elle lui montrait les livres, dont il mordillait les pages. Elle s'accroupissait pour le flatter doucement; puis, se relevait, dans un accès de joie, et se mettait à sauter sur ses jambes inégales, la Quédébinque, à rire en secouant ses lourdes hanches, la Poturonne! Le jars, lui, faisait alors chorus en ouvrant toutes grandes ses ailes, et se dressait vers elle sur ses larges palmes, et poussait un strident appel de trompette.

— Oui, oui, tu es content, disait-elle. Tu m'aimes bien, toi. Tu n'es pas comme ce niquedoule de Gleude, qui me préfère des merlifiches, et qui me bat à cause d'une morveuse de fille à l'ourse. Viens, toi, mon beau fils, mon béjamin, viens que je t'embrasse.

Elle lui passait la main sur les plumes, lui grattait le crâne, le baisait bouche à bec, le câlinait sur ses genoux, tandis que la bête sifflotait et gargaroutait, le col gonflé, les ailes pendantes, le ventre écrasé voluptueusement dans le giron de la vieille fille.

IX

Le lendemain, à la première heure du jour, la Quédébinque se présentait chez M. Cattion-Bourdille, avec sa hotte sur le dos.

— Qu'est-ce que vous venez me vendre là, ma bonne Poturonne? lui demanda madame Octavie. Ce n'est pas un sac de duvet, je pense?

— Sûr non, mame Tavie. Nô duvet ne me pèserait pas comme ça sur les épaules. Il est léger, lui, qu'on dirait du vent frisé.

— C'est donc des oies grasses?

— Non plus, nô dame! Ce n'est point pour vous, tenez, à parler vrai. C'est pour M. le maire en personne. Et i' sera fin étonné quand il verra ça, je vous en affie. Mais avant de lui montrer, nô dame, je veux qu'il y ait du monde avec nous. Comme qui dirait M. le curé, par exemple, et M. Alliaume, le greffier, et aussi le père Forlet-Lefebvre, le garde champêtre.

— Et pourquoi tant de monde?

— C'est qu'il s'agit censément d'un crime, mame Tavie; et je ne veux faire ma déclaration que devant témoins.

— Un crime? Est-ce que c'est un cadavre que vous avez là-dedans?

— Non pas un, mais la cause d'un tas.

— Que voulez-vous dire?

— Vous comprendrez tout à l'heure, nô dame. Envoyez d'abord quérir les gens, et vous verrez.

Une demi-heure plus tard, les témoins demandés par la Quédébinque étaient réunis dans la salle à manger de M. Cattion-Bourdille, qui attendait anxieusement leur arrivée; car la vieille fille s'était obstinée à ne point parler auparavant. Elle n'avait pas même débricolé sa hotte de ses épaules, et elle se tenait courbée sous le poids, les deux poings crispés sur la manchette de sa béquille, ce qui lui donnait l'air d'un gros insecte estropié debout sur trois pattes.

— Là, maintenant, fit-elle, vous allez juger, messieurs, si j'ai ben fait de vous déranger aux patrons-minette.

Puis, tout en déballant le paquet contenu dans sa hotte, elle ajouta :

— C'est rapport à la Vougne et à sa petite-fille, qui sont des sorcières et des empoisonneuses, qu'elles ont mis mon frère en état de possession, monsieur le curé, et qu'elles jettent des sorts dans les champs et dans les étables, et du venin dans les fontaines, dont elles ont des recettes dans des bouteilles qu'on trouvera sous la remise, et aussi du grimoire écrit dont voici les preuves.

Et brusquement, par une sorte de coup de théâtre qu'elle avait malignement préparé, elle ouvrit tout grands sur la table les quatre gros livres.

— Regardez-moi ça, fit-elle. Le diable seul y pourrait lire. Vous peut-être aussi, monsieur le curé. Mais sûrement les juges y verront clair. Et c'est pour ça que je la dénonce, la vieille merlifiche de malheur. Regardez!

Le curé, interpellé plus directement, s'approcha le premier.

— Prenez garde, lui cria madame Octavie. Faites au moins le signe de la croix avant d'y toucher. Ah! que vous êtes peu dévot!

— Eh! répondit l'abbé Ternaille, n'ayez pas peur. Vous voyez bien que le diable n'est pas aussi méchant qu'on le dit, puisque la Quédébinque le portait sur son dos et qu'il ne lui a pas roussi l'échine.

— Peut-on plaisanter avec des choses pareilles! répliqua la bonne gouvernante en se signant trois fois.

Cependant, les quatre hommes s'étaient penchés sur les livres et les examinaient curieusement, mais sans y rien comprendre.

— Je n'y vois que du feu, fit le curé.

— Ah! quand je vous le disais! balbutia madame Octavie avec un soupir d'angoisse. Fermez donc ces livres, cela vaudra bien mieux. Il va vous arriver malheur, à les feuilleter ainsi.

Le maître d'école avait mis ses bésicles, et prenait des airs profonds.

— Ce sont des bouquins étrangers, dit-il. On en trouve

comme ça chez les marchands de vieux papiers. C'est sans valeur.

— Je ne crois pas, monsieur Alliaume, je ne crois pas, répondit le maire. Ils me semblent, au contraire, fort précieux. Les caractères sont analogues aux caractères sanscrits.

— Tu fais erreur, interrompit le curé. Pour moi, ce sont des lettres hébraïques. Tu sais que j'étais assez fort en hébreu, au grand séminaire. Ainsi...

Le garde champêtre voulut mettre son grain de sel dans la discussion. Il ne se piquait pas de science, lui! Mais, que diantre! il savait aussi ce qu'il savait. Un ancien soldat a vu du pays et des choses, et

n'est pas un âne bâté, en somme. Il ne serait pas dit qu'il resterait là sans donner son opinion, puisqu'il en avait une, ce brave Forlet-Lefebvre.

— Pardon si je vous contredis, messieurs, dit-il en esquissant un salut militaire. Mais, sauf le respect que je vous dois, me semble que vous vous mettez tous les deux le doigt dans l'œil. A mon humble avis, cette écriture-là n'est ni hébreuse, ni sans... sanschose, ni sansescrite, enfin sans... comme dit monsieur le maire. A mon humble avis, c'est tout bêtement de l'arabe. Je connais ça, l'arabe. Quand nous sommes entrés à Constantine avec le capitaine Duruflé, c'est-à-dire, non, avec le lieutenant Vinsard, c'est-à-dire, non, avec... enfin, suffit! Bref, c'est de l'arabe.

— Du sanscrit!
— De l'hébreu!
— De l'arabe!
— Du vieux papier!

Les quatre hommes s'obstinaient dans leur opinion respective, timide d'abord, maintenant tenace à cause de la discussion soulevée. Et ils feuilletaient les manuscrits pour y trouver les preuves de leur dire, tandis que madame Octavie s'attendait à voir sortir on ne sait quoi des pages mystérieuses.

— Excusez-moi à mon tour, nos bons messieurs, interrompit la Quédébinque. Mais, si je ne me trompe, ce n'est ni ça, ni ça, ni encore autre chose. C'est du merlifiche, voilà tout.

— Eh bien! conclut le maire, je crois que c'est vous qui avez raison, en somme. Oui, messieurs, tout compte fait, cela ressemble à du sanscrit, mais ce n'en est pas. Non plus de l'hébreu ni ne l'arabe. Écriture orientale, telle est la vérité. Alphabet mélangé des alphabets hindous et sémitiques. C'est bel et bien du bohémien.

— Je croyais que tu savais le lire, fit le curé.

— Oui, oui, répondit le maire, mais pas couramment. Il me faut du temps. D'ailleurs les manuscrits sont vieux et pleins d'abréviations. Ah! quels travaux je vais avoir à faire là-dessus? Quelle bonne fortune!

Il se frotta joyeusement les mains. La Quédébinque n'en revenait pas. Elle avait espéré exciter, au contraire, l'indignation de M. Cattion-Bourdille, et le décider à l'arrestation de la Vougne.

Alors, aigre et furieuse, elle raconta ce qu'elle avait appris par Gleude, et comment elle avait volé les livres.

NUAGES, NUAGES, QUE VOUS ÊTES LOIN!

— Vous avez eu tort, lui répondit M. Cattion-Bourdille.
— Faut-il l'arrêter, demanda Forlet-Lefebvre.
— Qui? la Vougne! s'écria gaiement la Quédébinque.
— Non pas, mais toi! fit le garde champêtre.
— Moi, moi!
— Dame! puisque tu as volé. Attention! je vais dresser mon procès-verbal.

On calma l'agent de l'autorité, et l'on se rendit d'abord à la remise, pour voir les dégâts commis.

— Là, là, regardez ces fioles, et sentez-les, comme ça pue! faisait la Quédébinque, reprenant courage. Tout ça, c'est de la poison, vous voyez bien.

— Eh! non, sotte, répliquait le maire. Ce sont des remèdes que la vieille distille avec des simples. Et personne ne s'en est jamais plaint, excepté M. Grimont, à qui elle prend sa clientèle.

— Pauvre petite Miarka! disait madame Octavie. Vous voudriez nous faire croire qu'elle est complice d'empoisonnements. Allons donc! La Vougne sorcière, peut-être bien! Mais Miarka! Ah! vous m'avez fait peur avec ces livres.

— Décidément, je l'arrête, n'est-ce pas? fit le garde champêtre, qui ne lâchait plus l'épaule de la Quédébinque.

— Non, non, laissez-la, dit le maire. Elle en sera quitte pour sa mauvaise action. Elle s'en expliquera avec la Vougne en personne.

La Quédébinque, à cette idée, fut saisie d'un grand tremblement. Ainsi, non seulement sa vengeance avortait; mais encore elle allait se trouver en butte aux représailles de la merligodgière. Et Gleude, comment prendrait-il la chose! Ah! quelle colère!

— Messieurs, mes bons messieurs, nô chère dame, s'écria-t-elle en tombant à genoux, je vous en prie, ne me vendez point. Je croyais bien faire. C'était dans votre intérêt et dans celui du pays. Mais ne me dénoncez pas à la Vougne. Elle me jetterait un sort, et à mes oïes, et à mon Blancot. Ne dites rien à Gleude, surtout. C'est à cette fois qu'il me battrait. Il est dru, le gaillard, et rétu des membres. Ayez pitié, mes bons messieurs, nô chère dame, ayez pitié! Il me battrait tant que je n'ose pas y penser. La peau m'en fumerait, vous savez bien. Et je ne suis qu'une pauvre infirme. Ayez pitié!

Au fond, M. Cattion-Bourdille était trop content d'avoir les fameux livres, pour en vouloir beaucoup à celle qui les lui avait procurés. Il fit donc promettre au maître d'école et au garde champêtre de garder le secret. Quant à lui-même et à madame Octavie, rien à craindre : il en prenait l'engagement. L'abbé Ternaille, de son côté, dit à la vieille fille :

— Pour moi, c'est comme si tu m'avais avoué la chose en confession. Mais, par exemple, je vais te donner une pénitence, et soignée! Tu feras chaque jour, pendant un mois, trois *Pater* et trois *Ave*, pour le salut d'Ovide.

— Oui, monsieur le curé. Mais qui donc c'est, ce monsieur Ovide?

— Tu n'as pas besoin de le savoir. Rappelle-toi son nom, seulement. Ovide, tu entends bien : grand O,v,i,d,e, Ovide. Trois *Pater* et trois *Ave*, n'oublie pas.

— N'ayez pas peur, monsieur le curé, je m'en souviendrai fin bien. Ovide, trois *Pater* et trois *Ave,* tous les jours, pendant un mois, Ovide, Ovide.

Elle s'en alla en répétant le nom pour ne point le laisser échapper de sa mémoire. Mais son ignorance touchant le personnage l'inquiétait, et elle revint demander à l'abbé Ternaille si cet Ovide était donc bien malade, qu'il fallait prier pour lui.

— Il est mort, répondit le curé, mort depuis plus de dix-huit cents ans.

— C'est donc ça, fit-elle, que je ne le connaissais point, ce paroissien-là.

— Qu'importe! répliqua l'abbé. Le bon Dieu le connaît : ça suffit.

X

— Au voleur! Au voleur! Ah! *gargni, gargnati!* On a démoli la voiture et emporté les livres! Sacrilège! sacrilège dans la voiture des trépassés! *Pristok vo la rubidal!* Nous voilà perdus, perdus! Pleure, Miarka! Tu seras donc *ragni,* toi aussi, comme ton père? Ah! *Miarka dé gaoucha!* Malheureuse! malheur sur toi et sur moi, qu'on a dépouillées! Mais qui donc a osé cela? *Zaccakeloum!* Tas de brigands! Voleurs de pauvres! *Bouzi, bouzi, falio!* qui me le dira, au moins? Où sont-ils, que je les étrangle? Où sont-ils, que je leur fasse pendre la langue jusqu'au creux de la poitrine? Où sont-ils, les fils de chiens, les faillis voleurs, les bougris d'infants de pute? Où sont-ils? Au voleur! *gargni, gargnati!* Maison maudite, maison de filous! Pays de larrons, tous bons pour le carcan! Où sont-ils, que je leur fasse couler les yeux sur les joues? Où sont-ils, que je leur mette les tripes dehors? Voleurs, filous de voleurs, chiens fils de chiens, tous brigands! Ah! *gargnati, zaccakéloum!*

C'était la Vougne qui déblatérait, et hurlait, et rugissait, et gesticulait sur le seuil de la remise, d'où elle insultait la maison, le village et le pays tout entier. Gleude et Miarka pleuraient auprès d'elle, atterrés de sa douleur, sans pouvoir la calmer, sans même tenter de l'interrompre, tandis que Pouzzli, la croyant menacée, se dressait devant elle et faisait chorus aux cris de la vieille par de tonitruantes ululations.

M. Cattion-Bourdille, qui avait guetté à sa fenêtre le retour des merlifiches, s'attendait bien à cette explosion de colère pour le moment où la Vougne s'apercevrait du vol des livres. Mais il fut épouvanté de tant de violence, et il n'eut pas le courage de l'affronter tout d'abord. Madame Octavie, d'ailleurs, l'en eût empêché. Elle se tenait derrière lui, tremblante, et lui disait :

— Laissez-la crier encore, laissez-la, monsieur. Les femmes, voyez-vous, se décolèrent en criant. Tout à l'heure, vous lui parlerez; tout à l'heure. Maintenant, ce serait dangereux. Entendez-vous comme l'ourse est effrayante. Ah! nous avons eu beau faire pour les adoucir pendant quinze ans. Au fond, ce sont toujours des sauvages.

— Si l'on pouvait seulement, dit le maire, lui faire savoir que ses livres ne sont pas perdus. Mais voilà! Je voudrais en même temps ne pas les lui rendre. C'est une merveille, madame Octavie, que ces livres! Ah! si elle consentait à m'en donner la clef, un peu, rien qu'un peu! Je lés lui restituerais plus tard, après les avoir étudiés. Ce serait l'Institut, vous entendez bien. Songez quel honneur! Vous seriez gouvernante d'un membre de l'Institut. Ah! il faut que nous trouvions un biais. Donnant, donnant! Elle rentrerait en possession de son bien, et moi…

— Jamais elle ne comprendra ça, monsieur, jamais. Écoutez-la, comme elle en parle; écoutez, comme elle y tient, à ses livres!

La Vougne s'était laissée choir par terre, et se lamentait, accroupie.

— Ah! criait-elle, qu'on me prenne plutôt une pinte de sang, un carré de chair! Qu'on m'arrache un œil de la face, et les doigts de la main droite, et le cœur lui-même, plutôt que mes livres, plutôt que la gloire de ma Miarka! Que je crève; mais que Miarka puisse encore être reine!

— Que veut-elle dire par là? demanda madame Octavie.

— Je ne saisis pas bien, répondit le maire. Pourtant, je crois comprendre que la perte de ces livres sacrés entraîne l'avortement de la fameuse prédiction par laquelle la Vougne prétend que Miarka doit être reine. C'est par là, peut-être, que je pourrai traiter avec elle.

— Mais, monsieur, si vous lui rendiez tout bonnement ce qui lui appartient, à la pauvre femme! Bons ou mauvais, livres de savant ou livres du diable, ces livres sont à elle, après tout. La Quédébinque les a volés méchamment. En toute honnêteté, monsieur, le mieux est de…

— Et la science, madame Octavie, et la science? Vous la comptez pour rien, alors! Certainement, au point de vue de la morale ordinaire, vous avez raison. Mais, vous concevez, l'intérêt de la science exige parfois des sacrifices.

— Comment, monsieur! L'intérêt de la science exige que vous soyez complice d'un vol?

— Un vol, un vol! N'exagérez donc pas, madame Octavie. Puisque je vous dis que je les lui rendrai, ses livres. Plus tard, seulement, plus tard.

— Ah! monsieur, conclut la gouvernante, il vous mènera loin, l'intérêt de la science, si vous continuez ainsi. Voulez-vous que je vous dise ma façon de penser, à moi? Eh bien! monsieur, votre amour de la science, c'est une manie, une monomanie. Vous verrez que cela vous jouera un mauvais tour.

— Taisez-vous, madame Octavie. Ne faites pas l'oiseau de mauvais augure. Il me semble, au contraire, que tout va s'arranger. Entendez plutôt ce que dit maintenant la Vougne.

La vieille s'était redressée et rapprochée de la maison, et elle parlait d'un ton radouci, conciliant, humble presque.

— Voyons, disait-elle, il y a quelqu'un là qui m'écoute, n'est-ce pas? derrière les rideaux de la fenêtre. C'est vous, sans doute, monsieur le maire? Ayez pitié de nous, je vous prie. Vous devez savoir qui a volé mes livres. Faites-les moi rendre, monsieur. Je ne dirai rien au voleur, je vous le jure, rien du tout. Je ne chercherai même pas à le connaître. Et je lui donnerai ce qu'il voudra, ce que je pourrai, pour ravoir mon bien. Vous êtes un honnête homme, vous, dans ce pays de brigands. Faites-lui rendre mes livres! Qu'est-ce qu'il demande, en pour?

M. Cattion-Bourdille se montra dans l'embrasure de la fenêtre.

— Eh bien! oui, la Vougne, dit-il, oui, je suis là, et je vous entends. Et je sais, en effet, qui a volé vos livres. Et je vous les ferai rendre.

La Vougne accourut, et se jeta à genoux sous la fenêtre, Gleude et Miarka la rejoignirent, et s'agenouillèrent pareillement; et Pouzzli, qui les avait suivis, croyant qu'il s'agissait de travailler comme elle en avait coutume aux devantures des cabarets, Pouzzli se mit d'elle-même à danser en faisant la belle.

— Voyez, monsieur, ma bonne dame, dit la Vougne, voyez! Pouzzli vous remercie à sa mode. Elle aussi, elle sait que sans les livres Miarka ne serait pas reine.

— Mais, fit le maire, je ne vous les rendrai qu'à une condition, et, d'ailleurs, l'un après l'autre.

— Que voulez-vous dire? interrompit la Vougne d'un ton raide, en quittant sa posture humiliée et en venant s'accouder à la marge de la fenêtre.

Madame Octavie fut reprise de peur, à voir l'éclair qui passa soudain dans les yeux vairons de la merlifiche. Elle crut bon d'intervenir, en s'adressant à Miarka.

— Mignonne, lui dit-elle, conseille à ta grand'mère de ne pas être méchante. Tu as confiance en moi, n'est-ce pas? Eh bien! c'est moi qui te promets qu'on lui rendra les livres.

— Il le faudra, grogna la vieille. Autrement, monsieur le maire serait donc un voleur aussi.

— Non, la Vougne, non, je ne suis pas un voleur, répliqua M. Cattion-Bourdille. Mais vous disiez vous-même, tout à l'heure, que vous teniez à ces livres plus qu'à la vie, et que vous donneriez n'importe quoi en échange.

— C'est vrai.

— Or j'ai précisément quelque chose à vous demander en retour. Oh! peu de chose, rassurez-vous. On prétend que ces livres sont des recueils de mauvaises doctrines, et l'on vous accuse de vous en servir pour faire métier de sorcière et d'empoisonneuse. Il faut me prouver que non. Et, pour cela, vous m'expliquerez ce qu'ils contiennent. Nous les étudierons ensemble, l'un après l'autre. Vous n'avez pas l'air de bien comprendre ce que je veux. C'est pourtant bien simple, la Vougne, tout à fait simple. Je veux que vous m'appreniez à lire ces livres. Ah! vous voyez comme c'est peu de chose, hein!

La Vougne avait baissé la tête, pour ne point laisser voir les sentiments qui l'agitaient et qui lui révolutionnaient la figure. Certes, si, elle avait bien compris ce que voulait M. Cattion-Bourdille. Elle avait même compris plus qu'il ne disait. Elle s'était convaincue que c'était lui le voleur, et un moment l'idée lui était venue de sauter à la gorge du maire et de l'écharper en excitant Pouzzli. Mais elle avait aussitôt réfléchi. On arriverait au secours, on l'arrêterait. Et elle n'aurait toujours pas les livres. Oui, mieux valait agir de ruse, les reprendre d'abord à tout prix. Elle verrait ensuite à se venger. Elle connaissait le proverbe romané qui dit :

> La vengeance est comme la câpre.
> Si tu veux bien t'en régaler,
> Fais la confire dans du vinaigre.

— Soit, dit-elle, en relevant la tête, vous avez raison, c'est peu de chose. Toute peine mérite son salaire. Vous me rendez mes livres; je vous les expliquerai.

Miarka et Gleude lui-même étaient étonnés de sa complaisante douceur. M. Cattion-Bourdille en fut presque contristé, pensant que les livres ne devaient pas avoir grande valeur, puisque la vieille consentait si aisément à en divulguer la connaissance.

— Si vous voulez, ajouta la Vougne, je puis tout de suite vous en dire les titres et vous en apprendre l'alphabet.

— Mais, objecta le maire, je croyais que vous teniez beaucoup à les garder secrets.

— Oui, répondit la Vougne, seulement aux yeux des mauvaises gens qui nous en veulent. Vous, n'est-ce pas, vous êtes notre ami, notre bon ami. Depuis quinze ans vous nous protégez et nous faites vivre. Pourquoi donc me méfier de vous? Ah! je vous les aurais déjà montrés, si j'avais su que vous y trouveriez plaisir. Donnez, donnez, monsieur le maire; je veux vous prouver, sans plus attendre, ma reconnaissance.

— Vraiment, dit le maire à la gouvernante, on se fait des idées parfois! Elle est plus accommodante que je n'aurais pensé.

Et il alla chercher dans une armoire les quatre manuscrits, qu'il posa sur la table avec effort.

— Là, fit-il en apportant le premier au bord de la fenêtre. En voici un déjà. Qu'est-ce que c'est?

C'était le livre des merveilles, le plus précieux. La Vougne éteignit son regard sous ses paupières, et répondit avec calme :

— Ça, monsieur, c'est le dernier des quatre. Il faut vous dire que les quatre titres sont faits pour se lire à la queue-leu-leu, et qu'ils forment ainsi la première chose à savoir avant de les ouvrir. Donnez, que je vous montre comment on lit les quatre titres à la file.

Le maire fit successivement passer les quatre livres sur le bord de la fenêtre, alléché par l'espoir de prendre à l'instant même une leçon qui allait lui donner la clef de tant de mystères.

Mais à peine les livres furent-ils empilés devant la Vougne, que soudain la vieille, quittant son air doucereux et son attitude obséquieuse, les renversa sur sa poitrine, et se sauva vers la remise, en criant à Gleude :

— Empêche-le de me courir après, mon garçon! Cogne, s'il me les prend, cogne ferme.

M. Cattion-Bourdille n'avait pas eu le temps de se remettre de sa surprise, que déjà la Vougne avait franchi la moitié de la cour, suivie par Miarka qui riait, par Gleude et par Pouzzli qui grognaient. Madame Octavie, elle-même, ne put se défendre de trouver le tour drôle et bien joué.

— Ah! monsieur, dit-elle, la vieille est plus fine que vous.

Furieux, plein de dépit, le maire enjamba la fenêtre et se mit à la poursuite du trésor. Mais quand il arriva, essoufflé, au seuil de la remise, il y rencontra la Vougne, Gleude et Pouzzli qui faisaient bonne garde et barraient l'entrée, tandis que dans le fond Miarka se tordait de folle joie, assise sur les livres.

— Vieille voleuse! cria M. Cattion-Bourdille, voulez-vous me rendre cela? Vous n'avez pas honte de m'avoir trompé ainsi?

— Voleur vous-même, répondit la Vougne. Vous n'avez pas honte de m'avoir pris mon bien ? Je l'ai repris. Allez-vous-en chez vous et laissez-moi chez moi.

— Chez toi, chez toi, mauvaise merlifiche! répliqua le maire. Mais c'est chez moi que tu es, et je t'en ferai chasser si je veux.

— Eh bien! voulez donc! rugit la vieille.

Elle avait saisi son long bâton de Bohémienne, qu'elle faisait tournoyer à deux mains. A l'autre coin du seuil, Gleude se tenait ramassé, les poings en avant, la mine hargneuse. Et entre ces deux gardiens, Pouzzli rognonnait accroupie, prête à se dresser, les pattes fouillant le sol, le mufle en l'air montrant les crocs.

— Sauvez-vous, monsieur, cria de loin la gouvernante. Ils vont vous faire mal.

Et M. le maire se sauva, en effet, plus vite encore qu'il n'était venu, poursuivi par les imprécations de la vieille, les grondements de l'ourse et de Gleude, et le rire de Miarka pareil aux vocalises perlées d'un oiseau moqueur.

XI

— Dors, avait dit la Vougne à Miarka, dors maintenant, mignonne, et dors les bouchées doubles. Le maire nous laissera tranquilles aujourd'hui, n'aie pas peur. D'ailleurs, Pouzzli, Gleude et moi, nous veillerons. Car tu restes avec nous, n'est-ce pas, mon Gleude?

— Oui bien, avait répondu le jeune homme. Et toujours et partout Gleude est vôtre. Pas quitter jamais.

— C'est sûr et certain, ce que tu dis là?

— Sûr et certain, la Vougne. Moi suis resté tant pour plaisir. Rester mieux encore pour danger.

— Tu es brave comme un romané, mon garçon. Et donc, à la besogne, pendant que Miarka se repose!

Et, sans bruit, lui indiquant du geste ce qu'il fallait faire, elle s'était mise à empaqueter avec lui les quatre livres, quelques bottes de simples, une douzaine de flacons, son costume de cheffesse, les meilleures de leurs hardes, deux grands pains et une bande de lard, le tout dans la hotte d'oiselier que Gleude laissait maintenant à demeure sous la remise.

— Est-ce bien lourd? lui demanda-t-elle. Trop lourd pour toi?

— Non. Moi fort. Moi homme.

Il montrait ses larges épaules et sa nuque épaisse.

— Moi, dit-il, porter encore Miarka par-dessus, s'il le faut.

— Il le faudra peut-être, reprit-elle.

— Tant mieux, répliqua-t-il avec un sourire de joie.

Il était alors dix heures du soir. Les coqs avaient chanté depuis longtemps déjà le premier quart de la nuit. La maison était silencieuse sous ses volets clos. Le village n'avait plus un bruit, plus une lumière. Le ciel lui-même semblait dormir, noir et sans étoiles, comme s'il eût fermé ses yeux sous des paupières d'ombre.

— Allons, Miarka, debout, dit la vieille. Debout et en route!

— Déjà matin, fit la jeune fille en s'étirant.

— A peine nuit, répondit la Vougne. Mais debout quand même! Nous avons un grand chemin à faire avant le jour.

— Où allons-nous donc?

— Je te le dirai tout à l'heure. Lève-toi toujours, mignonne. Et n'allume pas de clarté.

A tâtons, Miarka s'habilla. Puis, dans l'obscurité, elle aperçut Gleude, la hotte sur le dos, et Pouzzli, la laisse au col.

— C'est donc pour plusieurs jours que nous partons? demanda-t-elle.

— Oui, plusieurs jours, plusieurs, en effet, répondit la Vougne.

— Alors, grand'mère, pourquoi ne pas éteindre le feu? Tu le souffles, au contraire. Qu'est-ce que tu fais là? Tu le souffles, et tu le caches derrière cette pierre.

— C'est pour qu'il se couve.

— Jusqu'à notre retour?

— Non, jusqu'au troisième quart de la nuit. Alors il aura fini ce que je lui dis de faire, et la queue du serpent frétillera dans la paille.

— Je ne te comprends pas, grand'mère.

— Je t'expliquerai la chose en route, mignonne.

Elle resta un moment encore à fourrer de la paille bien sèche sous la *rubidal*, et à dérouler un long serpent d'étoupe tressée qui allait de cette paille au foyer.

— Là, maintenant, j'y suis, dit-elle. Partons et à pas d'ours, pour qu'on ne puisse nous entendre. Partons comme la fumée part des tuyaux, sans que l'air lui-même s'en aperçoive.

Par la porte du clos ils s'en allèrent, et se glissèrent le long de la ruette qui contournait le village. Ils cheminaient silencieux, et Pouzzli ne répondait seulement pas en grondant aux abois des quelques chiens de chasse qui la flairaient et la signalaient au passage du fond de leur chenil.

Quand ils furent en haut de la côte, sur la grand'-

route qui mène à Origny, alors la Vougne desserra les dents et dit :

— Comprends-tu ce que nous faisons, mignonne?

— Oui, grand'mère, nous allons quelque part, bien loin, où nous devons être avec les premiers rais du soleil.

— Non, Miarka, interrompit la vieille. Nous n'allons nulle part. Nous nous en allons, tout simplement.

— D'Ohis?

— Oui, d'Ohis, et pour toujours.

— Que dis-tu, grand'mère? Pour toujours! Ainsi, je ne reverrai plus madame Octavie? Pauvre Tavie que j'aimais tant! Au moins, si j'avais pu lui dire au revoir!

— Tu avais tort de l'aimer. C'est une étrangère.

— Mais si bonne pour moi!

— Bonne pour elle seulement, Miarka. Cela lui faisait plaisir de te caresser, pas plus.

— Et M. Cattion-Bourdille, grand'mère, lui qui nous a nourris pendant quinze ans! Est-ce qu'il ne fallait pas l'aimer non plus, dis?

— C'est un brigand, Miarka. C'est à cause de lui que nous quittons la passe où doit revenir un jour notre tribu. Oh! le failli fils de chien! Mais je lui donne de mes nouvelles en me sauvant. Il se repentira de m'avoir fait mal.

— Il nous a fait du bien aussi.

— Trente bons offices, un mauvais, et les trente bons sont oubliés. Voilà ce que je pense, Miarka. Le mauvais, je ne l'oublie que si j'en suis vengée. Ah! il a voulu me voler les livres, le coquin! Ah! il a essayé de les lire et de nous prendre nos secrets! Ah! si je n'avais pas été la mère la Ruse, il nous tiendrait à son gré comme des esclaves; et, après avoir sucé la moelle de notre science, il aurait

LA VENGEANCE EST COMME LA CAPRE.

gardé l'os pour lui. Et jamais tu n'aurais été reine, ma Miarka, et nos frères en nous retrouvant nous auraient déclarées *ragni* comme ton pauvre père! Et tout cela, à cause de lui, ce vieux voleur, à cause de lui qui a profané la *rubidal*, et violé nos droits, à nous qui étions ses hôtes! Mais non, *zaccakel*, mais non, tu n'auras pas le dernier avec la Vougne. Et je t'ai jeté le mauvais sort en partant. Regarde, ma fille, regarde, bon Gleude, regardez si la Vougne est une vieille dont on peut rire, et si elle n'a pas des dents pour mordre. Dents de flamme, dents pointues, dents qui dévorent! J'ai laissé derrière nous la bête aux mille dents, la bête à crinière d'or, la bête aux ongles rouges, la bête qui venge les Romani quand on les chasse. Regardez, regardez!

Ils s'étaient retournés. Là-bas dans l'ombre, la robe de la nuit avait un trou couleur de sang, et ce trou s'élargissait peu à peu, empourprant les ténèbres.

— Ils ne l'auront pas la *rubidal!* s'écria la Vougne. Et la remise où nous avons vécu, où reste la poussière de nos pieds, où flotte encore le souvenir de nos paroles, où plane dans l'air ton dernier rêve, ma Miarka, tout cela qui était à nous, ils ne l'auront pas. Le feu va manger tout. Et puisse-t-il de là courir à leur grange, et de la grange aux étables, et des étables à la maison, et les brûler vifs, les voleurs, et après eux tout le village, tout ce village maudit qui a été notre prison pendant quinze ans!

— Grand'mère, grand'mère, calme-toi, dit la jeune fille. Tu es injuste. Ces gens n'ont pas été méchants pour nous.

— Tais-toi, reprit la vieille. Tais-toi, ou je croirai que c'est le sang de ta mère qui te revient au cœur, et qui veut parler contre moi. Oui, oui, c'est le sang de ta gueuse de mère. Comme elle, tu aimes un pays, tu as une patrie, tu t'es attachée à une terre, parce que tes pieds s'y sont longtemps encrottés à la même place, parce que tes yeux se sont pris à la glu des mêmes horizons. Et tu aimes aussi les gens qui t'ont vue petite, qui t'ont choyée pour se distraire, comme on choie un oiselet qu'on élève et un chat qu'on fait jouer. Et tu ne te demandes pas qui sont ces gens, si ce sont des Romani ou de sales étrangers, fils de chiens et ennemis de ta race. Mais il est fini, le temps des erreurs, et il faut te rappeler ce que tu es, Miarka, fille de Tiarko, petite-fille de la Vougne, *Romané tchavé*, et désignée par les tarots pour être reine.

— Mais Gleude, objecta la jeune fille, Gleude aussi est un étranger, et pourtant tu l'aimes, puisqu'il vient avec nous.

— Gleude, répondit la vieille, Gleude *arà voi prisno* (est ton esclave). Et prends exemple sur lui, le brave garçon ! Il ne regrette rien, lui, il part sans chagrin. Il nous suit, et ne demande ni pourquoi ni où. N'est-ce pas, Gleude?

Gleude, en ce moment, songeait à la Quédébinque, à sa pauvre sœur qui l'avait nourri et qu'il abandonnait. Il songeait aussi à son doux pays natal, à la rivière dont il n'entendrait plus susurrer les flots jolis et aux pâtures dont les arbres, les touffes d'herbe, les oiseaux et les bêtes étaient comme ses amis d'enfance. A ces souvenirs, il se sentait le cœur gros et les yeux humides, et un sanglot lui monta jusqu'à la gorge, prêt à crever.

Mais il le renfonça, retint ses larmes, se comprima violemment le cœur par un terrible effort de volonté, et il répondit :

— La Vougne a raison. Moi pas regretter, pas pleurer, pas plaindre rien. Où va Miarka, Gleude va.

— Bien, mon garçon, dit la vieille. Tu es digne de servir les bons Romani.

Puis, prenant la main de Miarka, et lui montrant la lueur de l'incendie qui montait de plus en plus, elle ajouta :

— Que ce feu dévore tes souvenirs, Miarka, comme il dévore la *rubidal* et la remise ! Tout à l'heure, il ne restera plus de notre nid que des cendres noires, et le vent les dispersera dans la nuit noire. Ainsi tes jours passés là doivent s'envoler dans la nuit des choses disparues, oubliées. Et quant aux gens, bons ou mauvais, dis-toi que c'étaient des étrangers ennemis. Tu as vécu chez eux comme l'oiseau vit en cage. Aujourd'hui la porte s'ouvre, l'oiseau s'enfuit. Crois-tu qu'il regrette ceux qui le nourrissaient? Non pas. Il leur garde rancune, et s'il les rencontre au bois, et s'il a du cœur, il leur crèvera les yeux. Entends-tu, ma fille, entends-tu, *Romané tchavé* ! Voilà la vérité, voilà ce qui est la sagesse. Et si ton esprit obscur ne le savait pas, qu'il s'éclaire à cette flamme de là-bas, à cette flamme de vengeance, à cette belle flamme qui est à la fois blanche comme l'aube, jaune comme l'or et rouge comme le sang. Elle t'apprendra que les Romani ne doivent pas de reconnaissance aux races étrangères, et ne respectent aucun des pays qu'ils traversent. Elle t'apprendra qu'ils sont nés pour détruire, non pour conserver. Elle t'apprendra qu'on les hait et qu'ils haïssent. Tu seras reine, Miarka, et il faut te faire un cœur féroce pour tout le monde, excepté pour celui que tu aimeras... Pour lui chantera dans ton cœur le petit oiseau couleur de ciel. Mais pour les autres, pour les étrangers maudits, l'oiseau qui doit chanter en toi, c'est le coq de bataille, le coq dont tu vois là-bas se déployer les ailes de pourpre et flamber la crête écarlate!

XII

Et c'est ainsi que fut instruite Miarka, la fille à l'ourse.

LIVRE QUATRIÈME

MIARKA N'AIME PAS

LIVRE QUATRIÈME

MIARKA N'AIME PAS

I

Arsène couchait à l'écurie, dans une soupente accrochée aux poutrelles du plafond, comme un nid d'hirondelle. Brusquement, il fut réveillé par un renâclement sonore du cheval, qui s'était dressé, et piétinait, et tirait sur sa longe en en secouant l'anneau contre sa mangeoire.

— Qu'est-ce que c'est? Tu es malade? fit le domestique.

Mais en même temps qu'il parlait, il entendit au dehors une sorte de bruit continu et ronflant, et il aperçut à la lucarne de la porte une grande lueur. Ce bruit et cette lueur, qui effaraient le cheval, furent aussitôt compris par l'homme. Quatre à quatre, Arsène dégringola son échelle, et, une minute après, il était dans la cour, criant au feu.

L'alarme est vite donnée au village, dans le silence profond d'une nuit sereine. Aux cris d'Arsène, bientôt renforcés par ceux des servantes, du maire et de Mme Octavie, les voisins arrivaient.

Par bonheur, l'incendie ne menaçait guère de s'étendre, et se concentrait dans la remise. Il faut croire que la Vougne n'avait pas, autant qu'elle l'aurait voulu, ce fameux pouvoir de jeter des mauvais sorts; car la flamme n'obéissait pas à ses furieuses malédictions. La grange elle-même n'était pas en danger, à cause du vent qui portait les brandons et les flammèches dans l'herbe mouillée du clos.

Mais la remise, par exemple, brûlait vivement. Garnie de fourrage, couverte en chaume, pleine de bouts de solive, de douves au rebut, de cotrets, de vieilles planches, avec le bois et la bâche goudronnée de la *rubidal,* elle formait un foyer actif et abondant comme pour un feu de joie.

— Ça ne sera rien, dit quelqu'un. Vous en serez quitte pour une masure perdue.

— Mais les malheureuses qui sont dedans! s'écria Mme Octavie. Ah! ma pauvre Miarka! Il faut la sauver.

— Elle est toute sauvée, allez, madame, répondit Arsène. Bien sûr que les merlifiches n'étaient pas là quand ça a commencé. On les aurait entendues crier au secours.

— Et les livres, les livres! répétait M. Cattion-Bourdille. Arsène a raison, madame Octavie; la Vougne et Miarka ne sont pas là-dedans. Mais les livres, les livres!

Et le maire s'approchait du feu, essayant de plonger un regard dans la fournaise ardente, tandis que la gouvernante le retirait en arrière. M. Cattion-Bourdille était en bras de chemise, ses bretelles battant ses cuisses. Mme Octavie n'avait qu'un jupon, une camisole et sa cornette de nuit; et, de chaque côté de sa face bouleversée, une large papillote s'épanouissait, ce qui lui faisait comme deux grandes oreilles blanches.

— Eh! monsieur, disait-elle, si la Vougue et Miarka ne sont pas là, les livres n'y sont pas non plus, parbleu! Et c'est même cette idée qui me rassure à propos des malheureuses.

— Comment cela?

— Dame! Comme vous vouliez les leur voler, oui, monsieur, les leur voler, elles seront parties pour les cacher quelque part.

— Où donc? où donc?

— Ah! je ne sais pas. Cherchez!

Il s'informa, demandant à la ronde si quelqu'un avait vu la Vougne et sa petite-fille. Mais personne n'en pouvait donner aucune nouvelle. La servante qui les avait aperçues la dernière, en faisant sa tournée d'avant-coucher dit seulement:

— Elles étaient encore là sur les neuf heures. La petite

dormait. La vieille mazuclait dans sa voiture. Gleude la regardait mazucler. C'était comme tous les soirs, oui, pas autrement. Ils avaient, d'ailleurs, l'air très fatigué, et l'ourse ronflait sur la porte, bellement.

— Qu'on aille chercher Gleude au Fond-des-Roques! commanda le maire. Il pourra sans doute nous renseigner, lui.

— Je n'ai pas besoin de lui pour savoir la vérité, moi, interrompit M. Alliaume qui était survenu.

— Que voulez-vous dire?

— Comment, monsieur le maire, vous ne devinez pas? répliqua le maître d'école. Eh! parbleu! c'est la Vougne en personne qui a mis le feu avant de partir, voilà tout.

Mme Octavie aurait volontiers battu le magister.

— Oh! s'écria-t-elle, peut-on avoir des idées semblables? Croire que cette vieille aurait été assez ingrate, assez criminelle! Elle, encore, passe, soit, je ne dis pas! Mais imaginer que Miarka l'aurait laissée faire, c'est abominable, monsieur Alliaume, entendez-vous. Miarka si gentille, si reconnaissante pour nous tous! Miarka que j'aime tant et qui m'aime tant! Taisez-vous, monsieur, ne la calomniez pas. Miarka est comme ma fille.

— Elle est surtout la fille à l'ourse, riposta M. Alliaume.

Et, en dépit de Mme Octavie, l'opinion du maître d'école trouva de l'écho parmi les paysans.

— Oui, oui, criait-on, c'est les merlifiches. A mort les merligodgières!

M. Cattion-Bourdille lui-même était ébranlé. En somme, l'idée du maître d'école était fort plausible. D'ailleurs, le maire avait encore sur le cœur la perte des livres et le tour que lui avait joué tantôt la vieille renarde :

— Ma foi, dit-il, je vous avoue, madame Octavie, que, toute réflexion faite...

— Faut-il dresser procès-verbal? demanda Forlet-Lefebvre, qui arrivait en retard, ayant perdu un peu de temps à revêtir tous ses insignes, ses guêtres, sa plaque et son bicorne.

— Mais, contre qui? fit la gouvernante.

— Contre la Vougne, donc! répondit le garde champêtre.

— C'est une indignité! s'écria Mme Octavie. Attendez au moins qu'on ait interrogé Gleude.

Cependant l'incendie continuait son œuvre, que personne ne gênait. Comment l'aurait-on combattu, au reste? Ohis ne possédait pas de pompes ni de pompiers. La maison du maire n'avait de l'eau qu'au moyen d'un puits extrêmement profond. Tous les hommes du village n'eussent pas suffi à faire la chaîne jusqu'à la rivière. Puis les paysans ne sont pas farauds devant le feu, tant que c'est le bien d'autrui qui brûle. Or, aucun n'était menacé dans le sinistre présent. La maison même de M. Cattion-Bourdille ne se trouvait pas en péril. Il n'y avait qu'à laisser la flamme à sa besogne, circonscrite dans la remise; et, comme avait dit l'autre, on en serait quitte pour une masure perdue. Tout ce monde demeurait donc immobile, discutant et papotant, au lieu de travailler à éteindre l'incendie, qui, dans ces conditions, semblait presque une réjouissance.

— Eh bien! ne put s'empêcher de remarquer l'abbé Ternaille, en arrivant à son tour, c'est donc un feu de la Saint-Jean?

— Comme qui dirait, monsieur le curé, répondit M°¹° Octavie. Heureusement, il n'y aura pas grands dégâts. Il n'y avait personne dans la remise.

A ce moment, les deux gas qui étaient allés au Fond-des-Roques en ramenaient la Quédébinque.

— Ah! Dieu du paradis, cria-t-elle, est-ce vrai que mon pauvre frère est brûlé? Je ne l'ai pas vu depuis deux jours, monsieur le maire. Il était avec les damnées merlifiches, et elles l'ont fait griller, bien sûr, pour se venger de moi. Voilà la vérité vraie, mes bonnes gens. Ne cherchez pas ni qui ni qu'est-ce! C'est la Vougne qui a mis le feu, j'en réponds. N'y a qu'elle. N'y a qu'elle. Elle aura su que j'avais pris les livres. Elle a jeté le mauvais sort en partant. Blancot est malade depuis tantôt. Et Gleude est là-dedans, le pauvre garçon ; c'est réglé, ça. Arrêtez la Vougne! Arrêtez-la! N'y a qu'elle pour avoir mis le feu.

Le garde champêtre se piquait de perspicacité en matière criminelle. Il crut pouvoir en faire preuve dans cette circonstance.

L'animosité que manifestait la Quédébinque contre la Vougne lui parut suspecte. L'affaire des livres volés lui ouvrit l'esprit aux soupçons envers la vieille fille. Et tout à coup, prenant une voix solennelle, se donnant l'attitude sévère et majestueuse d'un magistrat, il dit à la Quédébinque :

— Allons, pas de *menteries*. J'ai l'œil, moi, et je vois tout. Le sang-froid, c'est mon affaire. Vos noms et prénoms, et *soubriquets,* et plus vite que ça. C'est vous qui a mis le feu.

— Moi, moi ! s'écria la Quédébinque.

— Oui, répliqua Forlet-Lefebvre. Et à preuve, que

vous tremblez. Ce n'est pas la fièvre, amon! J'ai l'œil, moi. Et regardez un peu la belle ouvrage, femme perverse, regardez comme la flamme il dévore le bien du prochain. Tâchez moyen d'avoir au moins des remords, et d'avouer le crime à l'autorité.

D'un geste superbe, il montrait la remise, dont le toit s'effondrait alors, dans un dernier tourbillon de fumée rouge, d'étincelles pétillantes, de grandes lueurs échevelées en panaches sanglants.

— Mais ce n'est pas moi, ce n'est pas moi, répétait la Quédébinque. Monsieur le maire, je vous jure! Monsieur le curé, ne me laissez pas arrêter! Et Blancot qui est malade!

— Il faut que j'arrête quelqu'un, fit le garde-champêtre. Il y a un incendie. J'ai ma plaque. Je veux le coupable. Vos nom et prénoms, et *soubriquets?*

On s'interposa. D'ailleurs, ce qui pressait le plus maintenant, c'était de contempler les restes de l'incendie. Entre les quatre murs de la remise, tout noirs et nus, un monceau de débris fumaient.

— Tenez, Forlet-Lefebvre, dit le maire, si vous voulez vraiment vous rendre utile, faites débarrasser ce fouillis par des hommes de bonne volonté. Cherchez là-dedans. Il y a peut-être des indices.

A grand renfort de fourches, on retourna les cendres, d'où s'envolaient encore des paillettes rouges. On n'y retrouva que les ferrailles de la voiture, tordues et amalgamées à du verre fondu.

— Allons, dit Mme Octavie, cette pauvre Vougne n'a pas de chance. A son dernier retour, on lui avait volé ses livres. A son prochain, on lui aura brûlé sa maison.

— Vous croyez donc qu'elle reviendra? fit le maître d'école.
— Je l'espère bien, interrompit le maire.

— Eh bien! moi, je suis sûr que vous vous trompez, reprit M. Alliaume. Pour moi, les merlifiches sont parties à jamais. Et je n'en suis pas fâché, à vrai dire. Elles infestaient le pays, voyez-vous. Et la seule bonne chose qu'elles aient laissée après elles, c'est le feu, qui a purifié la place où elles vivaient.
— Mais Gleude, mon frère, il est donc parti avec elles, alors? fit la Quédébinque.
— Sans doute.
— Ah! monsieur le curé, dit-elle, si cela ne vous fait rien, voulez-vous que je change le nom des prières de ma pénitence? Vaudrait mieux prier pour Gleude, maintenant, que pour Ovide.

II

Cependant, le lendemain de l'incendie, M. Cattion-Bourdille commença à croire que le maître d'école avait peut-être raison. D'ordinaire, quand la Vougne partait en excursion aux alentours, on le savait toujours à Ohis, par les paysans qui la voyaient dans la journée passer sur les routes. On connaissait de reste et l'on reconnaissait à l'horizon sa haute silhouette, ainsi que la grande taille de Gleude, et, à l'occasion, on se dérangeait volontiers des travaux pour leur demander une chanson de Miarka et une danse de Pouzzli. Ainsi, lorsque la petite caravane s'absentait, M. Cattion-Bourdille avait par l'un ou l'autre des nouvelles, et, d'après ces indications, il devinait aisément le but de la promenade. Mais, cette fois, il en fut pour ses questions à leur propos, et nul ne put lui dire de quel côté les fugitifs avaient dirigé leur course mystérieuse.

Le surlendemain, il mit Forlet-Lefebvre en campagne, et le chargea d'interroger ses collègues des villages voisins. Lui-même, le maire alla jusqu'à Hirson, prévenir le brigadier de gendarmerie et le prier, comme service amical, de faire prendre des informations par ses hommes. Les douaniers de Neuve-Maison furent requis de même, à titre officieux. Tout ce monde aimait M. Cattion-Bourdille, et fut heureux de pouvoir lui être agréable. Mais ni Forlet-Lefebvre, ni ses collègues, habiles chacun à fouiller son terroir, ni les gendarmes qui sondent de loin les chemins du haut de leurs grands chevaux, ni les douaniers eux-mêmes, fureteurs de venelles, personne ne trouva la piste, personne ne put seulement recueillir un indice donnant matière à une probabilité quelconque.

Évidemment la Vougne avait pris toutes ses précautions en vue de cette poursuite, et soigneusement dissimulé sa marche. Ou bien alors un accident était arrivé aux malheureuses.

C'est à cette dernière opinion que s'arrêtait Mme Octavie, ne pouvant se faire à l'idée que sa petite Miarka l'eût ainsi quittée méchamment, sans adieu, sans un seul mot d'adieu.

— Je vous en prie, monsieur, disait-elle, occupez-vous de savoir si elles ne sont pas victimes de quelque catastrophe. Cela vaudra mieux que de les pourchasser comme des bêtes qui se sauvent. Et pourquoi se seraient-elles sauvées? Et de qui? Peut-on aller s'imaginer qu'elles abandonnent cette maison, où elles vivaient si doucement, tout à leur gré, sans rien faire que leurs quatre volontés? Non, monsieur, non. Elles ne sont pas assez sottes, assez ennemies de leur bien-être, pour échanger ce sort tranquille contre une existence d'aventures et de misères. Moi, je vous le dis, monsieur, il y a un malheur là-dessous.

Mais de ce malheur non plus on ne put découvrir un vestige. En vain l'on visita la fosse du moulin, qui fut vidée exprès au moyen des vannes ouvertes. En vain l'on fit une battue dans les ravins les plus à pic, au bas de la côte du Fond-des-Roques. En vain l'on envoya quêter des chiens de marais dans les fondrières et les fontis du Pré-Pourri. En vain les briquetiers de Neuve-Maison fouillèrent les creutes abandonnées depuis longtemps, refuge des belettes et des putois, caves encombrées d'éboulis, corridors tapissés de roses champignons. Nulle part on ne trouva trace de rien.

— C'est une sorcière, amon, répétait la Quédébinque. Elle se sera envolée, la vieille bougresse, emportant sa petite-fille, et mon frère, et l'ourse, au bout de son manche à balai.

— Diable! disait à cela l'abbé Ternaille, c'était un fameux bâton, alors! Et si vous trouvez le cornouiller qui l'a fourni, ma bonne femme, ayez soin de m'en couper une canne, n'est-ce pas? C'est ça qui me sera commode pour aller à Hirson sans me fatiguer.

Mais madame Octavie ne riait pas, elle! Sans être aussi grossièrement superstitieuse que la Quédébinque, elle avait toujours gardé une certaine appréhension touchant les pouvoirs maléfiques de la Vougne. L'étrange disparition d'aujourd'hui lui rendait toutes ses craintes et la troublait singulièrement.

Plus elle y réfléchissait, plus elle en arrivait à croire, comme les paysans, à quelque sorcellerie. Sans quoi, puisque l'idée d'un accident n'était pas admissible, il fallait donc, en fin de compte, reconnaître la noire ingratitude de Miarka. A cela, madame Octavie ne pouvait se résoudre. Rien qu'à le supposer, elle se sentait le cœur si gros! Elle en pleura en cachette. Elle préférait encore imaginer une histoire absurde, et faire chorus là-dessus à la Quédébinque. Au moins, ainsi, elle avait le droit de conserver à sa Miarka un doux et tendre souvenir. Au moins, elle la voyait malheureuse et non méchante, victime et non cruelle. Ah! les anglaises grises s'allongèrent pendant ces tristes jours. Leurs tire-bouchons pendaient flasques, mornes, sans ressorts, comme les pensées et le cœur lui-même de la bonne dame.

M. Cattion-Bourdille ne riait guère non plus. Avec ses hôtes s'en allait en fumée le meilleur et le plus solide aliment de sa vie intellectuelle. Quelle mine à mémoires, quelle fortune de savant il perdait! Les livres surtout, les livres! Où et comment retrouverait-il jamais une pareille richesse? Puis, sans en rien avouer qu'à lui-même, il avait toujours nourri le secret espoir d'exploiter un jour la confiance de Miarka, lorsqu'elle ne serait plus sous la tutelle farouche de sa grand'mère. Une fois la Vougne morte, il se promettait de circonvenir adroitement la jeune fille, et d'en tirer enfin toute la science convoitée. Il ferait pour cela tout ce qu'il faudrait. Il ne reculerait devant rien. Dépenses, caprices satisfaits, cajoleries, il mettrait tout en œuvre. Il aimait ainsi Miarka, non comme madame Octavie, mais d'une passion plus forte peut-être, plus exclusive, passion de savant maniaque, passion d'avare. Et voilà que son trésor s'évaporait, que Miarka filait comme une oiselle!

Car, il fallut bien s'en convaincre au bout du troisième jour : la Vougne et les siens étaient décidément partis en fuyards qui veulent disparaître et ne point être retrouvés. Le pauvre membre de l'académie de Vervins en demeura stupide. Tous ses mémoires passés, présents et futurs étaient désormais condamnés à rester sans solution. Ce n'était plus qu'une lamentable lanterne magique dont Miarka emportait la lumière, comme elle avait emporté la vie de ce petit coin, de cette joyeuse et bourdonnante remise, devenue maintenant un triste tas de cendres noires.

F. Dóntu Ed. Imp. A. Delâtre, Montmartre.

III

Malgré ses précautions, on aurait certainement rattrapé la Vougne, si l'on s'était mis en chasse aussitôt l'incendie aperçu. En une nuit, et fatiguée comme elle l'était de la journée précédente, la vieille merlifiche de soixante-quinze ans n'était plus en état de fournir une bien longue étape. Par bonheur pour les fugitifs, M. Cattion-Bourdille n'avait pensé que le surlendemain à mettre en campagne le garde champêtre, la gendarmerie et les douaniers. A ce moment, les évadés, après douze heures de plein repos pris du lever au coucher du soleil, dans une briqueterie abandonnée, avaient refait une nouvelle marche de nuit, celle-ci rapide et sans arrêt, par les routes désertes; en sorte qu'ils étaient déjà à dix lieues d'Ohis quand on commença à les chercher aux environs. Puis le maire avait mal guidé la poursuite. Connaissant les habitudes de la Vougne, qui faisait surtout la navette de l'est à l'ouest, parallèlement à la frontière, il avait donné les indications dans ce sens. Or, cette fois, précisément, la vieille rusée avait changé d'itinéraire, ne voulant pas se promener, mais bien partir. Elle piquait droit au midi, revenue à ses instincts d'oiseau voyageur, et fuyant la froidure qui descendait du nord avec les premières bises de novembre. Ainsi, tandis qu'on fouillait les ravines et les halliers de la Thiérache pour les y trouver, nos gens étaient arrivés déjà au plat pays qui annonce les steppes crayeuses de la Champagne.

Jusqu'à Montcornet, le pays ne varie guère. On voit,

dès Nampcelles, les arbres se rabougrir un peu, les horizons s'allonger, les verdures se grisailler de poudre. Mais il y a encore des bouquets de fraîches pâtures, des bocages humides, de l'eau courante. A Montcornet même, on se croirait en pleine Thiérache. Même décor de rivière aux anneaux déroulés, aux saulaies froufroutantes. C'est après le Gros-Dizy, vers Sévigny-Waleppe, que commencent les garennes sèches, embaumées de senteurs résineuses, les collines de plus en plus aplaties, les grands espaces sans ruisseaux, la monotonie des plaines.

Plus bas, plus loin, passé les derniers contreforts des Ardennes, la Champagne s'étale, toute blanche et toute pelée, dans ce grand désert dont Mourmelon est le centre, et où le camp de Châlons a planté une oasis artificielle, redevenue presque déserte, elle aussi, aujourd'hui. C'est le pays des maigres avoines, des féveroles ratatinées, qui bruissent au moindre vent, avec leurs gousses mal remplies pareilles à des grelots. C'est le pays des petits blés aux grains blancs, des luzernes rases, des champs tellement chauves, qu'on y aperçoit, dans le temps même de la moisson, la queue des lièvres au niveau des épis.

On était en novembre, et la désolation de ces plates étendues semblait plus désolée encore, la récolte faite. A travers les chaumes rares, la terre blanche apparaissait, comme un crâne à travers des cheveux de vieillard tondu. Point d'arbres, point de rivières, point de pâtures! Au plus petit souffle de brise, un brouillard de poussière s'élevait des routes et retombait du ciel en blêmes tourbillons.

La Vougne, à cet aspect, avait eu le cœur épanoui. Les bois, les coteaux, les maisons, les glèbes cultivées, autant de barreaux de prison pour elle! Cela bouchait la vue, collait les regards à la terre. A la bonne heure, cet horizon sans limite! Ici l'on pouvait s'enivrer de marche, les yeux perdus dans l'éloignement, les pieds courant sans espoir de halte. Et, malgré le poids des étapes qui lui alourdissait les jambes, la vieille Bohémienne allongeait le pas, redressait son échine voûtée, et fredonnait sur un rhythme allègre la chanson romané qui chante la poussière :

> Poussière, je ne te crains pas.
> Je t'avale à pleine gorge.
> Tu altères les autres hommes.
> Tu rafraîchis les Romani.
>
> D'où viens-tu? C'est de là-bas.
> Et c'est là-bas que je vais.
> Tu m'apportes les nouvelles
> Des beaux pays inconnus.
>
> Qu'es-tu? Tu es de la terre.
> De la bonne terre romané,
> Qui ne veut pas rester en place
> Et qui aime à voyager.
>
> Que cherches-tu? Tu n'en sais rien.
> Ce que je cherche, je ne sais pas.
> Tu roules et je roule. Qu'importe
> Où nous allons, si c'est là-bas!
>
> D'ici, de là, partout, toujours
> Tu vas, tu cours comme une folle.
> Mais les étoiles dans le ciel
> Sont de la poussière qui vole.
>
> Poussière, tu es la robe grise
> Que le vent retrousse en passant,
> Et sous laquelle on voit briller
> La peau rose de l'horizon.

>Poussière, je ne te crains pas.
>Je t'avale à pleine gorge.
>Tu altères les autres hommes.
>Tu rafraîchis les Romani.

Mais ni Gleude, ni l'ourse, ni même Miarka ne partageaient l'enthousiasme de la vieille. Gleude regrettait ses verts fourrés de la Thiérache, tout bariolés de fleurs, tout gazouillants d'oiseaux, les marais pleins de grenouilles coassantes, les ravines tapissées de mousses, les pentes herbeuses au bas desquelles murmuraient des fontaines, les allées de grands peupliers hantées par les pies bavardes, les sentes embaumées où bourdonnaient des insectes d'or et de pierreries. L'ourse, déshabituée des longues marches, et vieille maintenant, traînait ses pattes engourdies, à la plante écorchée par le frottement, et songeait au bon lit de foin sous la remise. Miarka contemplait avec horreur ces mornes solitudes blanchâtres, où ne passait pas un papillon, où le chemin n'avait pas de fossés empourprés de coquelicots, où le ciel gris n'était traversé que par des bandes de corbeaux laissant tomber de là-haut leurs croassements comme un glas funèbre.

Et tous trois, l'ourse aux membres souples, Gleude aux reins d'hercule, Miarka aux jarrets de danseuse, tous trois marchaient péniblement, tirant le pied, clignant de l'œil, roulant des épaules sous l'écrasement de la lassitude, tandis que la vieille de soixante-quinze ans fredonnait gaiement sa chanson, et allait d'un pas relevé, sans pincer les narines, ni joindre les cils contre la poussière.

— Ah! disait-elle, en les voyant si lâches, voilà ce que c'est que d'être resté quinze ans les chevilles plantées au même endroit. Vous avez tous une motte de terre à chaque talon, et vous ne pouvez plus lever les jambes. Allons, allons, Miarka, chante les chansons des aïeux. Gleude est un *gargno gargnato*, épais de l'arrière-train. Et Pouzzli est de la race des hommes qui sont devenus bêtes pour avoir trop dormi. Mais toi, ma fille, toi, pourquoi vas-tu ainsi la tête basse et les pieds traînants? Nous voici libres, enfin! Libres, entends-tu, Miarka! Regarde-moi, regarde comment va une Romané. A ton âge, ce n'est pas en marchant que j'aurais fait cette route, c'est en dansant.

Et la vieille merligodgière, grisée par la joie, se rappelant les folles étapes de sa jeunesse, bondissait et tourbillonnait devant eux. Ses grands bras maigres battaient l'air. Ses cheveux blancs dénoués s'embrouillaient autour de sa tête, se collaient à ses joues en sueur. Ses jarrets élastiques se détendaient en mouvements brusques comme ceux d'un ressort lâché. Elle voltait, pirouettait, s'enlevait sur des entrechats, et chantait tout en dansant dans un nuage de poussière :

> Poussière, je ne te crains pas.
> Je t'avale à pleine gorge.
> Tu altères les autres hommes.
> Tu rafraichis les Romani.

— Calme-toi, grand'mère, lui disait Miarka, effrayée de cette exaltation. Calme-toi! tu te rendras malade.

— C'est le repos qui rend malade, répondait la vieille. Quinze ans je me suis reposéé! Quinze ans! Y songes-tu bien, quinze ans! Ah! il faut que je rattrape le temps perdu. J'avais des fourmis plein les jambes. *Fiousti! fiousti!* Encore! Je ne mourrai donc pas comme une chienne, le nez entre les pattes. Je veux mourir comme un oiseau, entre ciel et terre, en battant des ailes.

IV

C'était leur sixième jour de marche. Ils se trouvaient alors en pleine Champagne pouilleuse, dans la partie la plus nue de ces steppes en craie, loin de toute habitation. Par là, en effet, les villages se raréfient de plus en plus, et il faut trimer des lieues et des lieues avant de rencontrer seulement une pauvre ferme isolée.

Le temps, d'ailleurs, était gris, brouillé de brume, comme tendu d'un voile derrière lequel s'effaçaient les maigres silhouettes des quelques arbustes disséminés sur cette morne étendue; et dans cette trame incolore se fondait aussi la fumée des toits lointains. Rien de vivant n'émergeait à l'horizon, où flottait une sorte de crépuscule. De quelque côté que le regard plongeât, il se noyait dans une vapeur molle et terne, aux profondeurs blêmes, sans pouvoir même se fixer à la ligne indécise de la plaine, qui s'estompait et se mêlait en une teinte uniforme avec le ciel bas et les nues traînantes au ras du sol.

— Du cœur aux jambes, allons! disait la Vougne. Il va pleuvoir, les enfants. Tâchons de dénicher un abri avant l'averse. Zoup! zoup! un coup de jarret, Miarka! Tu ne vois rien, toi, au loin, avec tes yeux de seize ans!

— Non, rien, répondait la jeune fille.

— Moi non plus, ajoutait Gleude.

Et tous deux allaient d'un pas triste, ralenti par leurs pensées mélancoliques, retardé encore davantage par Pouzzli qui, à tout moment, tirait en arrière et essayait de s'asseoir. La vieille elle-même, malgré son énergie et la fièvre qui l'allumait, la vieille se sentait les reins lourds et les genoux raides. Mais elle se remontait, et, faisant contre fortune bon visage, elle les encourageait de son mieux, riant de leur lâcheté.

— Ah! pauvrets, pauvrets, disait-elle, vous avez trop mangé de miel et de fromage blanc à Ohis. Et vous n'avez plus que du sucre dans les veines et du lait de vache dans les os en place de moelle. En voilà des figures de pleure-la-peine! Eh! quoi! tantôt vous vous plaigniez de la poussière! Bon! la poussière se couche et va mourir sous la pluie. Et, maintenant, vous vous plaignez de la pluie. Vous n'êtes jamais contents, vous autres.

Les premières gouttes, en effet, commençaient à choir, en larges larmes de brume condensée, qui s'aplatissaient avec un bruit mat dans la poudre qu'elles écrasaient.

— Écoute, Miarka, écoute, dit la vieille. Les Romanis n'ont peur de rien, et ils savent trouver le bon en toute chose. Écoute! Ne te rappelles-tu pas la chanson de la pluie? Chante-la pour te ragaillardir, pour que Pouzzli ne se fasse plus traîner, pour que Gleude redresse son échine qui va se casser sous la hotte. Voyons, chante. Non, tu ne veux pas? Ce sera donc moi qui vous servirai encore de trompette, mauvais soldats.

Elle avait étendu ses mains, pour recevoir l'eau sur ses paumes ouvertes. Elle en but quelques gouttes, respira bruyamment une bouffée d'air mouillé, esquissa une pirouette de danse pour montrer qu'elle n'était pas lasse, et releva le pas allègrement en entonnant la chanson romané qui dit :

> La pluie, la pluie aux doigts verts
> Joue sur la peau des feuilles mortes
> Son joyeux air de tambourin.
>
> La pluie, la pluie aux pieds bleus
> Danse sa danse tournoyante
> Et fait des ronds dans la poussière.
>
> La pluie, la pluie aux lèvres fraîches
> Baise la terre aux lèvres sèches
> Et fait craquer le corset du grain.

Mais, en dépit de sa vaillance, la vieille fut obligée d'interrompre sa chanson. L'averse crevait, torrentielle, épaisse, drue, dense, non plus en gouttes, mais en nappes. En moins de rien, les voyageurs furent trempés de la tête aux pieds, comme s'ils avaient passé sous une cataracte. L'eau leur coulait dans le cou, perçait leurs vêtements, ruisselait à même leur chair, les pénétrait. Ils en avaient les cheveux collés aux joues, les oreilles bourdonnantes, le nez battu, les yeux aveuglés. Ils marchaient dans un tourbillon de pluie.

En même temps, sous leurs pas, la poussière s'était changée en une boue molle, en un blanc mastic de craie spongieuse, où leurs semelles s'engluaient et glissaient tout à la fois. Gleude, écrasé du poids de sa hotte, avait peine à garder son équilibre. Miarka et la Vougne s'accrochaient l'une à l'autre pour ne point tomber. Pouzzli, effarée, s'arrêtait par moments, se couchait, se vautrait, le ventre collé dans cette fange visqueuse, les poils du dos aplatis comme une chevelure de noyé.

On ne voyait plus. On allait à tâtons ainsi que vont les plongeurs. Il fallut faire halte, pour laisser passer la première violence de l'orage. Elle dura une grosse demi-heure.

— Grand'mère, fit Miarka, j'ai peur. Il me semble être au fond d'une rivière.

Sans rien dire, Gleude dégrafa les bricoles de sa hotte, en retira le baluchon qui l'emplissait, le posa un instant sur la nuque de Pouzzli accroupie ; puis il retourna la hotte, le fond en l'air, et en fit une sorte de guérite pour abriter Miarka.

— Toi pas tant mouillée, dit-il alors.

— Et toi? fit Miarka.

Pour toute réponse l'innocent se dévêtit de son bourgeron et en enveloppa les jupes de la jeune fille.

— Tu es brave, lui dit la vieille. Et tu as raison. La reine avant tout. Qu'elle n'ait pas froid! Nous autres, jambertons. Je sens mes os se glacer.

Elle piétinait sur place, les bras au corps pour se garantir un peu les flancs. Elle essayait de fredonner encore la chanson, par bravade. Mais ses lèvres violettes balbutiaient, ses dents claquaient. N'importe! Elle avait peur de se laisser envahir par le froid humide qui lui donnait la chair de poule et lui engourdissait peu à peu les membres. Et elle continuait à sauter, se frappant la poitrine à coups de poing, se cognant les genoux, malgré la fatigue qui lui raidissait les muscles et lui ankylosait les jointures. Bientôt le souffle lui manqua. Elle haletait. Son cœur battait à rompre ses maigres côtes. La sueur se mêlait à la pluie sur sa face empourprée de fièvre. Elle finit par tomber à côté de Pouzzli.

— Gleude, dit Miarka, prends-la dans tes bras et marchons. Ne restons pas ici. Allons quelque part, à l'abri, plus loin.

— Où? demanda l'innocent.

— Je ne sais, mais allons.

Gleude se courba vers la Vougne, dont la bouche s'ouvrait et se refermait convulsivement comme celle d'un poisson pâmé.

— Tenez-moi au cou, dit-il.

Elle l'empoigna, s'agrippant les doigts derrière la nuque de Gleude. Il la souleva, l'appuya contre sa poitrine ainsi qu'un enfant, et l'emporta, suivant la jeune fille qui allait en avant et tirait Pouzzli.

— Et les livres, les livres! s'écria soudain la Vougne avec terreur.

— Je ne peux pas les prendre, grand'mère, répondit Miarka.

— Alors, laissez-moi, répliqua la vieille.

— Non, non. Marche, mon Gleude, fit Miarka.

La vieille se débattit violemment, lâcha le cou de Gleude, et retomba dans la boue malgré lui.

— Je ne veux pas, je ne veux pas, criait-elle. Sauvez les livres! Laissez-moi! Miarka doit être reine.

La pluie continuait toujours, moins torrentielle maintenant, mais aussi épaisse, à flots menus et pressés. En même temps, elle devenait plus froide. Ce n'étaient plus des flèches qui vous frappaient, des lanières qui vous fouettaient. C'étaient des aiguilles qui vous piquaient, des aiguilles glacées qui vous dardaient la peau et semblaient

POUSSIÈRE, JE NE TE CRAINS PAS.

vous coudre peu à peu dans un linceul d'engourdissement.

Gleude et Miarka pouvaient résister à cette humidité pénétrante, que combattaient leur jeunesse, leur sang vivace et ardent. Mais la Vougne, affaiblie par l'âge, par les étapes forcées depuis six jours, par ses fougues de danse frénétique, s'éteignait insensiblement sous cette étreinte lente du froid. La chaleur même de la fièvre, qui la soutenait encore tout à l'heure en la consumant, s'était maintenant apaisée. Et la pauvre vieille demeurait immobile, sans défense, sans ressort, sans énergie possible désormais, sous l'averse sans trêve. Elle gisait dans la craie liquide. Elle s'y pelotonnait, se ratatinant en boule, et faisait un petit tas noir dans cette flaque blanche.

— Grand'mère, grand'mère, laisse-toi porter par Gleude, disait Miarka. Nous trouverons une maison avec un bon feu, et tu te réchaufferas. Puis Gleude reviendra chercher les livres.

— Non, non, bégayait la vieille. Je ne veux pas. Je ne veux pas. Les livres d'abord! Tu dois être reine. Sauve les livres. Oh! que j'ai froid!

— Vous, plus de genièvre? demanda l'innocent, qui tâtait le giron de la Vougne et y cherchait la gourde.

— Il y a longtemps qu'il est fini, répondit la Vougne.

— Pourquoi n'en as-tu pas racheté un peu à la dernière auberge? fit Miarka.

La vieille se redressa, leva son index décharné et répliqua sentencieusement :

— Parce que les sous sont pour toi, ma fille. Les sous des Romani doivent se changer en bijoux, non en pitance. Mange et bois à la foire d'empoigne. N'enrichis jamais les étrangers.

14

Puis, se recroquevillant davantage, elle reprit ses lamentations :

— Oh ! que j'ai froid !

— Quoi faire? dit tristement Gleude à Miarka qui pleurait.

— Mets-la au moins sous la hotte, répondit la jeune fille, qui essaya d'abriter sa grand'mère avec l'étrange guérite inventée par l'innocent.

— Non, non, pas ça non plus, fit la vieille.

Et, repoussant l'abri offert elle se traîna jusqu'à Pouzzli et se fourra entre les pattes de l'ourse couchée.

— Mais, objecta Miarka, tu veux donc mourir ici, sous la pluie?

— Oui, s'il le faut, dit la vieille. Mourir ici, mourir là, qu'importe! Mais pas sous un toit! pas comme une fille étrangère, pas comme une fille de chien. Et c'est un toit, cela, entendez-vous! Et je suis une Romané, moi donc. Pas ça! Miarka!

Elle avait l'air de délirer, s'enfonçait et se rencoignait contre l'ourse, gémissait tout bas en tremblant de tous ses membres.

Alors Gleude dénoua les manches de son bourgeron, qui enveloppait les jambes de Miarka. La jeune fille comprit ce qu'il voulait faire. Tous deux se rapprochèrent, et, blottis sous la hotte, ils tendirent la veste au-dessus de la Vougne, qui marmottait d'une voix rauque :

> La pluie, la pluie aux doigts verts
> Joue sur la peau des feuilles mortes
> Son joyeux air de tambourin.

V

Tout à coup, Pouzzli se mit à grommeler, signalant quelque chose, et, un moment après, dans le bruit clapotant de l'averse, un son de grelot tinta, mêlé au roulement d'une voiture. Gleude souleva la hotte qui encapuchonnait sa tête et celle de Miarka, et ils se trouvèrent presque nez à nez avec un âne. En même temps, une voix métallique leur cria, avec un fort accent gascon :

— Gar, dé dévant, eh! là-bas, eh!

Au grognement plus aigu poussé par l'ourse, et au geste

de Gleude qui donna du poing sur le chanfrein de l'âne, celui-ci fit halte en s'ébrouant.

— Ah! les volurs, né touchez pas, ou jé vous brûle, eh! reprit la voix.

Et, sous la capote de la carriole, Gleude aperçut un petit homme, qui était sorti à mi-corps, et s'appuyait de la main gauche sur la croupe du baudet, en braquant de la droite un gros pistolet d'arçon.

— Amis, amis, cria Gleude, qui d'un bond s'était placé devant Miarka.

— Qué? qué? amis? Avince au ralliement, alors, pétit, avince, eh!

Gleude ne comprit pas. Il vit seulement le danger qui les menaçait, et, saisissant la bride de l'âne, il le fit reculer d'une violente secousse. L'homme crut à une attaque, et lâcha son coup de pistolet, qui cracha un éclair rouge dans la figure de l'innocent.

— Malheureux! fit Miarka, s'avançant à son tour. Il l'a tué.

Mais Gleude avait eu seulement les sourcils flambés par la bourre, et la balle s'était perdue au-dessus de sa tête.

D'ailleurs, il tenait toujours la bride à plein poing, et ne songeait qu'à couvrir Miarka, devant qui il s'était rejeté en lui disant :

— Non, n'ai rien. Cache-toi. Laisse faire.

Cependant l'homme avait sauté en bas de sa carriole, et il tenait maintenant un long couteau de Nontron, à la virole de cuivre, à l'épaisse lame formant poignard.

— Amis, amis! répéta Gleude.

— Lâche donc le bourriquot, alors, grand patarin! riposta l'homme. Lâche-le, ou jé fais des boutonnières, coquinas dé Diou!

Et brusquement, mettant sa menace à exécution, il se rua sur Gleude, qui s'obstinait machinalement à ne point lâcher l'âne effaré.

L'homme était vif, et fort malgré sa petite taille. Mais

il ne se doutait pas de la vigueur de Gleude, qui en ce moment était ramassé sur lui-même et ne semblait pas grand non plus. D'un revers de la main, Gleude para le coup de couteau. Puis, aussitôt redressé, il saisit le poignet de l'homme, le lui tordit dans ses doigts en étau, et bondit à son tour, la tête en avant comme un bélier. L'homme, frappé en plein estomac par le choc de ce crâne dur, roula dans la boue; et il n'avait pas eu le temps de reprendre haleine, que déjà Gleude était sur lui, le clouant à terre sous ses genoux et lui maintenant les deux bras ouverts en croix.

— Assassin! lâche! râlait le vaincu.

— Empoigne l'âne, Miarka, criait Gleude.

— Volurs, volurs! mon povre bourri! gémissait l'homme.

— Moi t'expliquer, à présent, reprit Gleude.

Et, sans le lâcher, l'innocent essaya de lui faire comprendre qu'il y avait malentendu. Il lui dit qu'ils étaient égarés, dans l'averse, et que la vieille se mourait, et que la voiture c'était peut-être la vie pour elle, et que, d'ailleurs, ils avaient des sous, de quoi payer.

Malgré le baragouin, l'homme comprit. A son tour, il s'expliqua. Il était un mercanti, parti du camp de Châlons où il n'y avait plus rien à gagner dans les cantonnements d'hiver. Il allait à Notre-Dame-de-Liesse, pour les fêtes. Il s'était cru attaqué par des maraudeurs, et, dame! il s'était défendu. On est pétit, mais brave, et les *chineurs* de Saint-Gaudens ne se laissent pas détrousser comme ça sans rien dire. Mais, du moment qu'on ne voulait pas le voler, tout allait bien; et il ne demandait pas mieux que de rendre service aux gens, surtout à ceux qui avaient de la bonne et honnête ménouille.

Gleude aida l'homme à se relever, et alla reprendre la bride de l'âne, que Miarka contenait avec peine.

— Et ça, dit l'homme en montant le groupe noir de l'ourse et de la Vougne, ça qu'est-ce qué c'est, eh?

— C'est la vieille et Pouzzli, répondit Gleude.

— Vous êtes donc des gitanos? fit l'homme. Il y en a aussi dans mon pays. Ils ont des ours, comme celui-là. Vous en êtes, eh?

Puis, repris de méfiance, il ajouta :

— Mais où est votre argent?

— Voici, voici, dit Miarka, qui était retournée près de sa grand'mère et qui avait fouillé dans ses poches.

Elle montrait une grosse bourse de cuir, dont elle faisait sonner la monnaie.

— Avez-vous du genièvre? demanda-t-elle.

— Non, mais j'ai du fameux armagnac, à faire revenir les morts.

— Vite, vite, donnez-m'en, reprit Miarka. Dépêchez-vous! La grand'mère est bien bas.

La vieille, en effet, avait cessé de marmotter, et semblait dormir, la figure enfouie dans la fourrure mouillée de Pouzzli. Elle était plus recroquevillée encore que tout à l'heure, les genoux au menton, les talons aux cuisses, l'échine comme cassée en deux, tout le corps agité de soubresauts, et ses pauvres houbilles collées à sa maigre carcasse par la pluie qui ruisselait toujours implacable.

— Mettez-la dans la roulotte, dit l'homme. Il n'y a pas grand'place; mais elle sera au moins à l'abri. Et d'abord, qu'elle boive ça! Vous allez voir comme elle va se ravigoter. C'est du vrai sang dé Diou, eh!

— Tiens, grand'mère, tiens, voilà du chaud!

Et Miarka lui fourra entre les lèvres le goulot d'une gourde pleine d'eau-de-vie. La vieille en huma une lampée, avidement.

— Ah! fit-elle, enfin, enfin! je n'ai plus si froid. Où sommes-nous, mignonne? Qui est celui-là, qui me regarde? Mais pourquoi pleures-tu tant que ça? Non, non. C'est la pluie. Toujours la pluie! La pluie aux doigts verts, Miarka, la pluie aux doigts verts. Donne encore un peu de soleil, mignonne! Encore un peu!

Elle avala de nouveau une gorgée d'eau-de-vie. Le sang lui revenait aux pommettes, et la lumière aux yeux.

Alors Gleude la prit à bras-le-corps et la porta dans la voiture. C'était une petite carriole de cantinier camelot, montée sur deux roues, et couverte d'une capote en toile de tente que soutenaient quatre cerceaux de barrique.

— C'est la rubidal, n'est-ce pas? demanda la Vougne. On nous l'a donc rendue, notre pauvre rubidal? Tant mieux, tant mieux! Et les livres, Miarka, où sont-ils? Je veux les voir, les toucher.

On les lui mit sous la tête, en guise d'oreiller, avec le reste du baluchon.

— Tu vois, dit Miarka, ils sont toujours là, et ta guzla aussi, et aussi tes beaux habits de mariée. Et la pluie ne les a pas percés, comme nous. Gleude avait bien fait le paquet, tu vois.

Le trésor de la vieille était, en effet, soigneusement enveloppé dans un morceau de la bâche, qui formait prélart imperméable.

— Oui, oui, dit la vieille. Gleude est un bon garçon. Mais qui est celui-là qui me regarde?

— Un bon garçon aussi, répondit l'homme.

— Et ma bourse? s'écria soudain la Vougne, qui avait tâté sous ses jupes. Étrangle ce fils de chien, mon Gleude, étrangle-le, je te dis. Il m'a volé mes sous.

— Je les ai, ne crains rien, interrompit Miarka en lui montrant la bourse.

— Bon, bon, reprit la Vougne. Les livres sont sauvés. Les sous aussi. Tout va bien. Alors, marchons. Fuyons la pluie! Au midi, au midi, Miarka! Vers le soleil! *Grisvok là priouso. Fiousti! fiousti!* Le rendez-vous est à Grenada. Au midi! au midi!

— C'est que je vais au nord, moi, dit l'homme tout bas à Gleude.

— Allez où vous voulez, lui répondit l'innocent. Aux preumes maisons, voilà tout.

— Bon, fit l'homme. Et vous me payerez, au moins, eh! les gitanos?

— Tenez, dit Miarka, prenez toujours ceci, en attendant.

Et, pendant qu'il empoignait la bride de l'âne pour le faire avancer, elle lui glissa dans la main, en cachette de la vieille, un écu de cinq francs.

Puis l'on se mit en marche, Gleude tenant le bourriquet de l'autre côté, tandis que Miarka tirait la longe de Pouzzli, et se laissait elle-même presque traîner par l'innocent; car elle était exténuée de fatigue et elle n'y voyait pas à se conduire, à cause de la hotte qui lui couvrait la tête jusqu'aux épaules.

La pluie tombait toujours, régulière, monotone, cachant l'horizon derrière sa trame grise, et liquéfiant la craie de la route qui semblait maintenant une mare de lait. L'homme marchait, le nez en l'air, sondant de l'œil pour ne pas perdre son chemin, avec une gouttière au bec de son chapeau de feutre. Gleude avait sa chemise plaquée au buste sous son bourgeron qu'il avait remis et qui était trempé à l'endroit et à l'envers. Sa casquette déchirée dans la bataille lui pendait en loques sur le front. Miarka ne voyait et n'entendait rien, mais avait chaud dans l'air étouffé de la hotte. L'âne et l'ourse piétinaient lourdement, le poil luisant comme des phoques. Dans la voiture la Vougne s'assoupissait, assommée par l'eau-de-vie, bercée par le roulis des brancards, au chantonnement endormeur de la pluie qui ronflait sur la toile tendue de la capote avec un doux ronron de tambours lointains.

VI

Il y avait une heure qu'on marchait sans avoir rencontré une seule masure, quand soudain Gleude se retourna, ayant entendu la Vougne geindre à voix haute.

— Miarka, dit-il, en soulevant la hotte, elle appelle.

La jeune fille somnolait tout en allant. Elle fut comme réveillée en sursaut et courut à la voiture, laissant la longe de Pouzzli à Gleude. On fit halte.

— Couilloun dé Diou! s'écria le mercanti. Nous n'arriverons jamais. Mon bourri n'a déjà pas lé compas bien long. Et votre ours et votre pitchounette sont des tortues, eh! S'il faut s'arrêter maintenant, plour de Diou!

— Non, non, allez toujours, répondit Miarka, qui était montée dans la voiture. Allez! Grand'mère veut me parler à moi seule, pendant qu'on marchera.

— Mais vous m'échignez mon aze, fit le mercanti.

Votre fourbi, et deux personnes, c'est trop. Il ne pourra plus tirer, le povre! Descendez, la fille, eh!

— Reste, Miarka, dit Gleude.

En même temps il relevait la gournache de l'âne avec un coup de poing, et il jetait au mercanti un regard farouche qui était un ordre.

— Vous payé, fit-il, rien à dire. Ho! en route! Ce que Miarka veut, Gleude veut.

Le mercanti se rappela la bourrade de tout à l'heure, considéra la large encolure et la main épaisse de l'innocent, et n'osa pas résister. Avec un sourd ahan, le baudet déboqua les roues qui s'enfonçaient dans le mortier des ornières, et la voiture se remit à cahoter péniblement.

Miarka maintenant était assise sous la capote, auprès de la Vougne, dont elle avait relevé la tête au pli de son bras.

— Approche, approche, avait dit la vieille. Il faut que tu entendes les dernières paroles. Car ce sont les dernières, je le sens. Approche! approche! Mon souffle s'en va. Je veux qu'il passe en toi. Mets ton oreille à ma bouche. Plus près, plus près encore, mignonne. Mais, d'abord, redonne-moi un peu de soleil, du bon soleil jaune, en bouteille, du soleil pour que j'y voie clair.

Miarka lui versa derechef entre les lèvres une goulée d'eau-de-vie. Puis, se penchant tout contre la face de sa grand'mère, elle écouta. La vieille parlait d'une voix basse, sifflante, coupée de hoquets, avec de soudaines interruptions qui semblaient des râles, et avec de brusques reprises qui lui arrachaient les mots de la gorge. Elle parlait en romané et disait :

- Mon temps est fini, Miarka. Mon corps a vécu. Mais

mon esprit doit revivre dans le tien. Écoute! Écoute! Tu es la fille de Tiarko, la petite-fille de la Vougne, la dernière d'un sang royal. Tu seras reine. Les tarots me l'ont dit. Les tarots ne mentent pas. Mais ne fais rien contre eux, mignonne, rien. Souviens-toi! Ton père fut *ragni* pour avoir aimé une fille de race étrangère. Ne te laisse pas dompter comme lui. N'aime jamais un fils de chien. Meurs plutôt! Ne quitte jamais les livres, non plus. Je t'ai appris à les lire. N'apprends cela à personne. N'enseigne à personne ce que je t'ai enseigné, ni les chansons de tes aïeux, ni la vertu des plantes, ni les pronostics, ni l'histoire des Romani, ni l'art des tarots, ni les secrets du trésor des merveilles. A personne, entends-tu, à personne! Conserve bien ta science. Répète-toi chaque jour ce que tu sais, afin de ne pas le mettre en oubli. Tu ne m'auras plus pour parler notre belle langue. Mais il te reste Pouzzli qui la comprend. Parle-lui souvent romané, à elle. C'est ta nourrice. Cela lui fera plaisir. Et ainsi tu pourras d'ailleurs converser avec quelqu'un, jusqu'au jour où tu retrouveras les nôtres. Car tu les retrouveras, j'en suis sûre. Les tarots me l'ont dit. Mais avant, avant, un danger te menace. Oh! j'ai peur, j'ai peur pour toi! Oh! si tu devais être *ragni*, j'aimerais mieux t'étrangler ici et t'emmener avec moi au noir pays où l'on n'a plus de nom.

— Quel danger, grand'mère, quel danger? interrompit Miarka. Dis-le-moi, pour que je puisse m'en défendre. Non, je ne veux pas être *ragni*. Je veux être reine! Je le veux!

— Bien, mignonne, bien, reprit la Vougne. Je vois que le sang de ta mère s'est évaporé de tes veines. Bien! Sois glorieuse et fière, et pleine d'orgueil. Sois féroce. Les reines doivent avoir le cœur en diamant.

— Je l'aurai, grand'mère.

— Il le faut, Miarka. Tu seras aimée, car tu es belle. Mais toi, n'aime pas, jusqu'au jour où le destin t'amènera celui qui te fera reine.

— Quand viendra-t-il?

— Je ne sais. On ne peut tout savoir. L'avenir est borgne, souviens-toi! Mais, ce jour-là, tu sentiras un frisson te prendre à la racine des cheveux et te courir jusqu'à la plante des pieds. Ce jour-là, tu mettras mes habits de mariée, mes habits galonnés d'or et brodés de sequins, et tu prendras ma guzla, et tu iras droit devant toi en dansant, et tu le verras, lui, et tu l'aimeras, et il t'aimera.

— Mais avant, grand'mère, avant, quel danger me menace? Dis-le-moi. Je ne veux pas être *ragni*. Je ne veux pas. Je veux être reine.

— Je ne sais, mignonne, je ne peux pas savoir. Mais garde-toi de ceux qui t'aimeront.

— Que faut-il faire pour m'en garder? Les fuir?

— Non. Les enjôler! Car ils doivent te servir. Les tarots l'ont dit. Seulement, aide les tarots.

— Comment?

— Comme je les ai aidés.

— Par le crime?

— Il n'y a pas de crime pour toi, sinon d'épouser un fils de chien.

— Je n'en épouserai jamais.

— Tu le jures?

— Je le jure.

— Bien, Miarka, tu es le sang de mon sang.

La voiture roulait toujours, de plus en plus cahotée dans les ornières changées en fondrières mouvantes. La

Illustrations en couleur

LA PLUIE, LA PLUIE AUX DOIGTS VERTS

pluie tombait toujours, continuant sur la toile tendue son ronron de tambours lointains, parmi lesquels Miarka distinguait à grand'peine la voix, maintenant presque inarticulée, de la Vougne qui agonisait.

Les deux hommes tiraient aux brancards, attelés de chaque côté de l'âne, qui à tout moment glissait et manquait de s'abattre, tandis que Pouzzli semblait ramper à plat ventre et n'avançait plus que par secousses, quand elle s'acculait contre la roue qui lui éraflait subitement la croupe.

— Dites-donc, eh! gitano, fit le mercanti essoufflé, ça vaut plus de cinq francs, ça!

— Miarka vous donner plus tard, répondit Gleude. Elle a dit de marcher. Marchons!

— Je n'en peux plus, répliqua l'homme, et le bourriquot est à bout.

— Marchons! répéta Gleude.

Et, de son bras passé sous le ventre du baudet, il relevait la bête prête à tomber et soutenait le poids de la voiture.

— Eh! la fille, cria le mercanti en se retournant, arrêtons-nous, eh!

La Vougne l'entendit, et se redressa pour dire à Miarka :

— Non, non! Qu'on aille! Je veux mourir en marche, comme une Romané.

— Allez toujours, répondit Miarka au mercanti. Allez! Elle le veut.

— Allez, répéta Gleude, ou sans ça!

Il avait fourré son épaule sous le brancard, et s'arcboutant dans la boue où il s'enfonçait jusqu'à la cheville, il poussait si fort que l'âne soulevé quittait le sol des pieds de devant. En même temps, il s'était passé autour de l'autre épaule la laisse de Pouzzli, qu'il traînait par violentes saccades. Et il avait si chaud, peinant à de si rudes efforts, que la pluie se vaporisait presque en le touchant, et qu'il était enveloppé dans un nuage de brume.

— Miarka, Miarka, disait la Vougne, je ne te vois plus. Où es-tu donc?

— Ici, grand'mère, la figure contre ta figure, ma joue sur la tienne. Ne meurs pas!

— C'est fini, mignonne, cette fois. Trois souffles encore, et c'est le dernier. Prends-le, Miarka. Bois-le sur mes lèvres. Qu'il passe dans ton cœur!... Qu'il le rende féroce! Cœur de reine, cœur en diamant. Rappelle-toi la chanson qui dit :

> On l'a touché, on s'est coupé.
> Le sang a coulé, rouge, rouge.
> On l'a touché, on en est mort.

— Oui, grand'mère, oui, je me rappelle. Je n'oublierai pas. Je serai reine. Je serai ta fille. Cœur de reine, cœur de diamant. Qui le touchera, il en mourra.

— Bois mon souffle, Miarka, bois-le, répétait la Vougne, d'une voix qui n'était plus qu'une haleine.

Et, tandis que la pluie tombait toujours, tandis que Gleude exaspéré d'efforts traînait et portait en quelque sorte sur ses larges épaules le poids de tout cet équipage fantastique, Miarka, tenant la Vougne étroitement embrassée, reçut dans un baiser le dernier soupir de la vieille merligodgière, de la farouche Romané qui mourait comme elle avait vécu, sans consentir à faire halte, et qui mourait joyeuse parmi les ronrons de l'averse pareils aux tambours lointains d'une troupe en marche vers des pays inconnus.

VII

Au bruit des sanglots de Miarka, Gleude s'était enfin arrêté, comprenant que la vieille avait cessé de vivre. Le mercanti ne s'y trompa pas non plus.

— Allons, elle a passé l'arme à goche, la povre. J'espère qu'à présent la fille il va descendre, eh? Le bourri vous tire une langue!... Mais dites donc, gitano, ça va nous en faire, d'arias, cé cadavre, en arrivant aux maisons.

Miarka l'entendit, et, sortant de la carriole :

— Non, répondit-elle, ne craignez rien. Nous allons l'enterrer ici.

Elle avait l'air résolu, et un éclair de volonté farouche illuminait ses yeux brouillés de larmes.

— Ici? dit le mercanti. Et où donc, pitchoune, où ça? Dans le tuf? Et la bière?

— Les Romani font leurs bières avec les planches de leurs voitures, répondit Miarka, et nous n'avons pas de voiture.

— Ah! biedaze de Diou! n'allez pas prendre la mienne, au moins, eh?

— Oui; si Miarka veut, interrompit Gleude.

— Ne craignez rien, l'homme, dit Miarka au mercanti qui avait fait un bond en arrière, pensant qu'il allait encore falloir en découdre avec le gaillard aux poignes d'acier. Non, ne craignez rien. Votre voiture n'est pas romané, et les planches n'en valent rien pour moi.

— Tant mieux! grogna le mercanti. Mais qu'allez-vous faire? Mon avis, à moi, c'est de marcher encore, jusqu'à la première maison, qui n'est plus loin maintenant. Le bourri est moins chargé. Il a repris du vent. Allons, et vous ferez votre besougne là-bas. Voilà mon avis.

— Ce n'est pas le mien, répondit Miarka.

— Ni le mien, donc, ajouta Gleude. Quoi faut faire, Miarka?

— Toi, creuse un trou. Moi je vais parer la grand'mère, comme une Romané. Tire-la d'abord de la voiture, et pose-la sur ce tas de cailloux.

— Qué? sous la pluie? objecta l'homme.

— Oui, en plein air, répondit la jeune fille. C'est notre mode à nous.

— Laisse-la faire, dit Gleude, et obéis.

Il se pencha dans la voiture, et doucement y prit le cadavre de la Vougne, qu'il coucha sur les cailloux. Puis il ordonna au mercanti de l'aider à creuser la terre. L'homme n'essaya pas de regimber. Il trouva dans son coffre d'arrière une hachette et une petite pelle à feu, qui pouvaient servir d'outils à fouir. On attacha Pouzzli sous la voiture, où elle se mit à ronfler de fatigue, en duo avec l'âne qui dormait debout, flongeant sur ses jambes flageolantes. Et sous la pluie toujours menue et pressée, les deux hommes commencèrent le trou dans un champ au bord de la route, tandis que Miarka s'occupait d'ensevelir la Vougne à la façon bohémienne.

Dans le baluchon dénoué, elle avait pris la petite outre de baume, semblable à celui dont la Vougne autrefois s'était servie pour Tiarko. Comme son fils, la vieille fut déshabillée ; non sous un clair soleil, cependant, non parmi les balsamiques effluves des haies fleuries et des pommes mûrissantes, mais sous la blafarde lumière d'un ciel noyé, sous les piqûres froides de l'averse, et sur un lit de durs cailloux au lieu d'une couche odorante de foin bien sec.

Et, comme le corps de Tiarko, le corps de la Vougne fut frotté de la tête aux pieds, avec l'huile des morts, aux énergiques aromes.

— Hélas! hélas! soupirait Miarka, je devrais maintenant te vêtir de tes beaux habits, pauvre grand'mère. Mais tu m'as dit non, puisqu'il faut que je les conserve pour le jour où je serai reine. Hélas! hélas! tu vas donc dormir dans ces loques mouillées. Quelle chanson veux-tu que je te chante, pour te réchauffer le cœur au départ? Quelle chanson, dis, grand'mère? Toi qui les savais toutes, toi qui m'as tant bercée à leur musique, dis-moi donc avec laquelle tu veux que je te berce à mon tour, pour que tu t'en ailles comme une bonne Romané, le front caressé par un souvenir des aïeux?

Et tandis que les hommes creusaient le trou, tandis qu'elle-même rhabillait sa grand'mère et lui liait d'une corde les chevilles aux cuisses pour lui tenir les jarrets ployés, Miarka chantonna d'une voix triste et douce, à travers la pluie et à travers ses larmes, la chanson romané qui dit :

> Ne crois pas que les morts soient morts!
> Tant qu'il y aura des vivants
> Les morts vivront, les morts vivront.

Lorsque le soleil est couché,
Tu n'as qu'à fermer tes deux yeux
Pour qu'il s'y lève, rallumé.

L'oiseau s'envole, l'oiseau s'en va;
Mais pendant qu'il plane là-haut,
Son ombre reste sur la terre.

Le souffle que tu m'as fait boire
Sur tes lèvres, en t'en allant,
Il est en moi, il est en moi.

Un autre te l'avait donné
En s'en allant. En m'en allant
Je le donnerai à un autre.

De bouche en bouche il a passé.
De bouche en bouche il passera.
Ainsi jamais ne se perdra.

Ne crois pas que les morts soient morts!
Tant qu'il y aura des vivants
Les morts vivront, les morts vivront.

Comme si la musique rhythmait ses mouvements, Miarka termina sa chanson en même temps que sa besogne funèbre. Sa voix tremblait en achevant, et ses mains tremblaient ainsi que sa voix. Elle resta immobile un moment, ne pouvant se résoudre à l'adieu suprême. Puis elle éclata en sanglots, et se jeta sur la poitrine de sa grand'mère, lui couvrant la face de baisers. Ses cheveux dénoués et flottants se mêlèrent aux mèches blanches de la vieille et les cachèrent sous leurs boucles épaisses qu'alourdissait la pluie; et ainsi la Vougne semblait en effet revivre dans la noire auréole qui avait fait jadis l'orgueil de sa jeunesse.

— Eh! gitano, dit le mercanti, mé semble que c'est assez profond, eh!

— Encore, encore, répondit Gleude. Moi veux pas que la Vougne ait froid. Moi l'aimais bien, la pauvre Vougne! Encore, encore!

Et il creusait frénétiquement, coupant la craie amollie par larges entailles; et, comme le mercanti maniait d'une main paresseuse la pelle, trop petite d'ailleurs, l'innocent prenait le tuf et la boue à poignées, à brassées, afin d'aller plus vite. De temps en temps, pour s'exciter encore davantage au travail, il regardait du côté de Miarka, qui demeurait prostrée sur le cadavre, et que l'averse continuait à battre impitoyablement.

Quand le trou lui parut assez profond, le bord lui montant jusqu'aux épaules, il en sortit enfin, et courut à la jeune fille, qu'il releva.

— Miarka, lui dit-il, tu as froid, tu auras mal. Assez, assez, moi t'en prie. Laisse, que je la mette où il faut!

Il ramassa son bourgeron, et en enveloppa le corps, qui était tout petit et tout maigre. Miarka dégrafa une sorte de mante qu'elle avait autour du cou, et en couvrit comme d'un voile la face blême, où la pluie coulait ainsi que des larmes. Puis elle vint s'asseoir, à croppetons dans la boue, auprès de la fosse, pendant que Gleude, après y avoir déposé le cadavre, se vautrait à plat ventre pour y repousser la terre plus hâtivement et par blocs plus épais.

Les premières mottes de craie, détrempées et spongieuses, tombèrent comme une masse et cachèrent aussitôt la morte. Miarka ne pleurait plus maintenant, pas plus que la Vougne n'avait pleuré en entendant les pelletées de terre faire leur bruit sourd sur le cercueil de Tiarko.

Miarka, la fière enfant Romané, avait pris sa figure farouche et impassible. Elle n'en souffrait que plus au-dedans, étouffant sa douleur dans un silence orgueilleux. Même elle avait fermé les yeux, pour ne point se laisser amollir par la vue de Gleude, dont les grosses larmes brûlantes s'écrasaient en larges étoiles parmi les gouttes ténues de la pluie.

Quand il eut terminé, il aplanit le sol, non avec les pieds, ainsi qu'avait failli le faire le mercanti, mais bien avec ses mains, dont il semblait caresser doucement la terre, comme ayant peur d'être irrespectueux envers la Vougne. Il égalisa de son mieux ce terrain gras et fluent, où l'eau s'amassait au fur et à mesure en petites flaques laiteuses. Il éparpilla tout autour le trop-plein de la craie enlevée, qui se fondit et s'amalgama presque aussitôt dans la boue environnante. Puis il dit à Miarka :

— Tu peux regarder maintenant, Miarka. Tout est fini. Personne jamais la trouver.

La jeune fille rouvrit les yeux et ne put, en effet, distinguer la place fouillée, dans cette morne et uniforme blancheur, parmi les bosses et les trous de cette blafarde étendue où l'averse clapotait toujours ainsi que sur une mare.

Comme elle grelottait et claquait des dents, Gleude la prit dans ses bras et la porta dans la voiture.

Puis, malgré l'homme, il y fit monter aussi Pouzzli exténuée.

— C'est pour tenir chaud à Miarka, dit-il avec un regard qui ne souffrait pas de contradiction.

Et l'on se remit en marche, les deux hommes s'attelant de nouveau au collier de l'âne réveillé, sous le ciel qui les

ON L'A TOUCHÉ, ON S'EST COUPÉ.

inondait sans trêve, par les ornières de plus en plus profondes, dans la boue molle et glissante.

— Ah! foutré dé Diou! grommelait le mercanti. Ça en vaut, toùt ça, des cinque francs, eh! Povre bourri! Povre de moi!

— Pauvre Miarka! répondait Gleude.

VIII

Comme la nuit commençait à s'épaissir derrière le rideau toujours tendu de l'averse, ils arrivèrent enfin dans un tout petit hameau composé d'une demi-douzaine de maisons.

Masures, d'ailleurs, plutôt que maisons. C'étaient de ces lamentables fermes, seules possibles dans ces plateaux stériles où il n'y a guère qu'un pied de terre arable, et dont les champs ne produisent que tous les trois ans à peu près. Un bidet suffit à chaque culture, pour labourer à ras du sol et pour rentrer par-ci par-là une maigre récolte. Souvent même on voit, dans un coin de pays décharné, l'homme tirer lui-même la charrue, tandis que la femme en tient les mancherons, d'une main légère, pour ne pas écorcher trop profondément la croûte mince et galeuse de la glèbe. La basse-cour est encore le meilleur gagne-pain de ces misérables, avec le braconnage, car le terroir est propre aux lièvres. Ainsi, mal lotis, et jeûnant, ils végètent dans des habitacles en torchis, aux toits couverts de pierres plates, à cause des grands vents d'est qui se lâchent parfois en galopades folles dans l'espace ouvert de ces vastes plaines.

Pourtant, parmi ces masures, il y en avait une d'aspect un peu moins marmiteux et qui devait être une façon d'auberge, puisqu'elle arborait au-dessus de sa porte un bouquet de branches de sapin en guise d'enseigne. Un vieux bonhomme en sortit, au bruit de la carriole qui s'arrêtait; et il faut croire qu'il n'avait pas souvent l'aubaine de voir des passants, car c'est avec une surprise joyeuse qu'il cria soudain :

— Oh! la Louise, v'là des voyageurs! Mets de la flamme au feu.

Mais, quand il les considéra de plus près, le vieillard se renfrogna. Ils n'étaient pas engageants à recevoir, ces voyageurs, avec leur bourriquot esquinté, leur roulotte de quatre sous, et surtout leurs mines de malandrins, leurs figures débuées par la pluie, leurs vêtements souillés de boue, comme s'ils avaient roulé ivres-morts parmi les flaques de craie détrempée. Le mercanti, sous son feutre rabattu en entonnoir, avait l'air d'un évadé de prison. Et Gleude, en bras de chemise, sa casquette déloquetée sur le front, l'œil farouche et les poings fermés, paraissait prêt à faire un mauvais coup. Le vieillard eut regret d'avoir ouvert sa porte, de n'avoir pas plutôt pris un fusil.

Mais le mercanti comprit son hésitation, et montra la pièce de cent sous que Miarka lui avait donnée tout à l'heure.

— Nous avons dé quoi, va, l'homme, lui dit-il. N'aie pas pur, eh!

L'amour du gain, du gain si rare en ces parages, l'emporta sur la terreur du vieillard. Il les mena donc dans sa cour, où la carriole fut remisée sous un hangar, qui servait en même temps d'écurie à un biquart des Ardennes. L'âne, à bout de forces, se coucha aussitôt auprès de son compagnon, en essayant de brouter sa litière de féveroles pourries.

— Venez maintenant, dit le bonhomme. Il y a du feu dans l'âtre. Vous vous sécherez.

Mais son effroi le reprit, quand il vit Gleude soulever la capote de la voiture, et qu'il l'entendit y appeler Miarka.

— Vous êtes donc plus de deux? fit-il.

— N'aie pas pur, donc, jé té dis, biédaze, répliqua le mercanti. C'est une jeune fille. Et elle dort.

Miarka dormait en effet profondément, accablée de fatigue, serrée contre Pouzzli qui ronflait d'autant. Et ni l'une ni l'autre ne s'étaient réveillées aux mouvements de la carriole remisée et de l'âne dételé. Il fallut que Gleude secouât la jeune fille par le bras pour lui faire reprendre conscience.

— Hein? quoi? quoi? dit-elle. C'est toi, grand'mère? Il faut lire ma leçon, n'est-ce pas? Oui, oui, je me lève.

Puis, la mémoire lui revenant soudain, elle eut de nouveau une crise de larmes.

— Pleure pas, Miarka, lui dit Gleude, connaissant son orgueil, pleure pas! Il y a des étrangers. Mais viens. Bon feu là-bas, bon feu!

Elle se cacha la figure dans la poitrine de l'innocent; et, comme il la sentait lasse et brisée, il la prit dans ses bras pour la porter jusqu'à la maison.

— Tu vois, qué, dit le mercanti au vieillard, elle est malade la povrette!

— Et Pouzzli? murmura Miarka à l'oreille de Gleude. Elle aussi, elle est mouillée. Amène-la auprès du feu avec moi.

— C'est vrai, répondit Gleude, qui revint vers la voiture et en tira la laisse de l'ourse.

Mais Pouzzli grognait, ne voulant pas quitter son abri et son somme.

— Pouzzli! appela Miarka d'une voix douce.

— Qui est encore celui-là? demanda le vieillard, avec une envie de se sauver et d'aller se barricader chez lui.

Et, en effet, à l'aspect de l'ourse qui obéit à Miarka et descendit de la voiture, le bonhomme aurait pris la fuite, si le mercanti ne l'eût solidement retenu par le bras en lui disant :

— Aie pas pur, allons! Il n'est pas méchant. Et puis c'est tout, là, il n'y a plus personne.

Bon gré mal gré, le vieillard introduisit les étranges voyageurs dans la salle basse qui lui servait de demeure et d'hôtellerie. La Louise, sa fille, y avait fait flamber dans l'âtre un cotret sur lequel s'écroulait du poussier de tourbe en paillettes rouges. Une bonne chaleur rayonnante illuminait cet air épais et confiné. Et, tandis que la Louise, ébraquenée de ces passants inattendus, épouvantée par l'ourse, courait se cacher derrière son père, ahuri lui aussi, c'est au contraire un sourire de joie qui s'épanouit sur les figures défaites des arrivants.

Le mercanti alla aussitôt s'accroupir dans un coin de l'âtre, presque à même les braises, où l'eau dégoulinant de son chapeau se mit à grésiller. A l'autre coin, Pouzzli se lova en boule, comme un chien. Sa fourrure fumait et sous elle s'égouttait en formant une mare. Quant à Gleude, il ne pensa pas à lui-même. Il s'agenouilla devant la flamme claire et ne s'occupa qu'à faire sécher Miarka, qu'il tenait couchée sur ses deux bras tendus, se rôtissant les mains pour qu'elle eût le dos réchauffé.

— Voulez-vous manger quelque chose? dit le vieillard.
Puis timidement il ajouta :
— Vous savez, on paie d'avance.

Gleude poussa un juron qui fit jeter un cri d'effroi à la Louise.

— Ne te fâche pas, Gleude, lui dit Miarka. J'ai mal. Je souffre. Je veux la paix. Je veux dormir. Prends ma bourse dans ma poche, et donne lui de l'argent. Et mange, mange. Tu dois avoir faim, toi.

— Et moi donc, coquinas dé Diou! grogna le mercanti Moi aussi j'ai faim, la pitchoune. Et vous pouvez bien mé payer la soupe, eh!

— Oui, oui, répondit Miarka. Et à celui-là pareillement, Gleude, donne des sous. J'ai promis.

Elle s'alanguissait dans ses bras. Il ne voulut pas la contrarier. S'il n'avait écouté que lui-même, il aurait obéi aux prescriptions de la Vougne, qui recommandait tant de garder les sous. Il lui semblait qu'en les lâchant, il volait Miarka. Mais elle ordonnait. Il se soumit.

— Combien? dit-il au vieillard.

— Un gros écu, répondit l'hôte.

— Et à moi aussi un gros écu, eh! ajouta le mercanti.

— Vous filous, filous, grondait l'innocent.

— Donne, Gleude, donne, fit Miarka. Pas de querelles! J'ai si mal!

L'argent donné, Louise apporta un morceau de lard, un gros pain en forme de meule et dur comme de la pierre, et un pot de mauvaise bière aigre. Le mercanti se mit à dévorer. Gleude, assis maintenant sur un escabeau, présenta une tartine à Miarka, qu'il tenait accouvillonnée sur ses genoux. Mais elle fit signe qu'elle n'avait pas faim.

— Mange, toi, mange, lui dit-elle.

Il jeta la tartine à Pouzzli, qui l'avala d'une bouchée. Il lui rejeta ensuite un large chanteau, presque la moitié du pain à la fois, qu'elle se mit à trogner avidement.

— Et toi? répétait Miarka.

— Toi pas faim, répondit Gleude. Moi pas faim non plus.

— Mange, je le veux, reprit la jeune fille. Ne me fais pas de peine, mon Gleude.

Et comme il ne se décidait pas à lui obéir, ayant le cœur gros et l'estomac serré, comme il s'obstinait à lui présenter une nouvelle tartine, sur laquelle il appuyait avec son pouce une tranche de lard, Miarka lui prit des mains la pitance et la lui fourra de force dans la bouche comme à un enfant.

— Et coucher? dit le mercanti repu. Où couche-t-on, ici? Eh! l'homme, eh?

— On couche devant l'âtre, par terre, répondit le vieillard.

— Qué? reprit l'autre. Tu n'as pas dé lit! Et ça, qu'est-ce qué c'est donc, eh?

Il montrait une sorte d'armoire, garnie de rideaux en serge rouge, derrière lesquels on distinguait une haute couchette aux draps de toile bise.

— Ça, répliqua le vieillard, c'est mon lit.

— Et la Louise, où donc qu'ellé couche?

— Avec moi.

— Eh bien! mon bonhomme, riposta le mercanti, cé soir nous y couchérons à nous trois, eh!

Gleude avait entendu ce colloque. Il se retourna soudain et dit :

— Ça, pour Miarka. J'ai donné l'écu. Tout payé, rien à dire. La fille coucher avec, si voulez. Mais nous autres, trois hommes, ici, devant le feu.

Personne ne discuta, tant sa mine était féroce. On agit comme il avait dit. Il déshabilla lui-même Miarka, qui se laissait faire, assoupie et dolente. Puis il la porta dans le lit, où la Louise terrifiée s'était fourrée la première.

— Maintenant, dormons, fit-il. Moi besoin de repos, pour soigner Miarka demain.

Et il s'allongea, le dos contre l'âtre, la tête appuyée au cuissot de Pouzzli, la face tournée vers le lit, comme s'il voulait veiller sur la jeune fille, même en dormant.

IX

Miarka s'était assoupie d'abord, pelotonnée contre la Louise, engourdie dans la tiédeur des couvertures, le corps recru de fatigue et doucement caressé par la mollesse du matelas de plumes. Mais en sursaut elle s'éveilla, brusquement secouée d'un grand frisson. La fièvre, qui la travaillait en sourdine depuis tantôt, l'empoignait tout à coup. Son sang lui bourdonnait aux tempes, battait la charge, lui poussait une flamme aux joues, puis soudain semblait se congeler dans ses veines, et la laissait grelottante, anéantie, la paume des mains toute moite, les dents claquantes, la bouche sèche. Une sueur glacée lui perlait à la racine des cheveux, et un froid de mort pénétrait ses os jusqu'aux moelles. A ce moment, son cerveau lui paraissait vide et en même temps pesant, comme s'il eût été insufflé d'une fumée de soûlerie; et des images folles, des idées incohérentes, y dansaient en tourbillon. Elle sentait son être prêt à s'évanouir, à se fondre. En revenant ensuite à elle, elle avait envie de crier, de parler sans savoir quoi dire. Des phrases dénuées de sens lui venaient aux lèvres. Elle se débattait dans un cauchemar. Elle s'épuisait en efforts douloureux pour se ressaisir, comme au bord d'un gouffre où l'attirait le délire aux étreintes de vertige.

Pourtant elle eut le courage de ne point crier, de ne

point dire ces phrases qui lui venaient aux lèvres, de ne point appeler. Elle voyait là-bas, devant le feu, Gleude, qui dormait d'un lourd sommeil, écrasé, profond, et elle se serait reproché comme un crime d'interrompre le repos si bien gagné du pauvre diable.

En même temps, dans les moments d'accalmie où son esprit ne s'éparpillait pas en pensées à la débandade, elle réfléchissait. Voici qu'elle était malade, dans un pays perdu, sans ressources après les quelques écus restant dans la bourse de cuir, sans autre ami et défenseur que l'innocent, loin, bien loin de cette ville d'Espagne où elle devait retrouver sa tribu. Quand et comment y arriverait-on jamais à cette ville, qu'elle se représentait située au bout du monde?

Et alors Miarka songeait au cher village abandonné, au village où avait gambadé et fleuri joyeusement son enfance, parmi les horizons et les visages connus, auprès de madame Octavie, si bonne. Là elle avait des amis. Là elle pouvait continuer à vivre doucement, sans souci de rien. C'est là qu'elle était née après tout!

Mais qu'aurait dit la Vougne, en entendant murmurer des regrets pareils? Ce village, elle l'avait quitté en le maudissant, en y mettant le feu. C'est là qu'on avait voulu leur voler leur trésor. C'est là qu'on avait failli priver à jamais Miarka de l'espoir d'être reine.

Être reine! A cette idée, le délire s'exaspérait, et les réflexions calmes prenaient leur vol, effarées devant une bande de pensées folles et chimériques. Miarka se voyait là-bas, en Espagne, retrouvant la tribu que conduisait un jeune roi, beau comme le jour. Elle revêtait le costume de la Vougne, étincelant de broderies et de paillon, et elle se mettait à danser pour aller vers le roi. C'est lui! c'est bien lui! le petit oiseau bleu chante dans le cœur de Miarka. Elle sent un voluptueux chatouillement lui courir de la tête aux pieds. Elle s'avance en pirouettant dans le soleil. Lui, le fier jeune homme, aux cheveux longs et frisés comme ceux d'une femme, au teint d'orange, aux yeux de cuivre, il a reconnu celle qu'il souhaitait. Il tend les bras vers elle. Il l'appelle en souriant. Et elle va tomber pâmée, sur sa poitrine, et les Romanis chantent la chanson de bienvenue à leur reine enfin trouvée.

>   Entends la guzla, holà!
>   Entends la guzla.

>   Voici la reine venue.
>   Les étoiles ont pâli.
>   La rose jalouse en meurt.
>   Effeuillez-la dans son lit.

>   Entends la guzla, holà!
>   Entends la guzla.

>   Dans son lit mettez encor
>   La marjolaine et le thym
>   On en fera du vin rose
>   Que le roi boira demain.

>   Entends la guzla, holà!
>   Entends la guzla.

Puis une grande tristesse venait à Miarka, subitement réveillée de son rêve. Jamais, jamais elle ne pourrait aller jusqu'à cette ville lointaine. Elle défaillait. Elle se sentait près de mourir. Oh! mourir ici, dans ce pays étranger! Être enterrée, comme la pauvre grand'mère, dans cette boue blanche et froide, sans voir un dernier rayon de soleil !

Et pourtant, les tarots ont bien dit qu'elle serait reine. Les tarots ne mentent pas. Seulement, il faut les aider. Comment? Si la Vougne s'était trompée, en désignant la ville lointaine comme le but du voyage! Oui, oui, plus de doute, la Vougne avait dû se tromper. De là, les malheurs qui barraient la route : cette pluie torrentielle, la mort de la grand'mère, la fièvre de Miarka. Le destin ne voulait pas qu'on allât au midi. Ce n'est point par là que le roi devait venir. Mais par où donc, par où?

Ah! là-haut, à Ohis, n'était-ce pas le chemin des Romanis traversant la France? C'est là que la tribu avait passé jadis, le jour qu'elle avait chassé Tiarko. C'est là qu'elle repasserait sûrement. Quand? On ne sait. L'avenir est borgne et l'on ne peut tout savoir. Mais elle y repasserait. C'est là qu'il fallait l'attendre. Hélas! peut-être en ce moment, pendant que Miarka était perdue dans ce pays désert, peut-être la tribu arrivait là-haut, conduite par le jeune roi beau comme le jour. Et il ne trouverait pas sa reine, à l'endroit fixé par le destin. Et c'était la faute de Miarka, qui faisait mentir les tarots en ne sachant pas les aider.

— Gleude, Gleude, éveille-toi, s'écria-t-elle. Il va être matin. Il faut partir.

Tout le monde fut sur pied. L'aube, en effet, montrait sa face blanchissante à la lucarne, et l'âtre agonisait en lueurs pâles dans la clarté blême du jour. La pluie avait cessé, et un coin de ciel bleu-gris apparaissait.

— Tu vois, dit Miarka. Il va faire beau. Les tarots sont contents parce que je les ai compris. Le ciel s'allume pour que nous partions vite.

— Partons, répondit Cleude en se frottant les yeux. Où Miarka veut aller, Gleude ira.

Elle s'était levée et s'habillait à la hâte. Mais ses mains tremblantes avaient des gestes indécis. Ses jambes affaiblies la soutenaient mal. Elle tomba.

— C'est une pitié, objecta le mercanti. Vous né pouvez pas partir. Cette pitchoune a la fièvre. Il vaut mieux qu'elle reste ici, couchée.

— Non, non, répétait Miarka redressée. Je ne suis pas malade. Je veux partir.

— Allons, toi, dit Gleude au mercanti, dépêche. Attelle ton âne et filons.

— Où ça? Vous savez qué jé vais au nord, moi, eh!

— On payera. Toi rien à dire.

— Ah! mais non. Assez, coquinas dé Diou! Jé né veux pas manquer les fêtes de Notre-Damé-dé-Liesse. Il n'y a pas d'argent qui tienne, cette fois, eh!

Gleude se campa devant lui, grinçant des dents, les poings crispés.

— Gleude, Gleude, interrompit Miarka, ne lui fais pas de mal. Et vous, l'homme, ne craignez rien. Nous allons au nord, nous aussi.

— A Notre-Damé-dé-Liesse?

— Oui, oui, là d'abord.

— Et de là, fit Gleude stupéfait, de là où donc nous aller, Miarka? Souviens-toi, la Vougne a dit au midi.

— Les tarots m'ont dit au nord, répondit Miarka. En route, Gleude, en route! N'importe comment! En carriole, ou à pied, ou sur ton dos, comme nous pourrons. Mais partons! Vite, vite! Il faut que demain je sois à

Ohis. Je ne suis pas malade. Je veux partir. Je veux être reine.

X

Etre à Ohis le lendemain ! On y serait donc, avait résolu Gleude, puisque Miarka le voulait. Du moment qu'elle avait affirmé ce désir comme un ordre, l'innocent ne songeait plus qu'à exécuter cet ordre, coûte que coûte, n'importe comment, par tous les moyens possibles et impossibles. Mais c'étaient quarante lieues à faire en deux jours. Or, le premier soir, en arrivant à l'auberge de Blanchegrogne, où finissait seulement la Champagne, on avait abattu à peine quarante kilomètres.

Et, pourtant, quelle marche forcenée par les routes encore molles de la grande pluie d'hier ? Le mercanti ne sentait plus ses bras, disait-il, tant il avait donné de coups de poigne pour soutenir l'âne par la bride. L'ourse, attachée de nouveau sous la voiture, marquait la plante de ses pattes, dans la craie blanche, en taches de sang rose. Le baudet s'était éraflé les genoux, en se couronnant dans les montées, et rebroussé le poil des fesses en glissant dans les descentes. Gleude, lui-même, malgré sa vigueur et son âpre énergie, se sentait épuisé d'avoir poussé aux roues, étayé les brancards de ses épaules, et soulevé parfois le poids de l'équipage entier, qu'il désembourbait à la force des reins comme avec un cric.

Miarka, toujours minée par la fièvre, à peine soutenue par de vagues nourritures prises à contre-cœur, brutalement bahutée aux cahots [du chemin, ne retrouvait un peu de courage que pour demander de temps à autre :

— Approchons-nous, Gleude, arriverons-nous bientôt?

— Oui, oui, pas t'impatienter, répondait Gleude. Moi m'user les jambes plutôt.

Mais il fallut bien se rendre à l'évidence, néanmoins, quand le mercanti lui dit le soir :

— Huit lieues de faites seulement, eh! Nous né serons pas même à Liesse, demain dans la nuit. Et encore, à supposer que l'aze né soit pas fourbu en sé lévant au matin.

— Marchons toute la nuit, fit Gleude.

— Pour ça, non, gitano. N'y compte pas. Avé dix malheureux francs qué vous m'avez donnés, je né vas pas crever mon bourri, tu penses, eh!

— Ton bourri et toi, s'il faut, riposta Gleude menaçant. Miarka veut arriver. Miarka arrivera.

— Ah! mais, nous ne sommes plus ici sur la route, sans personne pour té contredire, répliqua le mercanti. Il y a du monde ici, espèce de brigand.

Et, se sauvant vers un groupe de paysans en train d'atteler leurs voitures dans la cour de l'auberge, le mercanti lui cria de loin :

— Ta Miarka et toi, maintenant, jé m'en fous.

Gleude bondit vers lui, mais dut s'arrêter devant la demi-douzaine de grands gaillards qui se trouvaient en travers de son chemin, masquant le mercanti. C'étaient des éleveurs wallons, reconnaissables à leurs longues blouses et à leurs jambes garnies de houseaux. Gleude n'en avait pas peur, en dépit de leur haute taille. Mais, à leur aspect, une idée lui était venue subitement.

Obéir à l'ordre de Miarka, voilà ce qu'il voulait avant

tout, et à tout prix. Or, si insolent que fût le mercanti, il avait raison en disant que son âne ne pourrait suffire à la besogne. Même en le crevant, il n'y avait pas d'espoir qu'il fournît jamais l'étape demandée : plus de trente lieues en moins de trente heures. Au contraire, les petits bidets ardennais des éleveurs étaient de ces chevaux aux jarrets nerveux, au poitrail large, à la croupe ravalée par l'habitude des longues courses; et les chars-à-bancs, auxquels on les attelait, solidement construits pour porter jusqu'à six veaux à la fois, étaient en même temps légers sur leurs grandes roues écartées et leurs ressorts élastiques. D'un coup d'œil, Gleude avait vu tout cela, et il ne songeait déjà plus à châtier le mercanti.

— Où allez-vous? demanda-t-il brusquement à ces hommes.

L'un d'eux, le plus carré d'encolure, fier de sa force célèbre, crut à une querelle, et répondit :

— Nous allons où nous veux. Et toi? Faut-il t'envoyer quelque part? Vlà d'quoi.

Et il montrait ses manches retroussées, et, au bout de ses bras noueux comme des arbres, ses poings énormes comme des marteaux.

Une grosse huée, à l'adresse de Gleude, salua cette phrase lancée d'un air orgueilleux. L'aubergiste dit aux gens venus sur le pas de la porte pour regarder :

— On voit ben que c'ti-là ne connaît pas Firmin l'assommeur. Il peut numéroter ses os, s'il veut les ravoir tantôt.

Caché derrière une voiture, le mercanti riait aux éclats, et criait :

— Qué! qué! gitano, tu as trouvé ton maître, eh!

Mais Gleude ne prit garde ni à ce rire, ni à ces huées, ni à l'at-

titude provocante du Wallon qui s'était déjà campé en posture de lutte, les coudes au corps et les pieds arcboutés au sol. Sous la capote relevée de la voiture, Miarka tendait les mains vers lui, suppliante et terrifiée. Il lui fit signe de ne rien craindre. Puis, tranquillement, il ramassa par terre un essieu de chariot à blé, un bloc monstrueux, en cœur de frêne doublé de fer. D'un seul tour de poignet, il enleva par une jante cette espèce de massue, qu'il brandit au-dessus de sa tête. Le groupe recula. L'hercule lui-même sauta en arrière, les mains tremblantes devant la face. Alors Gleude dit :

— Moi fort aussi. Moi pas peur. Mais moi pas méchant. Pas battre. Moi payer pour conduire Miarka. Combien pour aller à Ohis ?

Et, faisant tournoyer l'essieu, à deux bras maintenant, il

le jeta au loin sur le fumier, comme un autre eût jeté une grosse pierre.

— Combien pour aller à Ohis? répéta-t-il ensuite, s'adressant directement à Firmin l'assommeur, qui était resté en admiration devant ce coup d'une force inattendue.

— A Ohis, je n'y vais pas, répondit Firmin. Mais je passe par Origny, qui n'en est pas loin. Et je t'y conduirai pour rien, car tu me plais.

— Mais Miarka y être demain soir? demanda Gleude.

— Qui, Miarka?

— Elle, là-bas, dans la voiture, regarde! Elle, et l'ourse, et moi. Bon, ton cheval?

— Comme moi, dans son genre. Nous n'avons jamais trouvé personne pour nous faire le poil.

— Moi non plus, répliqua Gleude avec un naïf orgueil.

— Tope donc! C'est entendu, conclut le Wallon en lui tendant sa main, large comme une éclanche de mouton.

Gleude y posa sans hésitation sa main moins grande, mais plus épaisse encore, et les deux hommes forts échangèrent une étreinte de poigne à se broyer les os.

Puis, aussitôt dit, aussitôt fait. Tandis que Firmin achevait d'atteler son bidet, Gleude porta de la carriole dans le char-à-bancs le baluchon de la Vougne, et Miarka elle-même qu'il enveloppa sans gêne dans la limousine du géant. Comme Pouzzli, muselée, ne suivait qu'en rechignant, le Wallon voulut faire le faraud et la prendre à bras-le-corps pour montrer sa vigueur à son tour. Mais l'ourse dressée l'enserra dans ses courtes pattes trapues, et le renversa en lui ployant les reins.

— Elle plus forte que moi encore, dit Gleude en souriant, et en rappelant Pouzzli.

— Je n'ai vraiment pas de chance aujourd'hui, répondit Firmin. Mais tant pis! Je vous aime tout de même. Vous êtes des lapins, dans votre famille. Et Gris-Gris peut se démancher les jointures pour avaler ses trente lieues. Il n'aura jamais de sa vie mené une voiture mieux chargée.

— Le fait est, ajouta l'aubergiste, qu'il y aurait un mauvais quart d'heure à passer pour celui qui attaquerait en route ces trois gaspards-là.

Et, pendant qu'on leur souhaitait bon voyage à grands cris enthousiastes, excepté le mercanti tout penaud qui bouchonnait son pauvre âne esquinté, ils partirent. Le Wallon envoya tourbillonner aux oreilles de Gris-Gris une joyeuse pétarade de coups de fouet. Le bidet fit feu des quatre pieds, allongea ses maigres jambes de cerf, et le char-à-bancs s'enfonça dans la route noire, où la lueur de sa lanterne, secouée aux bonds d'une course folle, dansait comme un papillon rouge emporté dans un ouragan.

XI

Le Wallon n'avait pas exagéré les mérites de Gris-Gris. Après la première fougue du départ, le bidet prit son trot de fond, ce trot relevé, régulier, qu'aucun cheval ne pouvait, en effet, soutenir à côté de lui. Et les bornes kilométriques, dans la flamme rapide de la lanterne, se mirent à filer à la queue-leu-leu.

La fièvre de Miarka, par une réaction soudaine, s'était calmée. Elle se sentait, d'ailleurs, tranquille désormais, sûre de l'accomplissement prochain de son désir; et cette quiétude morale aidant, son sang apaisé avait cessé de battre aussi tumultueux. Bien roulée dans la limousine, les pieds chauds sous le ventre de Pouzzli, la tête couverte et néanmoins rafraîchie par l'air vif que l'on fendait, Miarka s'était vite endormie d'un sommeil doux et réconfortant.

Gleude avait essayé de répondre, pendant quelques instants, aux questions bavardes de Firmin. Puis, n'en pouvant plus, rompu de fatigue, hébété par le vent de la course qu'il recevait comme des gifles en pleine figure et qu'il avalait par grandes goulées grisantes, il s'était peu à peu laissé couler dans l'anéantissement profond de toutes ses forces enfin détendues.

— Moi tant peiné depuis deux jours! murmurait-il. Moi plus rien à faire. Miarka contente. Miarka arriver.

Et, s'affalant en bloc dans le fond du char-à-bancs, il avait roulé jusqu'auprès d'elle, à ses pieds, nez à nez avec Pouzzli, dont l'haleine chaude lui ronflait dans les cheveux.

— Allons, avait dit Firmin, il faut qu'il en ait fait de la besogne, pour en être aussi soûl. Quels drôles de paroissiens je mène là, tout de même! Elle est gentille, la p'tiote. Sa femme, sans doute. Bien jeune, pourtant! Des merlifiches, après tout. Bah! nous causerons demain. Hue, Gris-Gris!

Il avait allumé sa petite pipe d'Onain, avec un bout d'amadou et un coup de briquet ; et il fumottait en somnolant lui-même, ne s'éveillant à demi que par moments, pour faire claquer son fouet au-dessus du cheval, qui détalait toujours d'un train égal sur ce chemin connu. Et la route noire blanchit insensiblement, et les bornes kilométriques continuaient à filer à la queue-leu-leu, mais comme rapprochées, maintenant qu'on les voyait venir en quelque sorte dans la clarté montante de l'aube.

A six heures du matin, quand Gleude s'étira de son lourd engourdissement, il fut joyeusement stupéfait de se retrouver dans un horizon déjà semblable à ceux de chez lui. La Champagne avec ses plaines mornes était passée. On était en Picardie, parmi des champs aux chaumes épais ; et là-bas couraient des haies aux feuilles rousses, derrière lesquelles s'alignaient les pommiers du pays natal.

Il n'y put tenir, et son premier mouvement fut de réveiller Miarka.

— Regarde, regarde, lui dit-il en battant des mains. Bientôt, Ohis ! Bientôt !

— C'est vrai, répondit-elle, les yeux épanouis. Comme c'est doux ! Il me semble que je sens l'odeur du clos.

Elle se dressait pour respirer mieux, les narines au vent, et pour contempler ces arbres, ces haies, ces champs, cet horizon, qu'elle ne pouvait voir sans un attendrissement délicieux.

— Eh ben ! les enfants, je ne vous avais pas menti, hein ? dit le Wallon joyeux de leur joie. Nous arriverons, amon, nous arriverons, et Gris-Gris ne fume pas trop. Il a cependant ses douze lieues dans les jambes, sans qu'il y paraisse. Un fameux couriat, est-ce pas? Mais il lui faut son picotin, à présent. Et à nous donc! Vous n'avez pas faim, vous autres?

— Si, répondit Gleude.

— Moi aussi, fit Miarka.

— Oh! moi content, moi content, reprit Gleude. Toi manger, Miarka. Toi guérie.

— Oui, oui, dit la jeune fille, devenue songeuse, grand'mère s'était trompée. Tu vois, les tarots veulent que je revienne. Ils m'ont guérie. Ils m'avaient rendue malade pour m'empêcher d'aller là-bas, là-bas, si loin. Pauvre grand'mère! Ils l'ont punie de s'être trompée. Ah! le destin est fort. Je dois être reine, et tout est sacrifié à cela, tout. Hélas! même elle, ma bonne grand'maman. Elle ne me verra pas, quand le grand jour sera venu. Elle ne sera plus là, elle est partie, celle qui m'aimait tant. Il n'y a plus que toi pour me comprendre, ma vieille Pouzzli.

Et, fondant en larmes, Miarka se mit à discourir, en langue romané, à l'ourse qui l'écoutait gravement, en dodelinant de la tête, et en lui léchant les mains à travers sa muselière.

Firmin se toucha le front du doigt, et dit tout bas à Gleude :

— Elle a la berlue, amon, est-ce pas?

— Non, répondit Gleude. L'ourse romané. Même race. Miarka lui parler de la Vougne.

— Ils ont tous passé par Cambrai, pensa le Wallon, et ils y ont reçu le coup de marteau. Ils ne sont pas méchants, après tout. Et puis, c'est un bougre d'aplomb, le grand! Moi j'aime ça.

Aussi voulut-il absolument les régaler à l'auberge où ils firent halte un quart d'heure plus tard. Pendant que Gris-Gris d ridé se lestait d'une forte avoine premier choix, ils s ..tablèrent devant un jambon fumé, un gros marolles à la pâte crémeuse, et une miche de pain picard, s'émiettant en fine mie rousse pareille à des grains de blé. Ils arrosèrent le tout d'un petit vin clairet et rose qui fit monter le sang aux pommettes des deux hommes et qui mit des paillettes d'or dans les yeux de Miarka.

— Un bon café par là-dessus, hein! les enfants, dit Firmin. Et une rincette, amon, et une rinçonnette en plus, et une surrincette au coup de l'étrier. Allons, allons, la p'tiote, ne fais pas la grimace. C'est raide; mais ça vous remonte. Nous en avalerons, de l'air, aujourd'hui. Et ça creuse, l'air! Encore seize lieues à tirer jusqu'à Origny. Gris-Gris va en voir de grises, c'est le cas de le dire... Et il faut donc absolument que vous soyez là-bas ce soir, ce soir même?

— Oui, le faut, répondit Gleude. Miarka l'a dit, Miarka veut.

— Mais pourquoi?

— Moi, sais pas. Miarka sait.

— Pour être reine, interrompit Miarka d'un ton solennel.

— Bon, bon, je ne comprends pas, répondit le Wallon. Mais j'ai promis. Je n'ai qu'une parole. Hue, Gris-Gris!

La course recommença, sans que le bidet, reposé par une demi-heure de halte, et ragaillardi par son picotin, eût l'air d'avoir couru déjà toute la nuit. Ces petits chevaux, semblables d'allure à ceux des Cosaques, ont ainsi, sous leur maigre mine, des trésors de vigueur tenace et de résistance infatigable. Et du même trot relevé, régulier, il se mit à dévorer la route, tandis que les bornes kilométriques reprenaient leur fuite rapide et monotone.

— A mon tour de dormir, avait dit le Wallon. Tiens les guides, toi, et fais claquer de temps en temps le fouet au-dessus de Gris-Gris, mais sans le toucher. Il est comme son maître. Il ne faut pas le battre. D'ailleurs, ne t'occupe pas d'à droite ou à gauche. Il sait son chemin.

Puis il s'était couché, laissant Gleude conduire. Auprès de l'innocent, sur la banquette suspendue à même les deux rebords de la voiture, Miarka s'était assise, suivie par Pouzzli qui lui tenait toujours les pieds chauds. Tous deux restaient silencieux, Gleude absorbé par le soin nouveau de faire claquer le fouet et de tenir les brides, et Miarka les regards perdus au fond de l'horizon.

Était-ce un reste du délire causé par la fièvre d'avant-hier? Était-ce le vin rose qui lui fumait dans la cervelle? Elle-même n'aurait su dire pourquoi; mais son rêve de l'autre nuit revenait la hanter, avec ses folles visions de la tribu retrouvée, du jeune roi beau comme le jour, des noces célébrées aux chants des Romanis :

> Entends la guzla, holà!
> Entends la guzla.

Et là-bas, tout au bout de la route, au plus lointain bout de ce ruban blanc qui se confondait avec le ciel vaporeux, elle croyait voir se dérouler dans des tourbillons de poussière la file des chariots bohémiens; et elle se penchait en avant pour prêter l'oreille aux murmures vagues de la campagne, et parmi ces murmures il lui semblait distinguer le bruit métallique des grelots de cuivre, les notes perlées des mandolines frémissantes, le rhythme dansant et jusqu'aux paroles d'une chanson des aïeux, envolée et battant des ailes au-dessus de la caravane en marche parmi les baisers du soleil.

— Ils viennent, ils viennent, disait-elle. J'en suis sûre. Je le sens.

— Qui ça? demandait le Wallon, maintenant réveillé et sur le devant de la voiture. Qui donc, la p'tiote? Moi, je ne vois rien.

— Et toi, Gleude, faisait-elle, anxieuse, ne vois-tu rien non plus?

— Non, répondait l'innocent, qui écarquillait vainement ses yeux. Moi rien voir. Mais eux venir, puisque toi le sentir.

Et comme le Wallon haussait les épaules, Gleude tâchait de lui expliquer, dans son langage sommaire, que les oiseaux voyageurs reconnaissent ainsi de loin, à plusieurs jours de marche, une troupe de leurs frères, et que Miarka était un oiseau voyageur, elle aussi, et qu'elle ne pouvait se tromper en écoutant son instinct.

— Gleude, interrompit Miarka, tu ne sais pas toi-même combien ce que tu dis est vrai. Oui, c'est comme un instinct qui m'avertit en ce moment. Et depuis la mort de ma grand'mère cette voix me parle, et plus nous approchons du nord, plus je l'entends. Oui, il y a des Romanis en route, qui viennent de ce côté-ci. Nous allons au-devant d'eux. Je les sens. Je les vois. Et à mesure que le jour baisse, je devrais moins les voir, n'est-ce pas? Mais non. Car ce n'est pas avec mes yeux que je les regarde. Avec quoi? Je l'ignore. Et pourtant ils sont là-bas, ils sont au nord, et je les vois. Il y en a une grande troupe, avec des chevaux, et des mulets, et des ours. Pouzzli, Pouzzli, ne dors pas! Regarde, écoute, toi aussi. Tu es une Romané comme moi. Tu dois entendre, toi; tu dois voir. Le roi est jeune. Le roi est beau. Les tarots ne mentent pas. Je serai reine. Je serai reine. Je serai reine. Grand'mère, parle-moi dans mon cœur. Dis-moi que tu es contente. Miarka est reine.

Sur la route déserte l'ombre allait tomber bientôt. Mais Miarka, debout, les yeux vagues, la voyait lumineuse et pleine de monde. Elle vivait dans son rêve revenu, avec l'exaltation de la fièvre qui la reprenait; et d'une voix basse, basse et lointaine, comme si elle-même était là-bas, au bout de l'horizon, elle fredonnait la chanson de l'autre nuit :

On en fera du vin rose
Que le roi boira demain.

Entends la guzla, holà!
Entends la guzla.

XII

— J'ai promis jusqu'à Origny, mais pas plus loin, dit Firmin, quand on fut arrivé dans l'ancienne capitale de la Thiérache.

Il était onze heures du soir, et Gleude lui demandait de les conduire jusqu'à Ohis; car Miarka, reprise par la fièvre, grelottait, et pouvait à peine se tenir sur ses jambes. Deux lieues à faire encore! Deux lieues à pied! Jamais elle n'en aurait la force. Et pourtant elle voulait y être ce soir, cette nuit au moins. Elle s'obstinait à cette idée, avec l'entêtement d'un enfant malade.

Mais le Wallon s'obstinait, de son côté, dans son refus. Il donnait, d'ailleurs, des raisons que Gleude était bien obligé de trouver bonnes. D'Origny à Ohis, ce n'était plus la grand'route, mais un chemin de traverse, tout en montées et en descentes, coupé de ravines, s'embourbant dans des marais, traversant un gué, défoncé de profondes ornières. Deux lieues là-dedans, cela valait six lieues au moins en plat pays. Et Gris-Gris avait beau être courageux, il s'y emboquerait certainement, après une pareille étape de vingt-sept heures sans débrider.

— Il faut être raisonnable aussi, disait Firmin. Il y a une limite à tout. A l'impossible nul n'est tenu. D'ailleurs, je n'ai qu'une parole. J'ai dit jusqu'à Origny, pas plus loin. Gris-Gris le sait bien. Je lui ai soufflé dans l'oreille en partant. Je ne peux pas le tromper. Voyons, une bête si brave, qui a foutu par terre ses trente lieues en moins de trente heures, ça serait criminel de lui mentir. Il me mépriserait. Là, vous n'êtes pas gentils, les enfants. Que diable! Reposez-vous. Dormez ici. Et demain, aux preumes, vous irez à votre Ohis. Nous y sommes presque, à demain.

— Je veux partir tout de suite, dit Miarka. Mais maintenant, c'est notre affaire. L'homme a raison de ne pas nous mener plus loin. Il a promis au cheval. On ne doit pas tromper les bêtes.

Doucement, elle embrassait les naseaux fumants du

bidet, pour le remercier. Puis elle tendit la main au Wallon, qui restait silencieux, ému sans savoir pourquoi, voyant qu'elle était reconnaissante et qu'elle lui disait adieu.

— Et alors? balbutia-t-il.

Gleude, lui, avait compris la résolution de Miarka. Il ne lui demanda pas ce qu'elle voulait faire. Il retira de la voiture le baluchon, qu'il mit dans la hotte. Il se passa autour des épaules les bretelles. Il fit descendre Pouzzli, dont il empoigna la laisse.

— Et alors, répondit Miarka, nous partons à pied, voilà tout.

— Mais tu es encore malade, la p'tiote, objecta Firmin. Tu ne tiens pas debout.

— Gleude me soutiendra, répliqua-t-elle en se pendant au bras de l'innocent.

— Mais tu tomberas avant d'arriver, reprit le Wallon.

— Moi la porter, dit Gleude. Moi fort, tu sais.

— Allons, reprit Firmin après un moment d'hésitation, attendez-moi un peu, que je mette Gris-Gris à l'écurie, et j'irai avec vous.

— Non, non, merci; ce n'est pas la peine, répondit Miarka, que le retard impatientait. Partons, Gleude, partons tout de suite. Partons seuls.

— Elle a dit partons, dit Gleude. Adieu, toi! Adieu! Toi bon garçon. Moi demeurer au Fond-des-Roques. Moi nommé Écréveaux. Et toi, où demeurer?

— A Signy-le-Comte. Firmin l'assommeur.

— Moi t'envoyer un beau rossignol, pour toi m'avoir aidé à sauver ma fauvette. Adieu!

Et Firmin, de plus en plus ému, presque la larme à

l'œil, les regarda disparaître au tournant du chemin de traverse, où ils se fondirent dans la nuit.

Ils allaient d'un pas lent, Miarka n'ayant pas la force de se hâter, malgré son désir d'arriver vite. La fièvre lui cassait les jambes. Sa tête bourdonnait. Elle marchait machinalement, en s'appuyant sur Gleude, qui piétinait dans les ornières pour lui laisser le bord plus égal de la venelle. Elle s'agrippait des deux mains au bras robuste, et avait par moments la sensation d'une noyée qui s'accroche à une branche pour ne pas couler à fond. Car la terre lui semblait parfois manquer sous ses pieds, à cause de sa faiblesse et à cause de la pente raide qui descend d'Origny à la ravine de la Demi-Liu. Mais elle se raidissait contre cette lassitude, ne voulant pas abuser du pauvre garçon, si chargé déjà, et qui lui répétait sans cesse :

— Dis si toi fatiguée, Miarka. Dis bien. Moi te porter.

— Non, non, répondait-elle. Je peux marcher encore. Va toujours.

Mais elle eut besoin de faire un effort terrible de volonté, pour grimper la côte après la ravine. Maintenant elle se sentait comme tirée en arrière par d'invisibles mains qui lui pesaient sur les épaules et lui retenaient les pieds collés à la terre. Son souffle pressé la suffoquait. Ses tempes battaient à se rompre. Deux fois elle dut s'arrêter et s'asseoir sur le dos de Pouzzli, avant d'arriver en haut du plateau.

C'est de là que la Vougne leur avait montré l'incendie et avait maudit le village en s'en allant. Ils firent halte, se rappelant cette scène, croyant voir encore là-bas, au fond de la vallée, le trou rouge de la flamme dans la robe noire de la nuit.

MIARKA N'AIME PAS

— Te souviens-tu, Gleude? dit Miarka d'une voix basse.

— Oui, oui, répondit Gleude. Tout brûlé, peut-être. Eux en colère. Eux méchants contre nous. Comment faire?

— Allons chez toi, dit-elle tranquillement.

— Oh! merci, merci, fit-il en lui serrant avec passion les deux mains.

Moi bien content! Elle fut étonnée de la chaleur qu'il mettait dans cette étreinte. Pour la première fois, elle réfléchit à l'amour bizarre de Gleude. Jusqu'alors, elle n'y avait point pris garde; car il ne s'était jamais manifesté qu'en dévouement. Comme la Vougne, elle s'était habituée à ne voir dans Gleude qu'un esclave soumis. Mais maintenant que la grand'mère n'était plus là, cet amour n'allait-il pas s'allumer plus vif et plus hardi? Qui sait si ce n'était pas là le danger prédit par l'agonisante? Bah! la Vougne, d'autre part, avait conseillé d'enjôler les amoureux pour s'en servir. Eh bien! l'occasion était venue. D'ailleurs les Romanis étaient proches. Cela, Miarka le sentait. De cela, elle était sûre. Eux là, c'était le grand jour promis par le destin. Qu'importait Gleude? Il lui était cher, cependant. Oui, sans doute, mais comme un bon frère, pas plus. Il comprendrait qu'on ne pouvait faire mentir les tarots. Pauvre Gleude, tout de même! Ah! voilà! cœur de reine, cœur en diamant.

— A quoi toi penser? lui demanda-t-il soudain.
— Je suis lasse, répondit-elle. Porte-moi.

Joyeux, épanoui, malgré sa fatigue, sentant ses forces doublées, il se baissa et la prit dans ses bras ainsi qu'un petit enfant. Puis, le corps droit, en équilibre entre le poids de la hotte et le poids de la jeune fille, traînant en même temps Pouzzli au bout de la laisse tendue, il descendit vers le gué d'un pas allègre. Les grosses pierres qui le traversaient lui parurent trop branlantes pour la sécurité de son cher fardeau. Il marcha dans l'eau jusqu'aux jarrets. Plus loin, il pataugea dans la vase du marais aux Râles. Il remonta ensuite la sente de la Maison Rouge, encombrée de houx et de ronces, où il se mit les mains en sang pour que Miarka ne fût pas piquée. Et tout cela d'un cœur ravi, sans songer à rien qu'au bonheur de porter celle qu'il adorait, de sentir contre son rude poitrail cette douce poitrine languissamment appuyée, et de respirer avec délices l'haleine qu'elle lui soufflait au visage presque bouche à bouche.

Miarka, elle, endormie, bercée mollement au mouvement de la marche, comme quand elle était fillette, rêvait, dans les bras de Gleude, au jeune roi qui allait bientôt faire chanter dans son cœur le petit oiseau bleu et sur ses lèvres le premier baiser d'amour.

Elle fut réveillée par les aigres coups de trompette de Blancot, qui signalait leur arrivée au Fond-des-Roques. Gleude venait de cogner à la porte de la hutte, et la Quédébinque, entre-bâillant sa lucarne, poussait des cris

NE CROIS PAS QUE LES MORTS SOIENT MORTS!

d'effroi, à l'aspect de ces revenants qu'elle n'attendait guère.

— Toi, toi, ch'tiot blond! disait-elle. Et d'où viens-tu? Et la Vougne, où est-elle?

— Morte! répondit Gleude.

Un soupir de soulagement secoua les lourdes hanches de la Poturonne, qui se croyait déjà en butte aux sortilèges de la vieille sorcière.

— Ouvre, ouvre vite, reprit Gleude. Miarka malade. Nous fatigués.

La Quédébinque ouvrit en rechignant. Il lui en coûtait d'offrir l'hospitalité à la fille maudite et à l'ourse. Mais Gleude imposa silence à ses grognements, en grognant plus fort qu'elle et d'un air farouche :

— Toi, rien dire. Nous, parler demain. Maintenant, dormir. Donne ton lit à Miarka.

En même temps il posait délicatement la jeune fille sur la couche de la Quédébinque, et l'enveloppait, tout habillée, dans la couverture en duvet.

Miarka, toute à son rêve, demanda soudain s'il n'y avait pas des Romanis dans les environs.

— Dieu merci, non, répondit brutalement la Quédébingue. Depuis vous, nous sommes libres de merlifiches.

— Pourtant, reprit Miarka, ils sont au nord, je le sais, ils viennent. Le roi est proche. C'est la passe. Arrive la saison, on les verra.

— Elle est folle, amon, répondit la Quédébinque. Il ne nous manquait plus que ça !

Furieuse, outrée, sa colère dominant sa peur, malgré les mines menaçantes de son frère, la vieille fille se répandit alors en récriminations amères. On avait failli la mettre en prison, elle, pour l'incendie allumé méchamment par la Vougne. Et Blancot avait été malade. Et ses *oies* dépérissaient. Et voilà que maintenant Gleude, le grand lâche, lui ramenait cette ourse et cette fille à l'ourse, qu'il faudrait nourrir! Et il en était possédé de cette gueuse, et il l'aimait. Elle voyait bien cela, elle, la Quédébinque! Elle n'avait pas les yeux dans sa poche! Il avait suivi les merligodgières, le nez dans les jupes de Miarka, comme un chien en chaleur.

— Va, va, criait-elle, ne te gêne pas. Fous-moi à la porte de chez nous et couche avec elle dans mon lit.

— Tais-toi, rugit Gleude en se jetant sur elle. Tais-toi! Ou moi te tuer.

Il l'avait collée au mur et lui serrait la gorge pour l'empêcher de calomnier Miarka. L'ourse, excitée par le spectacle de la lutte, grommelait furieusement. Blancot, voyant sa maîtresse attaquée, se dressait sur le seuil de la porte en poussant des appels stridents et en battant l'air de ses ailes ouvertes.

— Oh! soupirait Miarka, ne faites donc pas tant de bruit! Je suis lasse. Je veux dormir. Vous avez effrayé mon rêve, qui s'est envolé. Vous êtes tous méchants, tous, tous, tous!

Elle n'avait retenu qu'une chose parmi les paroles tumultueuses de la Quédébinque, c'est qu'il n'y avait pas de Romanis arrivés dans le pays. Et elle ne songeait qu'à cela, à son instinct qui l'avait donc trompée, à son espérance anéantie, au tourbillon fou de ses pensées depuis la mort de sa grand'mère, à ce voyage fantastique, dans la fièvre, dans ses angoisses, et pour aboutir à quoi? A cette scène brutale entre Gleude et sa sœur, à ce lit où elle se couchait malade, épuisée, parmi les injures grossières de cette mauvaise femme, et face à face désormais avec l'amour maintenant certain de cet homme qui n'était pourtant que son esclave.

Alors, pleurant de rage et de désespoir, elle s'écria :

— Grand'mère, grand'mère, où es-tu? Toi seule tu m'aimais.

— Moi aussi, t'aime, interrompit Gleude.

— Que trop! hurla la Quédébinque en se débarrassant et avec un geste de menace.

Et Miarka, affolée par la fièvre et la colère, rendue injuste et ingrate, se tourna vers le pauvre garçon qui la regardait avec une mine suppliante, et eut le courage de lui dire :

— Laisse-moi tranquille. Laisse-moi rêver au roi. Tu n'es qu'un fils d'étranger, qu'un fils de chien. Laisse-moi! Je veux être reine; je suis *romané tchavé;* et je vous hais tous.

Et elle retomba sur le lit, brisée, toute secouée de sanglots et transie de frissons glacés, fermant les yeux pour tâcher de se replonger dans son rêve interrompu, dans son beau rêve au-dessus duquel il lui semblait voir planer la Vougne qui lui disait :

— Bien, ma fille, bien! Le sang de ta mère n'est plus en toi. Le sang de tes aïeux court dans tes veines. Mon souffle a passé par ta bouche. Sois orgueilleuse! Sois féroce! Cœur de reine, cœur en diamant. Qui l'a touché, il en est mort. Le grand jour viendra. Le roi est proche. Les tarots ne peuvent mentir. Aide-les! Il n'y a pas de crime à pousser le destin. Le seul crime, c'est d'aimer un homme de race étrangère. Je suis contente. Je suis fière. Mon esprit est dans tes moelles. Je ne suis pas morte. Je revis en toi.

Dans un coin, la Quédébinque se frottait les mains, en voyant Gleude qui s'était laissé choir par terre, et qui pleurait amèrement.

XIII

Et c'est ainsi que n'aimait pas Miarka, la fille à l'ourse.

LIVRE CINQUIÈME

MIARKA SE DÉFEND

LIVRE CINQUIÈME

MIARKA SE DÉFEND

I

Le lendemain, au réveil, la surexcitation du voyage et de la fièvre était tombée, et il ne restait plus à Miarka qu'une profonde tristesse, réaction du délire passé, affaissement du corps moulu, désappointement des rêves vains et des prévisions trompées, souvenir de la Vougne redevenu plus cuisant dans ce pays qu'elle avait si longtemps empli de sa présence. La grand'mère morte, les amis anciens sûrement hostiles depuis le départ et l'incendie, les Romanis en marche n'étant pas arrivés encore ainsi qu'elle l'espérait, il ne demeurait plus à Miarka que l'affection de Gleude pour tout appui dorénavant. Alors elle se repentit d'avoir été si dure envers le malheureux être, et elle éprouva le besoin de se câliner à son dévouement, comme elle se caressait les mains dans la fourrure séchée et soyeuse de Pouzzli.

Elle l'appela donc d'une voix tendre, et lui parla gentiment, lui disant combien il avait été bon pour elle pendant cette cruelle semaine d'aventures, et toujours, d'ailleurs, depuis qu'elle existait; et combien elle lui en était reconnaissante; et qu'il ne fallait pas faire attention aux mauvaises paroles que lui soufflait la colère. Tout en s'excusant ainsi, avec de mignonnes inflexions de phrases et des gestes charmeurs, elle lui abandonnait le bout de ses doigts, qu'il mouillait de douces larmes.

— Tu vois, disait-elle, pauvre ami, je t'ai fait pleurer hier, et voilà que je te fais encore pleurer maintenant, ingrate que je suis.

— Non, non, pas ingrate, répondait Gleude. Moi bête, voilà tout. Moi pleurer hier, parce que voir toi souffrir. Moi pleurer aujourd'hui, parce que voir toi guérie. Moi pas savoir dire quoi dans mon cœur. Mais toi toujours petite Miarka aimée. Toi d'un seul mot faire moi content. Toi, miel sur mes lèvres, bon miel plus fin que celui du curé.

Et il lui baisait longuement les mains, où sa bouche restait pâmée avec délices.

La Quédébinque les voyait et les entendait du dehors, par la porte ouverte, et grommelait en soignant ses oies, la mine rognonneuse, le regard en dessous :

— Trop bête, en effet, grand niquédoule! Ah! il te fera mal au cœur, ce miel-là. C'est du miel empoisonné. Elle te tient, la petite sorcière. Voilà qu'il lui liche les doigts, à présent, comme un chien. Il me tuerait pour elle, le possédé. Mais ce n'est pas fini, tout ça. N'est-ce pas, mon Blancot, ce n'est pas fini? Et la merlifiche ne sera pas maîtresse chez nous, hein! mon fieu?

Toutefois, elle n'osait pas entamer la lutte à face découverte, par crainte des coups. Même, elle se montra quasi avenante, apportant un maton pour le déjeuner de Miarka, qu'elle servit dans le lit. Seulement elle insinua :

— Qu'est-ce que vous allez faire, maintenant? Est-ce que vous comptez rester ici, tous les deux, à vous dire des choses sucrées du matin au soir?

— Moi travailler, répondit Gleude.

— Et elle? répondit la Quédébinque, en tâchant de dissimuler l'aigreur de son interrogatoire.

— Moi, je travaillerai aussi, dit Miarka.

— Non, non, toi pas travailler, interrompit Gleude. Moi veux pas. Moi pour deux.

La Quédébinque, malgré son désir de ne pas s'emporter, sentait la rage lui étrangler la gorge, à l'idée que cette fainéante mangerait du pain sans le gagner. Elle ne put s'empêcher de regimber sur un ton de sourde colère :

— Et pourquoi donc qu'elle ne travaillerait pas, dis-moi, ch'tiot blond? Pourquoi ça? Je travaille bien, moi.

Gleude fronça d'abord les sourcils, puis partit d'un grand éclat de rire au nez de sa sœur.

— Lève-toi, dit-il à Miarka, qui obéit machinalement, sans comprendre ce qu'il voulait faire.

Alors, montrant le large corps de la Poturonne, ses

lourdes hanches, ses épaules hommasses, ses paturons épais, ses mains grosses et calleuses, et lui faisant ensuite admirer la délicate membrure de Miarka, si svelte, si fine, si élégante sous ses haillons, l'innocent dit :

— Pourquoi, tu demandes? Regarde pourquoi.

— Eh ben! fit la Quédébinque. Et puis après? Elle n'est pas forte, je le vois, pas si forte que nous autres. Mais ce n'est pas une raison pour vivre à muser comme une princesse.

— Si, répliqua Gleude. Elle princesse, justement. Et nous, pauvres pile-la-terre. Nous faits pour besogner. Elle, pas. Vois ses pieds, tout petits, comme ceux d'alouette. Faits pour danser. Vois ses mains, douces et mignes. Faites pour cueillir fleurs et attraper papillons.

La vieille fille n'y put tenir, de dépit, et s'en alla sans rien répondre, tant elle se sentait pleine d'injures qu'elle n'avait pas le courage de proférer. Et pendant qu'elle se dégorgeait en amères et furieuses confidences à Blancot, Miarka souriante battait un entrechat devant Gleude, qui la contemplait, ébloui.

— Bon, bon, elle se gausse de moi, et lui avec elle, grogna la Quédébinque. Mais attends un peu, mon Blancot, attends! Il y a des gens qu'il n'osera pas battre, et qui n'auront pas peur de lui, le mauvais bougre. Tout ça n'est pas fini. S'il a des poings, j'ai une langue, amon, et je sais m'en servir.

Et elle se sauva vers le village, pour y répandre la nouvelle de leur arrivée, qu'elle agrémenta d'accusations, bientôt enflées dans les bavardages des commères. Au bout d'une heure, le bruit courait que la fille à l'ourse était revenue, et qu'elle se vantait de l'incendie allumé en partant, et qu'elle avait assassiné sa grand'mère en route, de concert avec Gleude son amoureux, et que tous deux avaient chassé de chez elle la pauvre Quédébinque pour se coucher ensemble dans son lit.

Rusée, la vieille fille se garda d'annoncer en personne la chose à la maison de M. Cattion-Bourdille, pensant bien que les cancans iraient d'eux-mêmes en forcer la porte.

Et c'est, en effet, par une voisine que madame Octavie apprit le retour de sa chère Miarka. Mais avec quelle désolation, quand elle sut les commentaires dont on l'accompagnait! Quoi! Cette petite était devenue si criminelle en si peu de temps! C'est elle qui avait mis le feu à la remise! Et tué sa grand'mère! Et maintenant, avec Gleude... Oh! non, non, de telles horreurs n'étaient pas possibles!

— Allons-y, monsieur, disait-elle, allons-y voir nous-mêmes. Il y a de la calomnie là-dessous.

— Et dit-on si elle a rapporté les livres? demandait le maire.

— Je me moque des livres, monsieur, répondit la gouvernante. Il s'agit bien de livres pour le quart d'heure. Écoutez comme on crie sur la place. Les gens s'ameutent. On va vouloir lui faire un mauvais parti, à la fillette. Vite, vite, monsieur, montrez-vous pour mettre le holà.

Des groupes, en vérité, s'étaient formés sur la place. A cette époque de l'année, en novembre, il n'y a plus grand monde aux champs, et les paysans baguenaudent volontiers en mazuclant dans les cours des fermes. Ils en étaient sortis, au hourvari des commérages qui bourdonnaient d'abord sur les seuils, et grossirent bientôt en vacarme devant l'église et le cabaret. On répétait les abominations insinuées par la Quédébinque. On les exagérait encore. On rappelait tous les méfaits commis, de temps immémorial, par les merlifiches. On en faisait retomber le poids sur la coupable d'aujourd'hui, sur cette audacieuse gamine qui avait bien eu le front de revenir, après l'incendie, après l'assassinat de sa grand'mère, avec cette brute de Gleude ensorcelée par ses sales maléfices. Et la vieille haine des rustres contre les Bohémiens s'exaspérant à ces discours enfiellés, s'enflait peu à peu en cris de guerre, en cris de vengeance :

— A mort la fille à l'ourse! A mort!

— Voyons, du calme, du calme, fit le maire en arrivant sur la place, suivi de madame Octavie, qui appelait le curé à la rescousse.

— C'est une incendieuse! une empoisonneuse! une treulée! hurlaient les paysans et les commères.

— Laissez faire l'autorité! l'autorité, sacrebleu! grognait Forlet-Lefebvre, en montrant sa plaque, et en assurant son bicorne en bataille.

Le curé tentait de haranguer ses paroissiens, leur recommandait la douceur et la patience, leur parlait de Notre-Seigneur refusant de jeter la première pierre à la femme adultère. M. Alliaume lui-même, malgré ses mauvaises dispositions à l'égard des merlifiches, était effrayé de la violence populaire, et fatiguait son asthme en objurgations conciliantes. Quant à madame Octavie, elle allait de l'un à l'autre, s'adressant aux femmes surtout, les suppliant de ne pas exciter les hommes par leur aigre turbulence; et elle répétait sans cesse, en joignant les mains :

— J'en réponds, moi, de Miarka, j'en réponds. Vous pouvez bien avoir confiance en moi, en madame Octavie. Et monsieur le maire en répond aussi, et monsieur le curé. N'est-ce pas, messieurs?

Tout ce qu'on put obtenir de la foule, c'est qu'elle consentît à laisser mener la manifestation par l'autorité, comme disait Forlet-Lefebvre. Mais la manifestation n'en fut pas moins organisée et furieuse. Derrière M. Cattion-Bourdille, l'abbé Ternaille, madame Octavie, le père Alliaume et le garde champêtre, qui marchaient en tête, la bande paysanne continuait à déblatérer. Plus de cent personnes, hommes, femmes et galopins, descendaient en ennemis vers le Fond-des-Roques. Et la Quédébinque, qui était revenue en tapinois chez elle, sans avoir dit son absence à Gleude, se frotta les mains et caressa joyeusement Blancot, qu'elle mettait à l'abri, lorsqu'elle entendit grandir peu à peu la clameur des braillards et retentir bientôt ces cris avant-coureurs de sa vengeance prochaine :

— A mort la merlifiche! A mort la gueuse! A mort la fille à l'ourse!

II

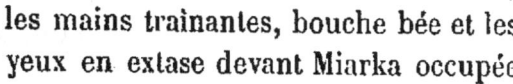

Gleude était accroupi par terre, le derrière aux talons, les mains traînantes, bouche bée et les yeux en extase devant Miarka occupée à débrouiller ses lourds cheveux tordus comme des nœuds de serpents noirs. Il entendit soudain la rumeur et perçut, lui aussi, les menaces de la foule aboyante. D'un bond, tandis que la jeune fille terrifiée se rencoignait au fond de la chambre, il s'était dressé en appelant Pouzzli. Et, quand les paysans arrivèrent en vue de la hutte, ils trouvèrent, barrant la porte, ainsi que deux sentinelles, l'innocent et l'ourse, debout, côte à côte, grinçant des dents et prêts à la bataille.

Il y eut un instant de silence formidable. Le flot des arrivants poussait la tête de la colonne d'un mouvement irrésistible. Le maire eut peur d'être jeté le premier sur ces deux fauves, et il rentra dans le rang à reculons.

— Ma foi! dit-il, je n'y peux rien. Qu'ils s'expliquent entre eux! Laissons-les, va, Ternaille.

Le curé le regarda tranquillement et lui répondit ce seul mot :

— Ponce-Pilate!

Mais le recul du maire avait été vu. On comprenait

qu'il n'aurait pas le courage d'intervenir. Sa lâcheté donnait la carrière libre à toutes les violences. Les cris éclatèrent de nouveau, plus féroces; et dix ou douze des gaillards les plus hardis se portèrent en avant, armés de fourches et de fléaux.

— Nous ne t'en voulons pas à toi, Gleude, fit l'un d'eux. Va-t'en! On ne te touchera pas. C'est la merlifiche qu'il nous faut.

— Oui, oui, clama la foule, qui, malgré son exaspération, aurait préféré pouvoir être cruelle sans aucun danger.

Et l'on répétait, couvrant la voix de madame Octavie et du curé :

— La fille à l'ourse! la fille à l'ourse!

Gleude ne perdit pas contenance. Il était bien décidé à mourir pour Miarka, avec une résolution calme et farouche. Il leur répondit :

— Vous demander à l'ourse ou à moi, même chose. Si l'ourse veut, moi veux.

Et, comme Pouzzli ouvrait à ce moment sa gueule démuselée, toute grande, avec ses longs crocs pareils à des poignards blancs, et grommelait en se frappant la poitrine de ses grosses pattes trapues, il ajouta :

— Elle veut pas, voyez. Moi non plus.

En même temps, dans le coin de la porte, contre l'armoire, il avait empoigné la hache de bûcheron de son père, une énorme cognée large comme une pelle, lourde comme une masse à forger le fer, emmanchée au bout d'une branche de frêne qui vous montait jusqu'à l'aisselle; et il brandissait maintenant, les deux bras tendus et tous les muscles gonflés, cette arme de colosse, dont la vieille lame rouillée semblait rouge de sang..

— Mon Dieu! mon Dieu! pourquoi m'avez-vous fait venir, madame Octavie? gémissait le maire.

— Pour que vous montriez un peu de cœur, monsieur, répondit la gouvernante, indignée d'une faiblesse pareille. Dites-leur donc quelque chose. Ils vont se massacrer.

— Mes enfants, voyons, mes bons amis, répétait le curé, plus brave, mais qui pourtant n'osait pas trop se tenir dans l'espace encore libre entre les futurs combattants.

— Monsieur le curé, disait le père Alliaume, faites comme monsieur le maire, allez. Ils sont tous fous de colère. Ce n'est pas ici la place des honnêtes gens.

— Rends-toi, Gleude, rends-toi! criait Forlet-Lefebvre. Rends-toi à l'autorité. Moi j'arrêterai la merlifiche, et on ne lui fera rien, je te le promets.

— Ni à vous, ni à personne, répondit Gleude. Elle pas coupable. Elle moi la défendre. Premier qui approche, mort.

Et il était tellement terrible, ramassé sur ses reins, le bois de la cognée appuyé à l'épaule, les deux poings crispés sur le manche, et à côté de lui l'ourse soufflait si furieusement en faisant claquer ses mâchoires, que personne, en effet, n'osait se risquer à venir le premier tenter l'assaut de la porte.

Les prendre par derrière, il n'y fallait pas songer; car la hutte s'adossait à la muraille naturelle du Fond-des-Roques. Les assaillir à coups de pierre, on en eut bien l'idée. Mais la ravine, tout en mousse et en buissons, n'offrait point de projectiles.

— Au feu, l'incendieuse, au feu! cria soudain une commère.

Et elle alluma un tas de feuilles sèches par terre. On comprit son dessein. Il s'agissait de faire là un foyer. Puis, on lapiderait la hutte avec des tisons en flammes.

— Mais empêchez-les donc, monsieur, dit madame Octavie. Empêchez-les. C'est une scélératesse. Êtes-vous le maire, oui ou non? Et vous, Forlet-Lefebvre, à quoi vous sert votre plaque? Voyons, voyons, mère Philomène, madame Berlot, toi, Doctrouvé, voyons, vous avez perdu la tête, n'est-ce pas? C'est un crime que vous allez commettre.

Elle courait de l'une à l'autre, les arrêtant par leurs jupes, les bousculant, donnant des coups de pied dans le brasier qui commençait à darder ses langues rouges. Mais les mégères ne voulaient rien entendre. Les hommes entouraient le garde champêtre et lui défendaient d'approcher. L'abbé Ternaille avait tous ses soins occupés à retenir M. Cattion-Bourdille, qui voulait absolument partir et que le père Alliaume entraînait. Et les gamins, bousillant à la hâte dans les halliers, en rapportaient vite, vite, des brassées de bois mort, des paquets de mousse séchée, des branches entières, jusqu'à des souches déracinées, qu'ils jetaient dans le feu avec des cris de joie.

Du côté de la maison, la Quédébinque se lamentait, grimpée sur le toit de ses oies, qui était voisin de la hutte. Mais, tout en geignant à l'idée de sa bicoque qui allait flamber tantôt, elle songeait qu'on la lui rebâtirait aux frais de la commune; et un éclair de haine illuminait sa grosse figure, à l'idée plus consolante encore de sa vengeance enfin prête, et de la torture dans laquelle mourrait la fille à l'ourse. Elle tenait Blancot effaré dans son giron, et lui disait tout bas :

— N'aie pas peur, mon Béjamin. Nous n'aurons rien, nous autres. C'est elle, c'est elle qui va souffrir. Et nous sommes au balcon pour la voir griller, mon Blancot, la voir griller comme une rate prise dans un fourneau. Ah! ah! je te l'avais bien juré, qu'elle ne l'emporterait pas en paradis. En enfer, en enfer, la merlifiche! En enfer toute vivante! Et tant pis pour le niquedoule, s'il y reste avec elle!

Tout de même, plus pitoyable pour son frère, elle lui criait :

— Sauve-toi donc, Gleude! sauve-toi!

Mais Gleude ne bougeait point de son poste, pas plus que Pouzzli.

Il n'était plus calme comme tout à l'heure, cependant. Il se demandait avec angoisse comment il allait défendre Miarka, contre ce danger nouveau. Il se sentait impuissant. Quoi faire? Aller jusqu'au brasier, en écarter la foule? Mais c'était loin, à plus de cinquante pas. Et pendant qu'il serait là-bas, on forcerait la porte, on éventrerait l'ourse à coups de fourche, et Miarka serait aux mains des forcenés. Quoi faire?

Miarka, elle, sa première terreur passée, s'était retrouvée la courageuse fille qu'elle était, et tout son sang romané lui était remonté aux joues, en une belle pourpre d'audace et d'orgueil. Comme Gleude se retournait, à un moment, pour la rassurer, il la vit tout près de lui, derrière son dos, la figure sereine et presque souriante. Elle avait pris dans un tiroir un long coutelas de cuisine, qu'elle aiguisait d'une main ferme, et, le lui montrant, elle dit :

ENTENDS LA GUZLA, HOLA!

— J'en tuerai aussi, moi, avant de mourir. Qu'ils y viennent!

Mais ils n'y venaient pas, les madrés et lâches ennemis. Ils s'approchaient lentement maintenant, à pas sournois, prêts à reculer si l'on avançait, et guettant la minute où ils seraient à portée de la maison pour y jeter les branches enflammées qu'ils brandissaient comme des torches.

Le premier tison lancé vint tomber à dix pas devant Gleude. Il courut le ramasser et le relança parmi la foule, où il brûla quatre ou cinq personnes qui se sauvèrent en hurlant.

— Finissons-en, dit quelqu'un. Marchons tous à la fois.

Ils s'avancèrent une vingtaine; et derrière eux la bande des commères et des gamins se mit à grouiller. Évidemment les assiégés ne pourraient pas tenir contre la pluie de feu qui se préparait. Il ne leur restait plus qu'à tenter une sortie, au milieu des flammes dont on les mitraillerait alors en pleine figure.

— Allons-y, fit Miarka. Finissons-en, comme a dit ce grand lâche. Ah! celui-là, je veux voir la couleur de son sang!

— Moi y aller seul, d'abord, répliqua Gleude. Laisse, Miarka, laisse.

Il tremblait pour elle, à la pensée que cette peau délicate, que ces cheveux adorés, pourraient se tordre sous les morsures du feu. Pour la prévenir, pour l'en garantir un instant de plus, il eût volontiers pris dans ses mains, étouffé sur sa poitrine, écrasé sous ses pieds tous ces tisons, et se fût couché la face dans le brasier.

— Non, non, disait Miarka. Je vais avec toi. Je le veux. Viens, Pouzzli. Tous ensemble.

Et ils allaient se jeter en avant, quand soudain, au milieu d'un silence qui annonçait le moment suprême, un grand cri s'éleva.

C'était madame Octavie, exaspérée de la lâcheté de tous, enthousiasmée par la bravoure de Miarka, qui n'écoutait que son affection pour la jeune fille, et qui avait couru se précipiter dans ses bras.

— Osez-donc nous brûler maintenant, faisait-elle, en la tenant contre son cœur. Osez donc !

Le curé, encouragé par l'exemple, traversa tout à coup l'espace vide, et vint rejoindre la gouvernante.

— Allons, allons, monsieur le maire, criait la brave femme, arrivez aussi, vous ! Et, prise d'une inspiration subite, elle ajouta :

— Si ce n'est pas pour elle, venez au moins pour les livres. Entendez-vous, monsieur, les livres ! Ils vont brûler les livres.

M. Cattion-Bourdille, comme réveillé en sursaut, bouscula le père Alliaume, et courut à son tour jusqu'à la hutte.

— Bravo! criait le garde champêtre. Enfin, l'affaire sera donc réglée avec l'autorité, sacrebleu! Dispersez-vous, ah! vous autres. Attention! Je vais dresser procès-verbal contre les récalcitrants.

Mais il pouvait faire le faraud sans danger aucun désormais. Car les paysans, que l'audace de Gleude et de Miarka avait déjà bien amollis tout à l'heure, n'avaient plus le moindre cœur à leur cruelle besogne, maintenant. Ils restaient déconfits et penauds, n'osant plus menacer la hutte, où le maire, le curé, madame Octavie et la jeune fille étaient entrés. Ils contemplaient de loin Gleude et l'ourse, qui s'étaient remis gravement en sentinelles devant la porte close. Et, sous l'œil sévère du garde champêtre, ils rejetèrent l'un après l'autre leurs tisons dans le brasier, autour duquel les gamins, ravis de l'école buissonnière, se mirent à danser une ronde en faisant la nique au père Alliaume.

III

Les explications fournies par Miarka en présence de l'autorité, l'intervention favorable de l'abbé Ternaille, la caution respectée de madame Octavie, eurent raison enfin de l'accusation monstrueuse.

Les paysans, accouardis par leur vengeance manquée, et réfléchissant aux conséquences qu'en eût entraînées la réussite, se félicitaient d'avoir été empêchés à temps, puisque, d'ailleurs, la fille à l'ourse n'était réellement pas coupable. L'aspect toujours menaçant de Gleude et de Pouzzli avait aussi quelque part dans l'apaisement des colères. On sentait que, décidément, il eût fallu en découdre et au dam de plusieurs, avant de mener le châtiment promis à bonne fin. Somme toute, donc, mieux valait que la chose se terminât de la sorte, sans accident pour personne.

La Quédébinque en fut pour la honte de ses calomnies avortées, et la foule peu à peu se dispersa, comme si les haines s'éteignaient avec les dernières flammèches du brasier devenu feu de joie.

Mais, au fond, une sourde rancune persistait à l'égard de la fille à l'ourse. Il fallait bien se résigner à ne lui point faire de mal, protégée comme elle était par les gros bonnets du pays, et défendue par des gardiens farouches comme Pouzzli et comme Gleude. Quant à ne pas lui en vouloir, c'était une autre affaire! Et sa situation ne sortit pas sans boiter de ce mauvais pas.

Une chose surtout l'empêcha de rentrer en grâce auprès des rustres : c'est la fierté hautaine qu'elle se mit désormais à leur manifester. Elle ne semblait plus la même qu'autrefois. Avant son départ, c'était une gamine encore, aux allures gaies, d'un abord avenant. Depuis le jour où l'on avait failli la brûler vive, elle prit, au contraire, une mine hargneuse. On eût dit que de plus en plus l'esprit de sa grand'mère revivait en elle. Comme la Vougne, elle avait maintenant la figure méfiante, le verbe dur, le geste méprisant; et ses yeux gris et clairs, aux luisants d'acier, vous jetaient au passage, ainsi que jadis les yeux vairons de la vieille, de noirs regards troublants tout chargés de maléfices.

Puis, malgré toutes les supplications de madame Octavie, elle avait refusé de venir habiter chez le maire. Elle préférait demeurer dans la hutte de Gleude, en tête-à-tête perpétuel cependant avec cette vilaine et mauvaise Quédébinque, dont l'hostilité mal dissimulée éclatait à tout propos.

— Tu ne m'aimes donc pas? lui demandait madame Octavie, presque en larmes.

— Si, si, je vous aime bien, répondait la jeune fille. Déjà autrefois je vous aimais, et j'ai pleuré de vous quitter quand je suis partie avec grand'mère. Bien plus encore, je vous aime, à présent, puisque vous m'avez sauvé la vie l'autre jour.

— Alors, pourquoi ne viens-tu pas à la maison, comme jadis?

— Parce que je ne veux pas.

— Mais donne-moi tes raisons. As-tu peur de monsieur, à cause de tes livres? Tu me les confieras, à moi. Je les mettrai sous clef, et personne au monde n'y touchera, je te le jure, personne.

— Non, je n'ai pas peur. Je saurais bien les défendre, allez.

— Alors, pourquoi rester ici où tu es mal, dans une maison pauvre, chez des gens à qui tu es à charge? Chez nous, tu n'étais donc pas plus heureuse, mieux choyée? Tu faisais tout ce que tu voulais.

— Partout je fais tout ce que je veux.

— Enfin, c'est par pur entêtement que tu me refuses, je le vois bien. Tu n'es qu'une méchante obstinée, une ingrate.

Miarka ne répondait rien aux reproches, ne discutait plus, laissait madame Octavie se répandre en longs discours, avait l'air à la fin d'être convaincue, tant elle écoutait silencieusement. Puis elle concluait en hochant la tête avec un sourire qui n'admettait pas de réplique, et en répétant :

— Je ne veux pas.

Cela aussi lui porta grand préjudice, même dans l'esprit de madame Octavie, qui en vint à penser que la Quédébinque pouvait bien avoir raison au moins en ce qui touchait les relations de Gleude et de la jeune fille. Pour elle, il n'y eut bientôt plus de doute : tout en croyant à la sagesse de Miarka, elle lui supposa au cœur une tendresse pour Gleude plus vive qu'une simple amitié.

Il faut avouer aussi que les apparences étaient contre eux, et que la Quédébinque avait beau jeu à les calomnier. Jamais ils ne se quittaient maintenant. Qui voyait Miarka quelque part, y apercevait bientôt l'innocent, collé à ses pas aussi assidûment que l'ourse. Ils ne vaguaient qu'à eux trois. Sans rien dire bien souvent; car Miarka était devenue singulièrement muette et songeuse, toujours absorbée dans son espoir de la tribu en marche. Mais dans ces moments de promenade silencieuse, la chose paraissait plus manifeste encore. Il n'y avait qu'à considérer les mines extatiques de Gleude, et comme il la couvait sans cesse des yeux, pour être convaincu de sa passion. Quant à elle, n'avait-elle pas aussi le regard d'une affolée et cette vague inquiétude à quoi l'on reconnaît l'amour, même chez les bêtes?

L'abbé Ternaille, qui les avait rencontrés ainsi plusieurs fois, et qui avait l'expérience du péché comme confesseur, ne s'y trompa pas, lui. Madame Octavie lui faisant part un jour de ses soupçons, il lui répondit :

— Oh! parfaitement, madame. Je suis tout à fait de votre avis. Ils s'aiment. Cela se voit comme le nez au milieu du visage.

— Si on les mariait, monsieur le curé, reprit-elle. Qu'en pensez-vous? Ce serait une belle occasion pour la baptiser, à présent que la Vougne n'est plus là.

— Et je leur donnerais une dot, ajouta le maire. Ainsi nous remettrions un peu la main sur elle.

— Et sur les livres, n'est-ce pas, monsieur? interrompit la gouvernante.

— Oui, madame Octavie, répondit le maire. Car c'est enrageant de savoir un si beau trésor dans le pays et de ne pouvoir en profiter.

— Et pourquoi n'épousez-vous pas Miarka vous-même? riposta la gouvernante avec un rire ironique. Elle vous les apporterait en mariage, ces fameux livres.

Le maire se mit d'abord à rire, comme l'abbé Ternaille, à cette idée saugrenue. Puis il devint subitement sérieux, se prit à réfléchir gravement, et tout à coup, au grand ébahissement du curé et de madame Octavie, il s'écria :

— Tiens! tiens! mais pourquoi pas? Au fait, c'est une solution.

Et, comme la gouvernante lui demandait s'il était fou, il ajouta :

— Dame! dans l'intérêt de la science.

— Eh bien! reprit madame Octavie, voilà qui est complet, par exemple. Ah! je vous ai toujours dit qu'elle vous mènerait loin, monsieur, votre science; mais je ne pensais pas que ça serait jamais jusque-là.

— Ne vous chamaillez donc pas à propos d'une chimère, interrompit le curé. Puisque Miarka aime Gleude, cela coupe court à tout.

— Êtes-vous sûr qu'elle l'aime? objecta le maire.

— Mais oui, mais oui, répondit le curé. Et si vous voulez même toute mon opinion là-dessus, d'après ce que j'entends dire à droite et à gauche, eh bien! c'est qu'il n'est que temps de les marier.

— Oh! monsieur le curé, fit la gouvernante avec un geste de pudeur indignée. Oh! pouvez-vous avancer des choses pareilles! Miarka n'est pas une coureuse, entendez-vous. Cela n'est pas admissible.

— Il faut en avoir le cœur net, reprit le maire. Il faut prendre des renseignements sérieux. Cela me tracasse.

Il semblait, en effet, tout bouleversé par l'assurance de Ternaille. L'idée folle de madame Octavie, l'idée émise tout à l'heure en riant, le hantait depuis ce moment avec une obsédante ténacité. Il avait beau se morigéner pour la trouver absurde, il y revenait malgré lui; il s'y arrêtait complaisamment; il se répétait à lui-même :

— Pourquoi pas? Pourquoi pas? Je ne suis pas un vieillard après tout. Et puis, c'est dans l'intérêt de la science.

Talonné par l'incertitude, il n'eut pas de cesse, le lendemain, qu'il n'eût emmené madame Octavie au Fond-des-Roques, pour interroger Miarka en personne.

Ils la trouvèrent occupée à se polir les talons avec un morceau de pierre ponce, tandis que Gleude, assis par terre devant elle, la contemplait tout en tressant une petite cage d'osier. Les doigts enchevêtrés dans les éclisses en copeaux frisés, l'échine arrondie, les jambes reployées, il continuait sa besogne machinale, sans quitter des yeux le talon pareil à un œuf rose. Il n'entendit même pas venir les visiteurs, tant il était perdu dans sa muette et voluptueuse admiration, où sa pensée, suivant son regard, s'hypnotisait.

— Tu aimes donc bien Miarka? lui dit madame Octavie à brûle-pourpoint, pour prendre tout de suite langue à ce qu'elle voulait savoir.

Il devint pourpre, et répondit d'une voix rauque :
— Oui.

— Et toi, Miarka, reprit-elle, est-ce que tu aimes bien Gleude?

La jeune fille eut un léger retroussis de lèvre, imperceptiblement moqueur, puis répondit à son tour, mais sur un ton dégagé, quasi indifférent :
— Oui, je l'aime bien.
— Pardon, interrompit M. Cat-

tion-Bourdille, entendons-nous. Il voulait s'expliquer en termes clairs; mais il se mit à balbutier, tandis que s'accentuait l'expression ironique de Miarka.

— Allons au fait, reprit madame Octavie. Moi je ne suis pas pour qu'on barguigne. Bref, voulez-vous vous marier?

Gleude pâlit soudain, et fut pris d'un grand tremblement, dont la vue arrêta net l'éclat de rire prêt à partir en fusée sur les lèvres, maintenant tout à fait moqueuses, de la jeune fille.

Elle se leva, sur une pirouette, et se sauva en bondissant dans le hallier, suivie par Pouzzli au trot, et par Gleude, qui planta là, sans plus de cérémonie, son ouvrage lâché et ses interlocuteurs stupéfaits.

— Eh bien? dit madame Octavie, nous ne sommes guère avancés. Elle s'est moquée de nous, la mâtine.

— Et de Gleude aussi, ajouta le maire.

— Cependant, ils s'aiment.

— Mais elle ne veut pas l'épouser.

— Alors?

— Alors, rien. Je constate, pas plus.

Et, en s'en allant, M. Cattion-Bourdille resongeait à la chimérique idée de tantôt. Cette petite devait être ambitieuse, après tout. Certainement il serait facile de supplanter dans son cœur cette brute de Gleude, un simple, un gueux. Quel rêve! Quel trésor pour la science! Posséder ces livres, apprendre à les lire, être seul à les connaître dans le monde savant! Et, par un bizarre amalgame de manie et de passion, il en arrivait à s'amouracher réellement de la jeune fille, en qui s'incarnait pour lui cette race obscure dont il avait fait le sujet d'étude de sa vie entière.

Mais madame Octavie ne voyait point d'aussi belles choses dans l'impertinente réponse de Miarka. Sûre de l'amour réciproque des deux jeunes gens, elle trouvait abominable le refus de la Bohémienne à l'idée de mariage. Quoi! les histoires qui couraient le village étaient donc vraies! Cette Miarka, qu'elle chérissait tant, n'était donc qu'une vulgaire treulée, comme disaient les commères! Mon Dieu! mon Dieu! était-ce bien possible? Et à l'esprit de la bonne dame scandalisée revenaient, avec de cuisantes piqûres, les cancans salés des paysans. Car ils ne se gênaient pas, eux, pour lâcher la chose tout à trac, et pour colporter les confidences cyniques de la Quédébinque, qui répétait sans cesse à tout venant :

— Je les ai vus, moi. Je le sais bien. Ils font ensemble.

IV

La vérité, c'est qu'en effet Gleude était fou d'amour pour Miarka, et que Miarka de son côté aimait aussi, mais non pas Gleude.

Elle aimait le jeune roi promis par les tarots, annoncé par la Vougne, le jeune roi inconnu qu'elle connaissait pourtant à force de l'imaginer dans ses rêves. Et si elle était devenue tant silencieuse et mélancolique, d'allures farouches, cherchant la solitude avec délices, et s'y enfonçant même dans la compagnie de Gleude, sans plus faire attention à la présence de l'innocent qu'à celle de Pouzzli, c'était pour se perdre en songeries et mieux guetter au fond de son cœur la venue du petit oiseau bleu. Et ses tristesses, de jour en jour plus noires, venaient de l'attente douloureuse où elle se consumait, sentant toujours au nord les Romanis en marche, et ne les voyant jamais arriver, et n'espérant plus les voir arriver en cette saison de neigeux décembre, qu'ils devaient passer quelque part, arrêtés dans un campement d'hivernage.

Gleude ne pouvait pénétrer le secret de ce chagrin et le mystère de cet amour.

Sans doute, il aurait dû se rappeler les phrases étranges échappées à la fièvre de Miarka, lorsqu'elle rêvait tout éveillée, et qu'elle tendait les bras au jeune roi entrevu dans les brumes de l'horizon. Mais, depuis son retour, jamais plus elle n'avait parlé aussi clairement. Et c'étaient donc là, pour Gleude, des paroles de délire auxquelles il ne fallait pas attacher de sens.

De même, il ne s'inquiétait pas du souhait si souvent exprimé, et par la Vougne, et par Miarka, touchant la royauté prédite. Être reine! Que Miarka fût reine! il ne voyait là qu'une allégorie, une de ces images fréquentes dans leur langage symbolique, dont la poésie lui était familière et ne l'étonnait plus. Elle était reine par la grâce, par la beauté, par la science! C'était sa reine, à lui! Il ne cherchait pas une réalité plus solide au fond de ce mot.

Pour tout dire, il ne voulait pas chercher. Il préférait s'en tenir à ces explications superficielles, qu'il se donnait à lui-même, dont il se leurrait voluptueusement, dont il consolait son pauvre amour malheureux et inquiet.

Car, il avait beau faire, il y a une chose dont il ne pouvait douter : c'est que Miarka ne l'aimait pas. Il le comprenait bien; il était bien forcé de le comprendre; elle prenait si peu de soin de le lui cacher! Certes, elle se montrait douce, et câline même pour lui. Elle le traitait gentiment. Elle lui disait de mignardes paroles. Elle souffrait qu'il fût toujours auprès d'elle, et cela jusque dans les moments où elle s'abîmait en longues penseries solitaires et silencieuses. Mais jamais elle n'avait à son endroit un de ces regards, un de ces serrements de main, un de ces mots, qui révèlent un cœur troublé. Jamais il ne la sentait frémir et vibrer à son contact. Loin de là! Quand parfois, rêveuse, elle s'alanguissait, caressée par l'aile de sa chimère, et qu'il la croyait alors en proie aux sensuelles inquiétudes qu'il éprouvait lui-même, s'il essayait de lui parler, de la toucher en cet instant, elle se réveillait soudain fâchée, presque dure, et le glaçait par son indifférence. Il ne se rendait pas compte qu'il avait brutalement interrompu le duo d'amour mystérieux, qu'elle se chantait en elle-même. Mais il voyait de reste qu'elle n'était point disposée à le chanter avec lui. Autant elle s'abandonnait, confiante, affectueuse, lorsqu'il l'entourait seulement de dévouement fraternel, autant elle se reprenait et le tenait à distance dès qu'il risquait, fût-ce en tremblant, quelque tentative plus tendre. Non, elle ne l'aimait pas! Elle ne voulait même point se laisser aimer par lui.

Il en souffrit amèrement, et son amour s'en exaspéra. Toutes ces sensations pénibles, toutes ces réflexions douloureuses, qu'il formulait mal dans sa tête obscure, y bouillonnaient sans cesse, y fermentaient, le soûlaient. Il ne pouvait, d'ailleurs, se résoudre à cette idée si naturelle, que l'amour souffle où il veut. Il n'avait pas assez de philosophie, le pauvre être, pour admettre que Miarka l'aimât seulement comme un frère, après tout ce qu'il avait fait pour elle. A coup sûr, sous sa rude enveloppe, il était trop délicat de cœur pour la taxer d'ingratitude. Et cependant, il ne pouvait s'empêcher de penser à tous les services qu'il lui avait rendus, à tous les dévouements dont il l'avait toujours choyée; et son esprit droit trouvait qu'en retour il eût été juste qu'elle l'aimât. Pour la première fois de sa vie, il osa l'accuser dans son for intérieur, et ne point la juger parfaitement innocente, et presque lui en vouloir.

De là aux soupçons mauvais, il eut vite franchi le pas, comme tout amant rebuté qui cherche aussitôt son rival. Il analysa, du mieux qu'il pouvait, dans sa pauvre intelligence, l'étrange tristesse de la jeune fille. Évidemment, ce n'était pas là le chagrin causé par la mort de la Vougne. Celui-ci n'avait point les mêmes aspects mélancoliques et taciturnes. Il se répandait, au contraire, en souvenirs. Donc, les longues penseries de Miarka, les penseries solitaires et silencieuses, venaient d'une autre source. A qui songeait-elle? De qui parlait-elle parfois à Pouzzli, dans sa langue incompréhensible pour Gleude? N'ayant pas la clef des chimériques amours de Miarka, il chercha plus terre-à-terre, et voici ce qu'il finit par trouver.

M. Cattion-Bourdille, toujours hanté par son impérieux désir des livres, et par le bizarre moyen que lui avait suggéré madame Octavie pour s'en rendre plus sûrement possesseur, avait commencé, lui aussi, sa cour à sa manière. Ce n'était pas avec de contemplatives attitudes, des mines de chien soumis, des frissons de pâmoison voluptueuse, qu'il exprimait sa passion singulière de savant. Et vraiment il n'y avait guère de quoi exciter la jalousie, dans ses graves conversations, qui toujours roulaient sur l'histoire et les mœurs des Bohémiens. Mais la persistance de ses visites, la fréquence de ses cadeaux, et le plaisir naïf qu'y prenait Miarka, suffirent à torturer le soupçonneux innocent. Elle aimait à se parer, la coquette, et une joie d'enfant illuminait ses yeux, s'épanouissait dans son sourire, quand le maire lui apportait des rubans, des étoffes voyantes, un bout de dentelle chiffonnée comme une aile de libellule. Un jour qu'il lui donna une petite bague, portant une améthyste dans un anneau d'or, elle ne put s'empêcher de lui sauter au cou et de l'embrasser. Ce jour-là, l'opinion de Gleude fut faite! Il s'imagina que la jeune fille, ambitieuse et fière, s'était laissé prendre à l'appât de la richesse, à l'espoir d'épouser le maire, au désir de dominer le pays, comme une alouette vole aux facettes pailletées du miroir, dont la tournoyante lumière la grise en l'éblouissant.

Oui, oui, c'était là l'impitoyable vérité! Ingrate, elle oubliait toutes les tendresses de Gleude, ses longs sacrifices, sa bonté, son esclavage dévoué depuis seize ans, et cela par orgueil, par mépris pour le pauvre diable sans puissance et sans fortune! Voilà le secret de ses rêveries et de ses tristesses! Elle songeait à des revanches à prendre sur les paysans, qui l'avaient tant humiliée de ce nom de merlifiche, qui avaient voulu la brûler vive comme une sorcière. Elle était triste quand elle désespérait d'y arriver. Elle s'exaltait à l'idée de son triomphe prochain. De là ses attitudes dédaigneuses, froides. Et cette haute situation, c'est sans nul doute ce que les tarots avaient prédit. Il comprenait, maintenant! Il n'était pas aussi bête qu'on le croyait! M. Cattion-Bourdille n'était-il pas, à sa façon, le roi du pays?

Elle en serait la reine, si elle l'épousait. Tout devenait clair.

Ainsi se forgeant des tortures, sans en rien dire à personne, Gleude jaloux aiguisait peu à peu sa rage contre le maire; et son amour, ténébreux, farouche, s'ulcérait jusqu'à se changer parfois en sourde colère contre Miarka elle-même.

Deux êtres, cependant, bien qu'il renfermât en lui ces tempêtes, s'en aperçurent : l'ourse et la Quédébinque.

Pouzzli aimait Gleude; mais elle aimait encore plus Miarka. Comme tous les animaux longtemps familiers, qui ont le flair des gens agréables et désagréables à leur maître, elle avait compris d'instinct la révolution de sentiments qui s'était faite dans le cœur de Gleude à l'égard de la jeune fille. Elle était jalouse, elle aussi, d'ailleurs; et elle n'avait pas vu tout d'abord d'un bon œil les trop audacieuses tentatives de l'innocent. Elle aurait sûrement été furieuse si Miarka y eût répondu. Maintenant que Gleude, désappointé, roulait de noirs projets et de méchants soupçons dans ses yeux brouillés, elle fut plus furieuse encore. Elle sentait là comme une haine qui s'éveillait contre sa maîtresse, contre son nourrisson toujours chéri; et, en retour, elle cessa d'être affable pour Gleude. Elle ne se frottait plus le long de ses jambes, ne lui offrait plus sa grosse tête à caresser, le regardait toujours en dessous, et semblait n'attendre qu'un ordre de Miarka pour traiter cet ancien ami en dangereux étranger.

Quant à la Quédébinque, c'est elle surtout qui entretint les vilaines idées de Gleude et qui aguicha sa jalousie contre M. Cattion-Bourdille. En toute conscience, d'ailleurs, il faut l'avouer, car l'ingratitude et l'ambition de Miarka ne l'étonnaient point, et cadraient plutôt avec la mauvaise opinion qu'elle avait toujours eue de la merlifiche. L'occasion était trop belle de trouver des preuves à l'appui, pour qu'elle n'en profitât pas. Elle mit donc tous ses soins à aigrir son frère, et n'y épargna ni les perfides insinuations, ni les pitiés hypocrites.

— Elle te considère comme son va-trop, faisait-elle, comme son chien. Ah! pauvre ch'tiot blond, va, tu n'as pas de chance. Nous sons des pile-la-terre, nous autres. Et c'est une princesse, elle, comme tu le disais si bien un jour. Comment veux-tu qu'elle t'aime? Il lui faut un riche, un monsieur! Ah! la petite coquine! Après tout ce que tu as fait pour elle!

L'hiver se passa de la sorte, inquiet, triste, troublé, douloureux pour tous : pour Miarka, qui songeait toujours au jeune roi et qui souffrait de le voir manquer au rendez-vous du destin; pour M. Cattion-Bourdille, qui s'amourachait de plus en plus sans y prendre garde; pour Pouzzli qu'affligeait la mélancolie de Miarka et qu'irritait la passion de Gleude; pour Gleude enfin plus encore que pour tout le monde, pour Gleude affolé, jaloux, rebuté, qui desséchait à la fois d'amour et de rage.

Seule, la Quédébinque était joyeuse, et c'est avec d'aigres ricanements qu'elle disait à son Blancot :

— Patience! patience! La soupe mijote, mon Béjamin, la bonne soupe empoisonnée qui leur donnera la colique.

La marmite bout. On va servir tantôt. Patience! patience! Tout cela finira mal pour les autres, et ce sera bien pour nous.

V

Le printemps était revenu, et avec lui le cœur de Miarka s'épanouissait de nouveau. Sa mélancolie, nourrie par les noirs pensers de l'hiver, s'évaporait dans le ciel bleu. Son espoir refleurissait comme les arbres et recommençait à chanter comme les oiseaux. Dans la brise fraîche qui faisait courir les nuages, elle humait le désir rajeuni de ses rêves. Il lui semblait entendre, plus proche maintenant, le murmure confus de la caravane en marche. Elle les voyait là-haut, là-haut, les Romanis, descendant vers les pays du soleil, se hâtant vers le rendez-vous fixé par le destin, accourant vers elle. Ils avaient quitté le campement dans les neiges, graissé les roues des chariots, entonné la chanson de route, et ils allaient par les chemins verdoyants, en serrant les cordes des guzlas pour célébrer la rencontre de la reine. Et, à cette idée, Miarka dansait, comme si déjà elle partait au-devant du jeune roi, pour tomber dans ses bras en souriant.

En même temps, elle devenait plus hautaine envers Gleude, et plus câline envers M. Cattion-Bourdille.

— Tu vois, ch'tiot blond, tu vois, disait la Quédébinque, elle ne s'en cache plus maintenant. Elle en tient pour lui. Regarde comme l'ourse elle-même lui fait des fêtes, au monsieur, tandis qu'elle te grogne, à toi qui as tant volé de miel pour la régaler. Ah! mon pauv' frère, va, que je te plains! Tout ça ne serait pas arrivé si tu m'avais écoutée. Bêtes et gens, ce n'est jamais que des merlifiches, entends-tu bien, coquins et compagnie.

Miarka, cependant, faisait mal sans le vouloir. Elle battait froid à Gleude parce que lui-même était moins aimable pour elle, importun par ses mines soupçonneuses, exaspérant par ses allures exaspérées, maussade et sombre, brutal à l'égard de Pouzzli dont il sentait la sourde hostilité. Et, d'autre part, elle se montrait gracieuse avec M. Cattion-Bourdille, à cause des jolis cadeaux dont il la comblait, et dont elle comptait bien se parer pour plaire au jeune roi.

Gleude ne pouvait deviner cela, et il ne jugeait qu'aux apparences. Or, les apparences étaient si fortes, que madame Octavie elle-même avait dû finir par s'en inquiéter.

La passion du maire transpirait dans le pays. Pour tout le village, comme pour Gleude, Miarka était en train d'enjôler M. Cattion-Bourdille. La gouvernante et le curé crurent nécessaire d'y mettre bon ordre, et lui en firent à plusieurs reprises de graves observations. Si bien qu'un beau jour, après avoir longtemps éludé la discussion, il leur avoua nettement qu'en effet il était amoureux de Miarka et voulait l'épouser.

— Il est fou, monsieur le curé, dit la gouvernante. La science lui a décidément tourné la cervelle!

Puis, s'adressant à M. Cattion-Bourdille, elle lui fit honte de ses projets, qui étaient la risée de tout le monde, et le traita de vieux maniaque, qu'il faudrait enfermer s'il s'obstinait dans des absurdités pareilles.

— Pour des livres, disait-elle en levant les bras au ciel, je vous demande un peu! Pour des livres!

— Mais il ne s'agit plus des livres seulement, répondit le maire. J'aime Miarka. Je l'aime.

Madame Octavie et le curé éclatèrent de rire, et se mirent gaiement à le plaisanter. Comment! lui, un homme de soixante ans bientôt, aux cheveux gris, un vieux célibataire, il pensait à cette galopine! Mais il pourrait être son aïeul. Le soir des noces, la petite dirait, comme dans la chanson :

> Bonsoir, toto, bonsoir tata!
> J'vas coucher avec grand-papa.

Ils lui donnèrent aussi des raisons en termes plus sérieux. Pourrait-il jamais présenter comme sa femme cette sauvageonne, habituée à se vêtir de loques, à courir en cheveux, à marcher nu-pieds? Elle était gentille, dans son milieu, bien sûr, madame Octavie ne disait pas non. Mais de là à devenir une dame, il y avait un abîme. Puis, comment se ferait le mariage? Elle n'était pas baptisée seulement. C'était une fille de païens, après tout. Un mariage civil, alors? Ce serait un joli scandale dans le pays. Lui, monsieur le maire, donner un tel exemple, fi donc! Non, non, il n'avait pas réfléchi à tout cela. Que ce fût par manie de savant ou par passion sénile, on ne lui laisserait pas commettre une folie. On le ferait interdire plutôt!

Mais ni aux plaisanteries, ni aux graves raisons, M. Cattion-Bourdille ne broncha. Il y avait en effet, dans son cas bizarre, de la manie du savant et de la passion sénile. Et c'est bien ce qui faisait la force et l'obstination de son

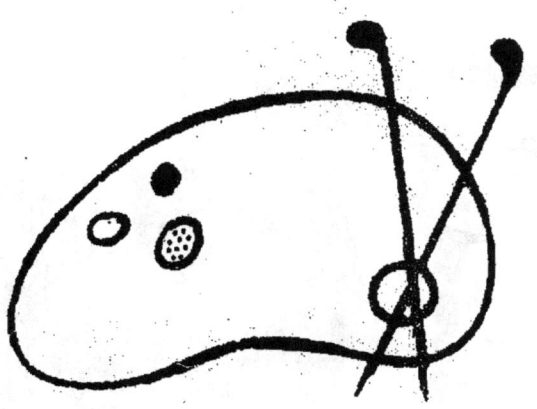

Illustrations en couleur

C'EST TOI, JE T'AI RECONNUE.

amour. En outre, comme tous les gens longtemps sages et réglés, il apportait à ce sentiment nouveau une exaltation d'autant plus grande qu'il avait l'habitude de se savoir raisonnable, et qu'il ne pouvait se croire devenu subitement insensé.

— Enfin, monsieur, enfin, lança madame Octavie comme suprême objection, vous ne nous direz pas, au moins, que Miarka vous aime.

— Pardonnez-moi, madame Octavie, répondit le maire, je vous le dis.

— Tu es ridicule, fit le curé.

— Pourquoi donc?

— Parce que ce n'est pas possible, parbleu!

— Mais, reprit madame Octavie, voulez-vous donc nous faire croire qu'elle vous l'a dit?

Le maire hésita un moment, puis répliqua :

— Elle ne me l'a pas dit, en effet, madame Octavie; seulement elle me l'a laissé suffisamment comprendre.

— Alors, c'est une petite misérable, interrompit le curé. Elle en veut à ta fortune, voilà tout.

— Au surplus, reprit madame Octavie, ne discutons pas en l'air. Allons-y voir, monsieur, allons-y. Je saurai bien la faire parler clairement, moi! Venez, monsieur le curé.

— Parfaitement, madame Octavie, dit le maire. J'allais vous le proposer. Vous voyez que je n'ai pas peur de la lumière. Je la désire autant et plus que vous.

Et ils partirent pour le Fond-des-Roques où, juste en ce moment, éclatait une scène quasi analogue entre Gleude et Miarka.

Poussé à bout par les insinuations de sa sœur, surexcité

par la sève du printemps qui lui bouillait dans les veines, mis hors de lui par les élans de sa passion si longtemps réprimée, le terrible amoureux, ce gars de vingt-huit ans, robuste, farouche, bestial et vierge, s'était enfin décidé à faire éruption.

Les yeux hagards, la bouche écumante et tordue, les gestes brusques, tout le corps secoué par un frisson de désir et de colère, il venait de dire à la jeune fille :

— Écoute, Miarka! Moi t'aimer. Moi te vouloir. Moi fou, malade, mourir.

— Mais moi aussi, Gleude, avait répondu Miarka, moi aussi je t'aime bien.

— Non, non, avait riposté Gleude, toi pas m'aimer. Moi bien voir.

— Et à quoi vois-tu cela?

— Toi jamais m'embrasser, jamais.

— Mais on n'embrasse que son homme, Gleude, et tu n'es pas mon homme.

— Pourquoi?

— Parce que je ne veux pas.

— Pourquoi pas vouloir?

Miarka était restée silencieuse, n'osant répondre catégoriquement. Elle comprenait que la fureur de Gleude n'admettrait aucune explication. D'autre part, elle avait pitié de lui. Car elle n'était pas une ingrate, comme le disait la Quédébinque, et comme il le croyait lui-même. Elle conservait pour Gleude une affection reconnaissante, une sorte de tendresse. Elle le revoyait, toujours soumis et dévoué, jouant avec elle quand elle était toute petite, la portant dans ses bras au cours des promenades errantes du temps de sa grand'mère; puis elle se rappelait surtout cette cruelle et sinistre époque du voyage, pendant laquelle il s'était montré vraiment héroïque et sublime.

Il était mêlé aux souvenirs de sa fièvre et de son délire. C'est lui qui avait alors exaucé tous les désirs qu'elle manifestait, même impossibles à satisfaire. Pour elle, pour qu'elle arrivât jusqu'à Ohis, il eût tué le mercanti. Pour elle, il s'était offert à la bataille contre Firmin. Pour elle, il avait fait des miracles. Elle ne l'oubliait pas, et elle eût voulu pouvoir l'en récompenser. Mais quoi! Elle l'aimait comme elle aimait Pouzzli. Un peu moins, même, elle était forcée d'en convenir. Était-ce donc sa faute? Et pourquoi le grand enfant s'était-il enfin mis à l'adorer autrement que comme une petite sœur? Elle eût tant ressenti de joie à se laisser encore et toujours choyer par lui, à le payer de son dévouement en douces caresses sans arrière-pensée! Et voilà que lui, le fils de race étrangère, l'esclave, il se croyait digne d'être aimé par elle, la fille de Tiarko, la future reine! Ah! coûte que coûte, il fallait lui faire entendre la dure vérité. Tant pis! Cœur de reine, cœur en diamant! Il venait à la traverse des tarots. Le destin était plus fort que tout. Et néanmoins Miarka, compatissante pour le pauvre garçon, n'avait pas le courage de lui donner le coup dont il disait qu'il allait mourir.

Il ne comprit pas ce silence, et crut qu'elle avait seulement peur de lui.

Alors il se fit doux et humble, et se mit à genoux devant elle, ne pouvant plus parler, pleurant à chaudes larmes. Il lui avait pris le bas de sa jupe, qu'il baisait. Puis il se prosterna plus encore, et s'écrasa la figure contre les pieds nus de la jeune fille, en y collant ses lèvres éperdues toutes convulsées par les pleurs et les sanglots.

— Gleude, Gleude, tu me fais du chagrin, murmurait-elle. Relève-toi! Regarde! Pouzzli ne sait pas ce que ça veut dire. Elle croit que tu es en colère contre moi.

Pouzzli, en effet, tournait autour de Gleude vautré à terre, et le flairait comme avec une mine hargneuse.

— Ah! reprit Gleude en se redressant sur les genoux, elle comme toi, méchante Romané. Vous ingrates. Vous cruelles. Vous pas aimer le pauvre Gleude.

— Mais si, je t'aime bien, répéta Miarka.

L'air dont elle disait cela était trop indifférent, trop peu amoureux, pour que Gleude pût s'y tromper.

Il se releva, la rage au cœur, grinçant des dents, du sang plein les yeux.

— Non, non, cria-t-il, toi pas m'aimer. Toi pas vouloir dire pourquoi. Moi savoir.

— Pourquoi donc? riposta la jeune fille, qui regimbait devant l'attitude révoltée de Gleude.

— Pourquoi? répondit-il. Parce que toi aimer un autre.

L'explication en était là, quand le maire, le curé et madame Octavie arrivèrent au Fond-des-Roques. La Quédébinque, qui assistait de loin à la scène, eut sous ses lourdes paupières une flamme de joie, quand elle les vit survenir; et, se courbant vers Blancot, qu'elle caressait alors, elle lui dit à voix basse :

— Attention, mon chéri, attention! Voilà que la soupe est cuite et trempée. Vois comme ceux-ci ont l'air animé. Vois comme Gleude est furieux. La petite sorcière est au bout de son rouleau. Le poison va faire son effet, mon

Béjamin. Il n'y a plus beaucoup de patience à prendre, maintenant. Ah! nous serons vengés, je te l'avais bien dit. Le jour est venu, le jour est venu, Blancot. Nous n'aurons pas perdu pour attendre, amon! V'là les jars autour de l'*oye!* Du sang! du sang! Y aura du sang!

VI

A l'aspect des survenants, Gleude se tut. Mais sa figure, déjà menaçante et contractée, se convulsa encore davantage. Ses dents grinçaient maintenant de façon épouvantable, mâchant une écume de rage qui lui mettait deux taches de mousse blanche aux commissures des lèvres. Ses yeux se portèrent vers M. Cattion-Bourdille avec une expression de férocité qui fit passer un frisson par tout le corps du vieillard.

Ni madame Octavie ni l'abbé Ternaille ne s'aperçurent de ce regard farouche. Mais Miarka, elle, le vit et le comprit. Et cela lui parut si drôle, cette jalousie de Gleude contre le maire, qu'elle ne put s'empêcher d'éclater de rire.

— Eh bien, qu'est-ce que tu as donc, fillette? lui demanda madame Octavie.

— Regardez, regardez, répondit-elle en montrant Gleude, qui se mordait les poings et se balançait furieusement sur ses pieds, comme une bête prête à bondir.

— Est-ce qu'il est fou? interrogea le maire d'une voix mal assurée.

— Je crois que oui, répliqua Miarka.

— En effet, ajouta le curé.

Et, comme il tâchait toujours de prendre les choses gaiement, il ajouta :

— J'ai presque envie de l'exorciser. Qu'en pensez-vous, madame Octavie?

— Ne plaisante pas, Ternaille, reprit le maire. Il me fait peur, à moi.

— A moi aussi, dit la gouvernante.

Miarka les considéra d'un air moqueur, contempla un moment Gleude de plus en plus sauvage, puis fit une moue et dit sans s'émouvoir :

— A moi pas.

— A toi aussi, s'écria soudain l'innocent, en venant se planter devant elle, les deux bras tendus et les mains crispées. Elle ne recula pas, ne broncha pas, n'eut pas même un cillement des yeux. Elle le crut fou, en effet. Mais, connaissant la puissance qu'elle avait sur lui, elle demeurait calme et sereine.

— Pourquoi donc veux-tu que j'aie peur de toi? lui demanda-t-elle.

— Parce que toi coupable, répondit-il, toi mauvaise, toi criminelle, toi rire de moi devant lui. Moi pas vouloir.

Il s'était avancé tout contre elle, et lui parlait face à face, les yeux dans les yeux, la touchant presque de la poitrine.

— Tu n'oserais pas me faire du mal, n'est-ce pas? dit-elle.

— Non, répliqua-t-il en se retirant un peu. Non, pas à toi. Mais à lui, à lui, moi dire, moi faire.

Et, d'un bond, il se retourna vers M. Cattion-Bourdille, qui tremblait.

— Ne le touche pas, cria la jeune fille.

— Toi le défendre, alors? rugit Gleude.

Madame Octavie intervint, et se plaça entre le maire et l'innocent. En même 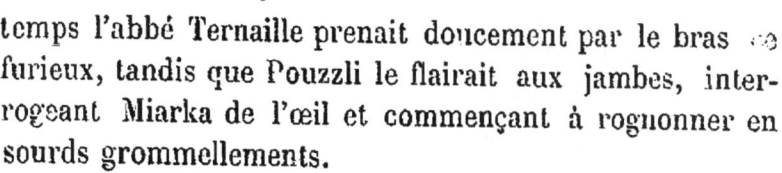 temps l'abbé Ternaille prenait doucement par le bras le furieux, tandis que Pouzzli le flairait aux jambes, interrogeant Miarka de l'œil et commençant à rognonner en sourds grommellements.

— Voyons, mon cher ami, dit le curé, explique-nous pourquoi tu es exalté de la sorte. Explique-nous. Cela vaudra mieux que de te manger les sangs ainsi. A qui en as-tu? Que veux-tu?

— Miarka pas m'aimer, répondit-il.

— Eh bien! c'est son droit, répliqua le curé.

— Mais elle en aime un autre.

— Qui donc?

— Lui.

Il désignait du doigt M. Cattion-Bourdille. Cette fois,

Miarka ne fut plus seule à rire. Les autres, excepté le maire, lui firent joyeusement écho.

Mais la Quédébinque n'entendait pas que tout finît en eau de boudin, comme elle disait. Elle s'approcha :

— Eh ben! fit-elle, quoi que vous riez, nô dame? Quoi que vous riez, monsieur le curé! Ch'tiot blond n'est pas si bête que ça, vère, amon. Il dit ce que dit tout le pays. C'est une chose connue, ça. On sait bien que Monsieur le maire est après la merlifiche, et qu'elle ne demande pas mieux que de l'écouter.

Madame Octavie voulut lui imposer silence, voyant de sinistres idées passer dans les yeux hagards de Gleude. Mais la Quédébinque ne se laissa pas fermer la bouche.

— Amon, reprit-elle, nous sons des pauvres pile-la-terre ; mais nous ons des yeux et des oreilles comme les riches. Et pourquoi donc qu'il vient toujours autour de sa cotte, monsieur le maire, si ce n'est point pour lui conter guillette? Et pourquoi donc qu'il lui fait des cadeaux? Et pourquoi donc qu'elle les prend? Pardi! il en voudrait tâter, not' maître! Et la rusée lui en donnerait ben, de sa peau, tout écrampi qu'il est. Mais elle a du vice, la mâtine, et elle veut se faire épouser, quoi, c'est sûr, amon. Et, lui-même en est d'avis. Allons, nô dame, vous qui ne mentez jamais, et vous, monsieur le curé, qui devez dire le vrai en tout et pour tout, allons, ne lantiponnez pas, et parlez selon vos consciences. Osez donc me soutenir que je fais des histoires, et que je ne parle pas en franchise. Osez donc, pour voir. Osez donc dire que vous ne veniez pas ici pour bousiller c'te affaire là! Mais ça se lit dans vos yeux comme le *Pater* dans le livre de messe.

L'abbé Ternaille, malgré l'appel fait à sa conscience,

aurait bien trouvé dans sa douce casuistique une excuse à un mensonge nécessaire en ce moment. Mais madame Octavie, plus rigide, n'admettait pas les capitulations et les compromis, et elle répondit brusquement, sans réfléchir aux conséquences d'une pareille sincérité :

— Eh bien, oui, c'est vrai, monsieur veut épouser Miarka.

Elle allait ajouter qu'ils étaient venus ici justement pour empêcher cette absurdité folle. Mais elle n'eut pas le temps de compléter sa pensée. A la phrase lâchée, Gleude s'était rué sur M. Cattion-Bourdille et l'avait empoigné au cou.

Près de là croupissait une vieille mare à purin, toute couverte de moisissure jaune, toute suante de vase verte et corrompue, où les oies elles-mêmes refusaient depuis longtemps d'aller fouiller, tant la bourbe y était épaisse et nauséabonde.

D'une bourrade, Gleude avait précipité le maire dans ce cloaque.

Éperdu de rage, il y sauta ensuite, et s'accroupit sur M. Cattion-Bourdille, qu'il étouffait de son poids, lui tenant la tête plongée sous l'ordure, dans laquelle il se vautrait lui-même à plein corps.

Le vieillard n'avait pas poussé un cri, tant l'empoignade et la noyade avaient été brusques. Serré au cou d'abord, il avait soudain perdu le souffle. Et maintenant, écrasé dans la boue, il ne luttait qu'en agitant vainement ses bras et ses jambes au-dessus de la mare, dont la moisissure crevée jaillissait en éclaboussures noires et fétides.

Avant que les spectateurs stupéfaits eussent pu courir à son secours, il s'était affaissé, immobile, le cou broyé entre les mains de Gleude, la bouche pleine de vase. Et quand le meurtrier se redressa, les contemplant effarés au bord de la mare, M. Cattion-Bourdille n'était plus qu'un cadavre lamentablement enlisé dans cette fange mouvante et profonde.

— Assassin! criait madame Octavie.

— Lâche, bête brute! criait Miarka.

— Toi le plaindre! hurla Gleude en bondissant vers elle.

Cette fois, la jeune fille, malgré sa vaillance, fut terrifiée. Il était vraiment épouvantable. Sa figure pâle, tiraillée de grimaces atroces, respirait la haine et le crime. Ses yeux, injectés de sang, flambaient. Tout son corps, souillé de vase, était secoué de sursauts frénétiques.

Miarka se sauva.

— Moi te veux! moi te veux! criait-il.

Et en même temps que la folie du meurtre, une flamme de désir monstrueux, lubrique, bestial, lui brûlait les artères, lui ronflait dans la gorge, lui fondait la cervelle.

Le curé, n'écoutant que son devoir, voulut lui barrer le chemin. Mais, d'un simple revers de coude, Gleude l'envoya contre un arbre, à demi mort sous le coup.

Et il s'élança à la poursuite de Miarka qui fuyait sous le hallier.

Mais il avait compté sans Pouzzli. L'ourse, voyant sa maîtresse en péril, avait couru après elle. Et, comme Gleude allait atteindre la jeune fille, à qui la peur paralysait les jambes, il fut soudain saisi lui-même par derrière, et renversé brutalement. Pouzzli lui avait jeté les deux pattes sur les reins.

Il se retourna en tombant, et enlaça l'ourse à son tour, et tous deux roulèrent un moment à bras-le-corps.

— Oh! c'est horrible, horrible! gémissait madame Octavie, tout en soignant le curé qui revenait à lui en respirant avec peine.

Miarka, elle, s'était arrêtée, encore frissonnante d'effroi,

et contemplant la lutte atroce sans oser rien dire. Elle n'aurait eu qu'un mot à prononcer pour que l'ourse desserrât les bras. Mais elle n'avait pas même la force de pousser un cri.

Cependant, la bête et l'homme s'étaient redressés, et grognaient tous les deux d'une voix rauque. Pouzzli serrait Gleude à l'étouffer. Mais Gleude lui rendait la pareille et, sa tête butée sous le menton de l'ourse, il essayait de lui mordre la gorge, cherchant sous la fourrure épaisse la place où ses dents feraient jaillir le sang de la jugulaire.

Soudain, par un effort dernier, Pouzzli lui fit ployer les reins. Dans la chute, il dégagea sa tête, à l'abri jusque-là, et à son tour il fut pris dans la gueule énorme de l'ourse.

— Miarka! cria-t-il, Miarka, à moi!

La jeune fille se cacha la figure dans ses mains, pour ne pas voir. Elle appela Pouzzli; mais il était trop tard.

Et l'on entendit la face du malheureux craquer sous les crocs.

La Quédébinque, madame Octavie et le curé poussèrent une exclamation d'horreur.

— Ici, Pouzzli, ici, dit Miarka.

Quand elle vit retomber inerte le corps du pauvre garçon, Miarka courut à lui, et s'agenouilla pour lui tâter le cœur. Le cœur ne battait plus. Les membres gisaient, flasques. La tête n'était plus qu'un informe paquet d'os dénudés, broyés en esquilles, parmi des lambeaux de chair et des loques de peau, écrasés dans une bouillie rouge.

Alors Miarka se mit à pleurer et à sangloter; et comme Pouzzli venait doucement lui lécher les mains, elle la repoussa avec colère et dégoût.

Brusquement, le souvenir de la Vougne passa dans son esprit. Elle se releva, retint ses larmes, étrangla ses sanglots; et, considérant à nouveau le cadavre de Gleude, puis celui du maire, elle caressa le mufle sanglant de Pouzzli, et lui dit en romané :

— Tu as bien fait, nourrice. Tant pis pour eux! Ils voulaient m'empêcher d'être reine. Après tout, c'étaient des hommes de race étrangère. Cœur de reine, cœur de diamant! Ils y ont touché. Ils en sont morts.

VII

Et c'est ainsi que se défendit Miarka la fille à l'ourse.

LIVRE SIXIÈME

MIARKA S'EN VA

LIVRE SIXIÈME

MIARKA S'EN VA

I

Le village semblait se réveiller, non seulement de la nuit, mais de l'hiver lui-même, sous les fraîches caresses de cette matinée de mai, qui faisait sortir tout le monde des maisons.

C'est un délicieux et fin paradis, que ce pays de Thiérache, lorsque arrive le renouveau. L'humidité naturelle de la région gonfle les tiges de l'herbe et monte en sève sous l'écorce tendre des arbres et s'épanouit en riante et vigoureuse verdure. Les coups de vent soufflant du nord, les tournasses de pluie arrivant des Ardennes, ne sont plus à craindre en cette saison. Un brise molle court sur la campagne, en battant des ailes parmi les feuilles, et leur apporte la lointaine odeur salée de la mer. Et les paysans alors aiment à se promener par leurs champs rajeunis, pour voir se gercer la terre, comme une mamelle où va sourdre le lait. Le moment des durs travaux n'est pas encore tout proche. On est à l'heure exquise des espoirs sans fatigue. On n'a plus peur des gelées retardataires ni des soleils trop hâtifs. Aussi les vieux, les jeunes, jusqu'aux infirmes et aux bancroches, tout le monde prend plaisir à contempler la résurrection de la nature. Et personne, pas plus qu'aux labeurs de l'été, personne n'y est de trop. Les indigents eux-mêmes, ceux qui n'ont pas un pouce de glèbe au soleil, ceux qui vivent de glanes et d'aumônes, sont heureux de penser que *les biens rapporteront*. Et, comme les autres, ils vont vaguer de ci de là, avec cette attentive et mystérieuse figure des paysans, qui ont l'air de regarder pousser les plantes et d'écouter germer les graines.

Ces jours-là, il ne demeure au logis que les très vieilles gens, les impotents qui ne sauraient plus même aller jusqu'aux premières haies derrière les granges. Mais au moins ils

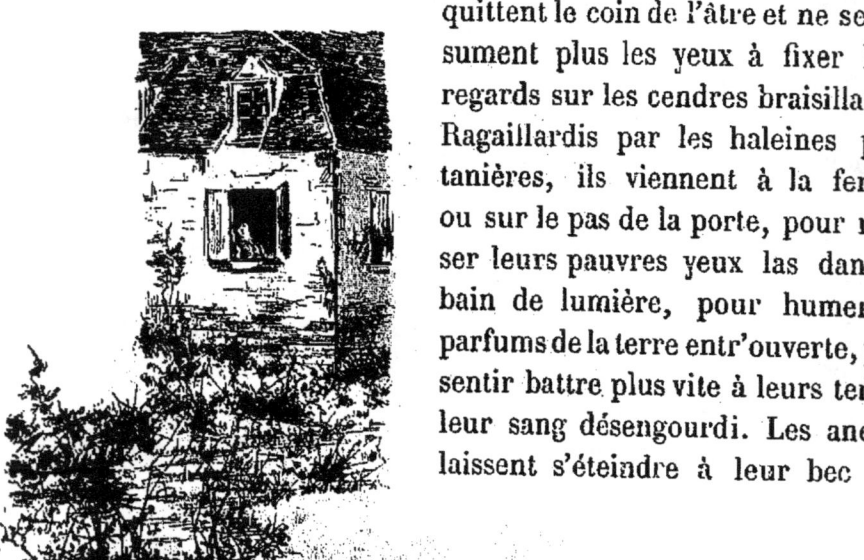

quittent le coin de l'âtre et ne se consument plus les yeux à fixer leurs regards sur les cendres braisillantes. Ragaillardis par les haleines printanières, ils viennent à la fenêtre ou sur le pas de la porte, pour reposer leurs pauvres yeux las dans un bain de lumière, pour humer les parfums de la terre entr'ouverte, pour sentir battre plus vite à leurs tempes leur sang dégourdi. Les anciens laissent s'éteindre à leur bec leur petite pipe coiffée d'une calotte de cuivre. Les aïeules s'arrêtent de tricoter leur interminable bas. Tous, la peau détendue, les membres moins raides, le souffle plus profond, ils songent que le dur hiver a pris fin, que les jours chauds vont revenir, que le ciel souriant promet aux moribonds une année de plus et qu'ils pourront encore une fois voir rentrer dans les cours les belles moyes de blé toutes brûlantes de soleil.

Ainsi, les vieux et les jeunes se ressaisissant à la vie, le village semblait se réveiller, non seulement de la nuit, mais de l'hiver lui-même, sous les fraîches caresses de cette matinée de mai, qui rendait joyeux jusqu'aux enfants en train de franchir le seuil de l'école.

Ils y entraient, les petits gueux, en bourdonnant comme des abeilles au trou d'une ruche. Leurs cartables dansaient gaiement sur leurs derrières. Les leçons chantaient d'elles-mêmes sur leurs lèvres. Ils se faisaient une fête d'entonner tout à l'heure le *ba, be, bi, bo, bu,* pour en assourdir le père Alliaume, qui avait l'oreille un peu dure. Le magister en personne avait, à leur aspect, la figure avenante. Lui aussi, il se ravigotait à ce printemps de la nature. Sans mélancolie, avec un doux orgueil bien plutôt, il se rappelait toutes les générations instruites par lui et revoyait dans les bambins d'à présent leurs pères et même leurs grands-pères qu'il avait fait épeler jadis. Et c'est d'un air gaillard qu'il chaussait son nez de ses grosses besicles, pour mieux regarder ces frimousses rieuses. Et il étouffait de son mieux les rauquements de son asthme, afin de rendre plus aimable la voix dont il leur disait :

— Allons, mes tiots blonds, en place, en place ! Il y a

une belle image dans mon pupitre pour celui qui sera le plus sage.

Sur un ton aigu, ils commencèrent à syllaber, égrenant les notes perlées dans le concert des musiques matinales, où se mêlaient déjà les bavardages des commères, les fredons des oiseaux, les gloussements des basses-cours et les cantilènes des vanniers au bord de la rivière clapotante.

Seul dans tout le pays, un être ne partageait point le bonheur de tous, n'ouvrait point son cœur aux effluves de mai, et ne semblait pas vouloir se réveiller sous les fraîches caresses de l'aube. C'était Miarka, qui, tristement accoudée à la fenêtre, s'abîmait dans ses souvenirs douloureux et ses espérances déçues.

Depuis quinze jours elle vivait de la sorte, sans répondre aux maternelles prévenances de madame Octavie, autrement que par de sourdes et obscures lamentations. La vieille demoiselle avait beau la choyer, la câliner, la traiter comme sa fille, après l'avoir recueillie dans la maison du maire, devenue sienne. Malgré tout, malgré la tranquillité du présent et l'assurance de l'avenir, Miarka ne pouvait se résoudre à oublier le passé. Toujours, toujours, elle ruminait les aventures de ces six derniers mois, où elle s'imaginait avoir enterré sa vie toute entière. Elle en était venue à douter de son destin. Elle croyait s'être trompée sur le sens des tarots. Car, si elle avait vu juste, pourquoi tant d'événements n'aboutissaient-ils pas? La Vougne morte, le maire assassiné, Gleude supprimé, que fallait-il donc encore pour aider les tarots, et comment n'avaient-ils pas tout de suite tenu leurs promesses? Mais non. Là-bas, à l'horizon, la route restait implacablement déserte. On n'y voyait passer que des paysans. Jamais, jamais la tribu n'arriverait, puisqu'elle n'était pas venue au jour dit, au jour où tous les périls étaient passés. Et maintenant, Miarka serait forcée de vieillir dans cette maison, sous ce toit d'étranger, comme une fille de chien. Elle ne serait pas reine. Elle avait le noir pressentiment de la prédiction avortée. Pourquoi? Elle n'en savait rien. Mais elle désespérait. Et, quand elle quittait la fenêtre, c'était pour pleurer dans les bras de Pouzzli, à qui elle disait amèrement :

— Les tarots ont menti, Pouzzli, ou bien tous les Romanis sont morts.

— Que dis-tu à ta nourrice, lui demandait madame Octavie, et pourquoi pleures-tu, ma mignonne? Ce n'est pas ta faute, si tous ces malheurs sont arrivés.

— Pas assez, peut-être, répondait Miarka.

— Je ne te comprends pas, fillette.

— Mais je me comprends, moi.

Et elle se reprochait de n'avoir pas, en effet, trempé les mains plus activement dans ces événements tragiques. Au fond de son cœur, elle s'en voulait d'avoir laissé faire plutôt que d'avoir fait elle-même. Peut-être les tarots la punissaient de ne pas les avoir aidés en personne. Elle avait des remords de n'avoir pas été criminelle. Est-ce que la Vougne n'avait pas empoisonné le cousin de Tiarko? Est-ce que la Vougne n'avait pas mis le feu à la remise? Pourquoi donc Miarka n'avait-elle pas suivi ces farouches exemples? Oui, oui, c'est de sa douceur qu'elle était châtiée! Elle ne s'était pas montrée digne de sa grand'mère, digne du sang de ses aïeux. Et pourtant, aurait-elle jamais eu le courage d'empoisonner, elle, de tuer? Non, elle le sentait bien. Elle ne pouvait même songer à la mort de Gleude sans avoir les larmes aux yeux. Le pauvre innocent, elle le regrettait, elle aurait voulu le voir encore, l'avoir auprès d'elle, le consoler. Par moments, en se rappelant l'horrible scène, il lui venait presque des rancunes contre Pouzzli. Et de cela aussi elle s'accusait, en y cédant. Ah! voilà bien pourquoi le destin manquait aux prédictions! Elle ne méritait pas sans doute l'honneur promis. Elle avait du sang de sa mère dans les veines, du sang d'étrangère. Elle avait failli à la cruelle devise : Cœur de reine, cœur de diamant. Elle ne serait pas reine!

Et, tandis que le village entier semblait se réveiller, tandis que tout le monde chantait le renouveau et les espoirs rajeunis, Miarka s'alanguissait dans un morne abattement, dans une sinistre hébétude. Comme la journée s'avançait plus radieuse et plus gaie, elle ferma la fenêtre, pour ne plus voir ces verdures épanouies, pour ne plus entendre ces voix heureuses, et elle alla se coucher par terre, dans un coin sombre, avec Pouzzli à qui elle disait :

— Tue-moi aussi, Pouzzli, tue-moi, ma nourrice. Je n'ai plus rien à faire ici. Je ne veux pas mourir comme une fille de chien. Je ne sens pas venir les Romanis. Le roi ne m'aime pas. Il est parti ailleurs.

Tout à coup, parmi les gais murmures du village, un bruit nouveau éclata, mais encore lointain, comme celui d'une cascade d'eau courante subitement démasquée. Des rumeurs s'y mêlaient. Rumeur de paysans épars qui s'appelaient à travers champs pour courir du côté du bruit. Rumeur des chiens de berger aboyant aux moutons à la débandade. Rumeur des bandes de corbeaux envolés avec de tumultueux croassements. Et tout cela venait de là-haut, du pays d'Hirson, où ce n'était pourtant pas jour de marché. Si bien que les commères se regardèrent d'abord l'une l'autre, presque effrayées, sans pouvoir comprendre.

Miarka, en ce moment, s'était enfoncée à tête perdue dans la fourrure de l'ourse; et, ainsi séparée du monde, seule avec ses pensées, dans son coin noir, la fenêtre close, elle n'entendit rien.

Cependant le bruit montait, grandissait, s'enflait peu à peu. On eût dit que la cascade, démasquée au lointain, s'avançait et poussait ses nappes torrentueuses vers le village. Il semblait qu'une inondation approchât. C'était le vacarme sourd et roulant de flots heurtés, et en même temps la sonorité argentine de clochettes sans nombre, comme quand l'eau court en dansant sur des graviers avec ses mille pieds tourbillonnants.

Pareillement les rumeurs grossissaient. Les paysans épars dans les champs revenaient aux maisons. Les commères, parties au-devant d'eux par les venelles, les hélaient de loin pour leur demander ce qu'il y avait. On se parlait par des cris, d'une haie à l'autre, du fond des pâtures, du haut des collines, du creux des ravins. Les chiens des fermes, excités par ces clameurs, répondaient aux abois des chiens de berger, avec de longs jappements qui se faisaient écho. Et dans les basses-cours, au-dessus desquelles passaient les vols de corbeaux, les poules, inquiètes, se sauvaient en gloussant, tandis que les coqs, hérissés et l'aile pendante, poussaient vers le ciel un strident appel de clairon guerrier.

Cette fois, malgré la fenêtre close, malgré sa tête enfouie,

Miarka ne put s'empêcher d'entendre. Elle se redressa sur les poignets, et prêta l'oreille.

Sans savoir pourquoi, son cœur battait. Une sorte d'éblouissement lui brouillait les yeux. Ses mains, aplaties sur le parquet, le mouillaient d'une sueur froide. Tout son corps frissonnait.

— Pouzzli, Pouzzli, fit-elle à voix basse, dis-moi que je ne rêve pas, que je n'ai pas la fièvre. Ecoute, écoute ! Est-ce en moi, ce que j'entends ? Est-ce là-bas ? Je n'ose y croire. Je n'ose aller ouvrir la fenêtre. Si je me trompais ! Pouzzli, Pouzzli, viens avec moi.

Et comme elle se levait en tremblant, elle entendit soudain le bruit tout proche, le bruit de roulement, parmi les rumeurs des paysans, les abois des chiens ; et, juste au moment où elle ouvrait la fenêtre, elle vit passer sur la route la bande de gamins échappés de l'école, qui dégringolaient la côte en faisant des culbutes, pieds nus, la tête folle, les pans de chemises flottant à la fente des culottes ; et elle faillit s'évanouir d'extase quand elle entendit ce cri aigu qu'ils poussaient en cabriolant :

— Les merlifiches ! les merlifiches ! V'là les merligodgiers !

II

Sur la grand'route, en effet, venant de Neuve-Maison, descendant du Nord, arrivaient des bohémiens. Et ce n'était pas, cette fois, une famille errante, ni même un fragment de bande comme il s'en forme pour traverser la France par pelotons séparés. C'était une tribu entière,

MIARKA NAIT, MIARKA GRANDIT.

près de cinq cents personnes, plus de cinquante voitures. De là l'émotion du pays, qui ne voyait guère de tels passages que tous les quinze ou vingt ans, et qui toujours les redoutait comme une sorte d'invasion.

La tribu pourtant ne marchait pas ainsi qu'un troupeau de pillards; mais, au contraire, s'avançait en bon ordre, à la façon d'une caravane.

En tête, réglant à son pas relevé le pas des attelages et des piétons, allait un âne, qui servait de guide et semblait avoir conscience de sa fonction, tant il portait beau, sous ses pompons écarlates et son manteau de filet tout garni de grelots luisants.

Derrière lui venait une grande voiture à quatre roues, traînée par deux chevaux. La voiture était repeinte de frais, en jaune cru, éclatant, aveuglant. Elle était hermétiquement close, sauf sur le devant, où une petite lucarne s'ouvrait comme un œil sondant l'horizon. Les chevaux, caparaçonnés de cuirs aux vives nuances, où pendaient des flots en crin blanc, des houppes en laine multicolore, des clochettes d'argent, étaient conduits par la figure, entre deux hommes dont les larges poitrines faisaient paraître presque étriqué le poitrail des bêtes. Autour de l'équipage, dix ours piétinaient, tenus en laisse, et semblaient une garde du corps formant une haie de fauves aux flancs de la mystérieuse maison roulante.

Ensuite défilaient à la queue-leu-leu les cinquante autres chariots, les uns remis à neuf, les autres antiques et délabrés, tous bondés de femmes, d'enfants, de vieillards, et la plupart accompagnés d'un ou deux ours, que menaient des hommes portant en travers de la nuque le long bâton romané.

A l'extrémité de la colonne roulaient de front les deux *rubidals*, au caisson noir, à la sinistre bâche endeuillée de goudron.

Les paysans, les vanniers, les commères et la marmaille s'étaient groupés à la tête du pont, en deux masses compactes, et attendaient l'étrange défilé avec des mines à la fois hargneuses et poltronnes. On ne criait plus. On ne parlait même plus à voix haute. On se demandait, dans des colloques pleins d'angoisses et de menaces, ce qu'allait faire la tribu, plus nombreuse que le village.

Quel désastre, si ce tas de merlifiches s'avisait de camper ici, le long de la rivière, où s'arrêtaient habituellement leurs familles dispersées! Une douzaine de ces filous, c'était déjà le vol assuré, les poules disparues, les caisses à avoine dilapidées sournoisement. Que serait-ce donc, avec près de cinq cents aventuriers! Une bande de rats, une pluie de sauterelles, ne causerait pas plus de ravages! Non, non, l'on ne pouvait tolérer l'idée d'une semblable ruine! On leur refuserait le permis de stationner. La loi était formelle. Les communes ont le droit de défendre leur terroir.

Mais qui donc refuserait le permis? Qui en avait l'autorité? Le maire mort n'était encore remplacé que par le premier adjoint, le père Casimir Couvreux, un vieillard sans énergie. Le conseil municipal n'avait pas le temps de se réunir pour prendre une décision. Que faire?

Tous les yeux se tournaient vers Forlet-Lefebvre, dont la plaque et le bicorne représentaient la loi et la force armée. Il sentait lui-même l'importance du rôle qu'il était appelé à jouer. Mais, en dépit de sa bravoure de vieux soldat, il se trouvait bien embarrassé pour le cas probable, où cette troupe voudrait faire halte. Comment s'y opposer?

Certes, les gens du pays n'étaient pas des capons, et l'on voyait assez, à leurs aigres figures renfrognées, qu'ils étaient tout prêts à souhaiter la malvenue aux arrivants. Il y avait là de solides gaillards, accoutumés aux rixes de cabaret, friands des coups de poing, et qui, aux soirs d'ivresse, ne craignaient pas même de tirer de leur poche leur petit couteau à courte lame.

Mais, d'autre part, ces merlifiches n'étaient pas rassurants non plus, avec leurs faces tannées, aux fauves regards, à la bouche torve, avec leurs grands corps dégingandés, assouplis par la marche et la danse, avec leurs longs bâtons ferrés des deux bouts. Eux aussi, à l'occasion, ils mettaient les couteaux au vent; et non pas de petits couteaux à courte lame, mais de terribles binces, épais et aigus, comme des coutelas de bouchers. Puis, il y avait les femmes et les galopins, habiles à jeter des pierres, à faire tournoyer les frondes dont ils savent abattre des oiseaux au vol. Enfin, il fallait compter encore avec les ours, qui avaient l'air bon enfant, comme ça, muselés, le nez traversé par l'anneau de fer, et se dandinant au bout des laisses, mais que les hommes démuseleraient, s'il y avait bataille. Et l'on songeait à ces cinquante ou soixante grosses bêtes, lâchées et féroces, qui se dresseraient soudain en ouvrant leurs bras pareils à des étaux et en desserrant leurs mâchoires capables de vous broyer la tête d'un seul coup.

Cependant la caravane avançait toujours vers le pont, au pas régulier et tranquille de l'âne, qui redressait ses oreilles pour signaler ce tas de gens hostiles. Elle dévalait, marchant à la rivière, et on la voyait maintenant tout entière déroulée, depuis le dernier tournant du chemin. Encore cent pas, et elle serait à l'entrée du village.

— Si on barrait le pont? dit quelqu'un.

— Comment? répondit-on.

— Avec des charrettes.

— On n'a pas le temps.

— Puis ce serait bataille.

— Qui sait? Ils vont peut-être traverser seulement, et remonter vers Origny.

— Mais s'ils s'arrêtent?

— Alors on verra. C'est à vous de leur parler, Forlet-Lefebvre.

— Non. C'est au père Casimir.

Ainsi se consultant, les Thiérachois ne pouvaient se décider à rien, et attendaient l'événement d'un cœur anxieux, sans détacher leurs regards de la caravane qui descendait toujours, et les fascinait en s'approchant, pareille à un long serpent prêt à les dévorer.

Tout à coup, sur le devant de la grande voiture jaune, la lucarne s'ouvrit, et une voix forte cria :

— *Krasnô, bzig!*

A ce commandement, l'âne rabattit ses oreilles en arrière, et fit halte. Puis, un des conducteurs de la voiture se retourna vers la caravane, et, se faisant un porte-voix de ses deux mains, il répéta le cri d'ordre, sur un ton aigu et par trois fois :

— *Krasnô! Krasnô! Krasnô!*

Tous les chariots s'arrêtèrent, et les Romanis poussèrent en chœur une clameur formidable, qui épouvanta les paysans.

— Ils veulent se battre, dit le plus effrayé. Tant pis! Sauvons-nous. Ils sont les plus forts.

— Mais non, mais non, fit Forlet-Lefebvre, ils ne disent pas qu'ils veulent se battre.

— Qu'est-ce qu'ils font donc?

— C'est comme qui dirait un ordre de ralliement, quoi, rien de plus. Nous aussi, au régiment, on se tassait avant d'entrer dans un pays. Allons, n'ayez pas peur, sacrebleu !

— Mais les v'là tous qui s'assemblent autour de la grande voiture.

— Ça doit être le colonel qui est dedans. Ils viennent au rapport, censément, rien de plus. Ou bien pour autre chose, d'ailleurs. Ça ou ça. Mais suffit, je m'entends. Bref, ce n'est pas une raison pour flancher. Voyons, les enfants, il ne sera pas dit que les gens d'Ohis ont tant que ça froid aux yeux. Nous sons chez nous, amon, et avec la loi. Je saurai bien faire respecter l'autorité, ne craignez rien. J'en ai vu d'autres en Afrique.

Et, bravement, donnant l'exemple du courage, le vieux soldat sortit des rangs et vint se camper au beau milieu du pont, qu'il semblait vouloir barrer à lui tout seul.

La plupart des merlifiches étaient venus, en effet, comme pour prendre un ordre, se masser autour de la grande voiture, en un cercle épais d'une centaine d'hommes, les plus 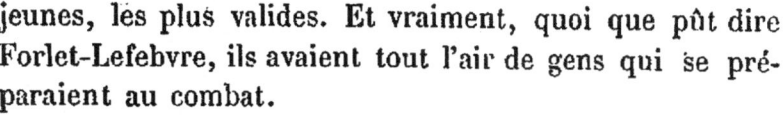 jeunes, les plus valides. Et vraiment, quoi que pût dire Forlet-Lefebvre, ils avaient tout l'air de gens qui se préparaient au combat.

Ce qu'ils attendaient, on ne tarda pas à le voir. Celui que le garde champêtre avait appelé le colonel, celui qui avait commandé halte, ouvrit soudain la porte dans laquelle s'encastrait la lucarne, et il parut sur le devant de la grande voiture.

C'était un jeune homme de vingt-cinq ans environ, merveilleusement vêtu à la mode romané, et d'un type bohémien qui eût ravi d'enthousiasme le pauvre M. Cattion-Bourdille.

Il était de taille moyenne, plutôt grande. Ses jambes fines, presque maigres, se dessinaient sous les plis flottants d'une culotte de soie rouge, serrée aux chevilles. Ses flancs pleins et ses reins extrêmement cambrés étaient étranglés par une large ceinture en maillot de filigrane d'or. Une veste de vieux velours cramoisi, toute galonnée, brodée, passementée, soutachée, raide de paillons et de pierreries, lui cuirassait le torse, qu'il avait large et formidablement carré des épaules. Ses bras en sortaient, nus jusqu'aux aisselles, bras forts et à la fois gracieux, aux muscles puissants sous une chair arrondie, avec des gonflements d'hercule et des mollesses de femme. La peau en était cuivrée, polie, au grain de métal, et rehaussée, sur le bras gauche, entre la saignée et le poignet, par une lentille noire pareille à une mouche de velours.

Mais ce qu'il avait de plus beau encore, c'était la tête. Sur un cou robuste, un peu gras, sans tendons, sans pomme d'Adam, elle se dressait fière et dominatrice. La bouche, aux lèvres rouges, se retroussait à droite en un pli moqueur et cruel que ne cachait pas la fine moustache brune et légèrement mordorée aux pointes. Le menton carré, volontaire, impérieux, s'encadrait dans une jolie barbe toute frisée et fourchue, mais non rude toutefois, et, au contraire, d'un aspect soyeux. Le nez droit, terminé en boule, respirait l'orgueil et la volupté par ses narines mobiles. Les joues, larges et sculptées de forts méplats, étaient couleur d'orange, avec des rehauts de citron verdâtre sous les yeux. Ces yeux étaient extraordinaires. Enfoncés sous les deux bosses des sourcils, dont la ligne les contournait jusqu'au coin des arcades, ils n'étaient pas très grands, et ils avaient cependant le regard immense. Leur globe, pareil à de l'argent bruni, était enveloppé et caressé par des paupières à la peau ambrée. Les prunelles semblaient deux petites pièces de cuivre pâle, et tantôt dormaient dans une lueur trouble comme si une haleine eût terni ce métal, et tantôt luisaient avec un éclair comme si le soleil entier s'y condensait dans une paillette. Ils étaient à la fois très doux et très féroces, pareils à des yeux de lion et, comme eux, ils s'embusquaient sous les broussailles d'une chevelure épaisse, aux noires boucles embrouillées, qui couvraient tout le front d'une bouillonnante écume de ténèbres.

Tel parut le jeune homme, chef de la caravane, debout sur le devant de sa voiture jaune, où il s'encadrait comme dans un nimbe d'or. Les paysans et les Romanis le contemplaient. Il demeura un instant silencieux, regardant là-bas sur la route. Puis, il étendit les deux bras, ainsi que vers une apparition, et il s'écria :

— *Romané tchavé! Romané tchavé! Ara kevoï lo drisvol! Ara douchka! Ara voï!*

III

Ce qu'il regardait là-bas sur la route, ce que ne voyaient point les autres qui tous avaient les yeux tournés vers lui, l'apparition à laquelle il tendait les bras en souriant, c'était Miarka.

Aussitôt les Bohémiens aperçus, la jeune fille s'était vite revêtue du costume de fiancée de sa grand'mère; puis elle avait empaqueté les livres et les avait chargés sur le dos de Pouzzli, en deux baluchons qui se faisaient pendants; et alors, la guzla en main, les pieds nus, les cheveux dénoués et flottants sur les épaules, elle était descendue avec l'ourse. En bas, dans la cour, elle avait rencontré madame Octavie qui la crut folle.

— Où vas-tu donc, fillette, ainsi déguisée?

— Je ne suis pas déguisée. J'ai les habits qui me conviennent, je vais trouver mon amoureux.

— Mais tu emportes tes livres. Tu pars donc pour ne plus revenir?

— Oui.

— Tu ne m'aimes pas du tout, du tout, alors?

— Si, madame Tavie, je vous aime bien. Mais il faut obéir aux tarots. Ah! je vous en prie, ne me faites pas pleurer. C'est jour de fête pour moi aujourd'hui. Si vous voulez venir avec moi, venez, et ma joie sera complète. Je vous emmènerai. Le roi ne dira pas non. Venez, venez! sinon, embrassons-nous sans nous rien dire. Adieu! Adieu!

Et, comme la vieille gouvernante avait éclaté en sanglots, Miarka doucement lui avait caressé les cheveux, puis bu les larmes dans deux longs baisers, et elle s'était sauvée pour ne pas céder elle-même à l'attendrissement qui lui poignait le cœur.

En route, elle avait pensé à frapper chez l'abbé Ternaille, et à lui dire :

— Montez à la maison, monsieur le curé ; nô dame est affligée ; elle a besoin de vos consolations. Répétez lui bien que sa petite Miarka ne l'oubliera jamais, jamais. Seulement, quoi! je ne suis pas comme les travailleuses de vos ruches, n'est-ce pas? Je suis reine, et mon jour est venu d'essaimer. Adieu!

Puis elle avait continué sa marche vers la rivière. Et c'est alors que le chef de la caravane l'avait aperçue par la lucarne; c'est alors qu'il avait donné l'ordre de faire halte; et, comme elle arrivait à cinquante pas du pont, il s'était dressé et lui avait tendu les deux bras en criant:

— Enfant Romané! Enfant Romané! Voici venir la reine! voici mignonne! La voici!

A sa voix et à son attitude, tout le monde se retourna pour voir à qui il parlait. Et tout à coup sous les yeux des paysans et des Romanis, Miarka se mit à danser en jouant de la guzla, tandis que Pouzzli, malgré le poids des ans et le poids des livres, bondissait et caracolait joyeusement autour d'elle.

Légère, pirouettante, presque envolée, par sauts fougueux qui faisaient ballonner sa jupe chatoyante, par voltes rapides qui allumaient toutes les facettes de sa basquine papelonnée de métaux et de verroteries, tourbillonnant et courant parmi les pizzicati roulants de sa guzla, elle ressemblait à quelque merveilleux oiseau des Iles, soûl de lumière et de musique, en train de secouer les pierreries de ses ailes dans le feu d'artifice de ses chansons.

Les paysans, les Romanis, l'admiraient en silence. Le chef la contemplait, les bras toujours tendus, les yeux fixes, un sourire d'extase sur les lèvres.

Lorsque, enfin, après avoir franchi le pont, elle se laissa tomber haletante, au bout d'un dernier et vertigineux entrechat, il se réveilla soudain comme d'un rêve, et lui dit en romané :

— Je t'attendais. Les tarots t'avaient annoncée à moi, qui es-tu?

Sans se relever, agenouillée maintenant auprès de Pouzzli qui lui léchait les mains, elle répondit :

— Je t'attendais aussi. Je suis Miarka, fille de Tiarko, petite-fille de la Vougne. J'ai les livres, et j'en sais les secrets.

— Les tarots n'avaient pas menti, reprit le chef. Lève-

toi donc, Miarka ! Car je ne puis aller moi-même te prendre par la main. La loi s'y oppose. Je suis Hohaul, fils de Bagruli, petit-fils du Rivno, de la tribu de Cadisch, des trois tribus de Grenada, et roi des Romanis. Lève-toi, et monte dans ma voiture, que je te baise sur les lèvres.

Les Romanis avaient rompu le silence après le discours du roi. Ils le félicitaient, commentaient ses paroles, se promettaient un avenir de fêtes. Les vieux et les vieilles se rappelaient la Vougne et Tiarko le ragni. On parlait surtout des livres miraculeusement retrouvés et qui manquaient depuis près de vingt ans à la tribu. Et l'on faisait respectueusement cercle autour de Pouzzli qui portait le trésor sacré.

Cependant, Miarka ravie avait sauté d'un bond sur le devant de la voiture, dans les bras du roi, qui la tenait amoureusement pressée contre sa poitrine, et lui donnait un long baiser où ils se pâmaient tous les deux.

— Il faut nous marier ici, tout de suite, lui dit-il à voix basse, en lui chatouillant l'oreille de son haleine ardente. Campons au bord de cette rivière, moins fraîche que ton sourire, sous ce beau soleil moins brillant que tes yeux.

Je vais convoquer les anciens pour la cérémonie. Je t'aime. Je t'idole. Il y a si longtemps que je t'attendais.

Miarka était devenue subitement songeuse. Ce pays, elle s'y sentait retenue par tant d'attaches! Malgré son sang romané, ne le chérissait-elle pas comme une patrie? Et cela n'était-il pas un crime qui lui porterait malheur?

Cœur de reine, cœur de diamant! Elle ne devait pas ajouter un souvenir de plus, et le meilleur, à tous les souvenirs qui déjà la liaient ici.

— Non, non, répondit-elle. Ce soir, plus loin, sur une route inconnue, nous nous marierons. Ici, c'est un pays de malheur, où est mort mon père le ragni, où ma grand'mère a vieilli loin des siens, où mon enfance a été prisonnière, où l'on m'a trop aimée. Écoute ma prière, ô mon roi tant adoré, et ne me refuse pas la première chose que je te demande. Ne passons même pas par ce village. Prenons ce chemin, qui longe la rivière, moins chantante que tes paroles. Et fuyons loin d'ici, fuyons, en nous tenant enlacés jusqu'au soir.

— Que ta volonté soit la mienne, répliqua le roi. Je n'ai point d'autres désirs que les désirs qui fleurissent sur tes lèvres.

Et il donna l'ordre de changer la route, de laisser là ce village, et de prendre le chemin qui longeait la rivière.

— Prenez vos rangs, ajouta-t-il. Et qu'on sorte les guzlas des étuis, et que les chanteurs viennent aux flancs de ma voiture ! La reine veut me dire son amour parmi vos musiques et tandis que nous marcherons.

— Une seconde prière, fit Miarka rougissante.

— Dis, mignonne, répondit le roi. C'est une seconde rose que je cueillerai dans ton cœur.

— Laisse donc monter Pouzzli dans la voiture. C'est ma vieille compagne. C'est ma nourrice. Elle a vu tous mes malheurs, et m'a consolée, et m'a défendue. Elle sera joyeuse de ma joie. Et nos pieds étendus sur elle la caresseront.

On hissa l'ourse dans la voiture, après l'avoir débarrassée des livres, qu'on enferma soigneusement dans le coffre d'avant, qui servait de siège au roi.

Puis, tout étant prêt, le roi tenant Miarka sur ses genoux, Pouzzli couchée à leurs pieds, il cria :

— *Kravnoch !* En avant !

Et, l'âne reprenant son pas régulier, la caravane se remit en marche, à la grande satisfaction des paysans, qui s'avancèrent de l'autre côté du pont pour mieux la voir défiler.

Maintenant, les Romanis chantaient, en s'accompagnant sur leurs guzlas. Ils avaient entonné le refrain en chœur, pour donner le branle. Puis, chacun des chanteurs disait à son tour un couplet, et la foule vociférait au retour du refrain. Ils chantaient la chanson de bienvenue à la reine enfin retrouvée, cette chanson qui avait hanté la fièvre de Miarka, et qui depuis avait si souvent battu des ailes dans ses rêves. Ils chantaient tout au long la chanson romané qui dit :

  Entends la guzla, holà !
   Entends la guzla.

  Voici la reine venue.
  Les étoiles ont pâli.
  La rose jalouse en meurt.
  Effeuillez-la dans son lit.

  Entends la guzla, holà !
   Entends la guzla.

  Dans son lit mettez encore
  La marjolaine et le thym.
  On en fera du vin rose,
  Que le roi boira demain.

  Entends la guzla, holà !
   Entends la guzla.

  Qu'il en boive à pleines lèvres,
  A pleins yeux et à plein cœur !
  Que tout son corps s'en pénètre
  Pour en bien garder l'odeur.

  Entends la guzla, holà !
   Entends la guzla.

  Qu'il en boive et qu'il s'en grise ?
  C'est le vin du prime amour.
  Qu'il en boive pour la vie,
  Car il n'en boira qu'un jour.

  Entends la guzla, holà !
   Entends la guzla.

Que la reine sur sa bouche
Se fonde dans un baiser,
Comme une larme de miel
S'évapore en un brasier.

Entends la guzla, holà !
Entends la guzla.

Que tous deux dans les caresses
Soient abîmés au réveil,
Comme deux flocons de neige.
Dans un rayon de soleil.

A ce moment le roi se dressa. Suivant l'usage, après la chanson de bienvenue chantée par les Romanis, il devait à son tour improviser quelques vers à sa fiancée. Tandis qu'elle le regardait, souriante, presque agenouillée devant lui, il chanta, d'une voix chaude et douce :

C'est toi, je t'ai reconnue
Aux serpents de tes cheveux,
Aux saphirs verts de tes yeux.

C'est toi, je t'ai toujours vue !
Toujours ton image a lui
Dans les astres de mes nuits.

C'est toi ! je t'ai attendue !
Ton amour est arrivé,
Vivant ce que j'ai rêvé.

C'est toi ! contre ma peau nue
Tout ton corps frissonnera,
Et mon sang te brûlera.

C'est toi ! sois la bienvenue !
Je veux mourir épuisé
Dans un linceul de baisers.

A son tour Miarka se leva. Là-bas, derrière elle, le village disparaissait, le village où avait fleuri son enfance, où avait germé sa vie, où avaient palpité ses rêves, où dormaient ses dix-huit ans de tendres affections, de chères habitudes, où restait la pauvre madame Octavie toute en larmes, la bonne vieille, si bonne pour la fille à l'ourse. Là-bas, elle laissait tous les souvenirs de son existence jusqu'à l'heure présente, tout un nid de souvenirs qu'elle ne réveillerait plus jamais, jamais, et qui allaient s'effacer, après son départ, dans la mémoire obscure des paysans. Un soupir de regret lui gonfla le cœur, malgré tout, et elle eut envie de tourner la tête pour adresser à sa patrie passagère un suprême adieu. Mais le roi la regardait avec ses beaux yeux jaunes, pailletés d'or et flambants d'amour. Et alors, se dressant jusqu'à ses lèvres, elle le baisa longuement, puis chanta cette chanson improvisée qui racontait l'histoire même de sa vie :

Miarka naît, Miarka grandit.
Miarka s'instruit. Miarka n'aime pas.
Miarka se défend. Miarka s'en va.

Miarka était une hirondelle
Qu'on avait mise dans une cage,
Et les hirondelles n'y vivent pas.

Un jour le vent est arrivé.
Il a ouvert la porte de la cage,
L'hirondelle est repartie dans l'orage.

L'orage est beau. L'orage est libre.
Il a les cheveux en noirs nuages :
Il a des yeux aux prunelles de cuivre.

Ne pleurez pas sur la cage ouverte.
La petite hirondelle est heureuse.
Elle a des ailes, c'est pour s'envoler.

Elle s'envole dans la tourmente,
Dans les aventures, dans le vent qui passe,
Dans la liberté, dans l'amour.

IV

Et c'est ainsi que s'en alla Miarka la fille à l'ourse.

FIN

TABLE DES MATIÈRES

LIVRE PREMIER
Miarka naît 1

LIVRE DEUXIÈME
Miarka grandit 49

LIVRE TROISIÈME
Miarka s'instruit 115

LIVRE QUATRIÈME
Miarka n'aime pas 185

LIVRE CINQUIÈME
Miarka se défend 263

LIVRE SIXIÈME
Miarka s'en va 311

Paris. — Typ. Ch. Unsinger, 83, rue du Bac.

www.ingramcontent.com/pod-product-compliance
Lightning Source LLC
Chambersburg PA
CBHW050310170426
43202CB00011B/1844